GÄRTNERN
Schritt für Schritt

GÄRTNERN
Schritt für Schritt

Blumen und Gemüse anpflanzen und pflegen

Phil Clayton, Jenny Hendy,
Colin Crosbie, Jo Whittingham

DORLING KINDERSLEY

Dorling Kindersley
London, New York, Melbourne, München und Delhi

Für die deutsche Ausgabe:
Programmleitung Monika Schlitzer
Projektbetreuung Manuela Stern
Herstellungsleitung Dorothee Whittaker
Herstellung und Covergestaltung Anna Ponton

Bibliografische Information der Deutschen Bibliothek
Die Deutsche Bibliothek verzeichnet diese Publikation in der Deutschen
Nationalbibliografie; detaillierte bibliografische Daten sind im Internet über
http://dnb.ddb.de abrufbar.

Titel der englischen Originalausgabe:
Gardening Step by Step

© Dorling Kindersley Limited, London, 2010
Ein Unternehmen der Penguin-Gruppe
Text © Royal Horticultural Society, 2010
Einzeltitel © und Text ©: Planting a Small Garden 2007;
Easy-care Garden 2008; Easy Pruning 2007;
Vegetables in a Small Garden 2007

© der deutschsprachigen Ausgabe by Dorling Kindersley Verlag
GmbH, München, 2012
Alle deutschsprachigen Rechte vorbehalten

Das Material dieses Buchs stammt aus folgenden Einzeltiteln, die bei
Dorling Kindersley Verlag GmbH, München erschienen sind:
Kleine Gärten anlegen (2007), Clever & entspannt gärtnern (2009),
Pflanzen richtig schneiden (2008), Gemüse selbst anbauen (2008)

Übersetzung Wiebke Krabbe, Susanne Vogel, Reinhard Ferstl
Redaktion Frauke Bahle, Agnes Pahler, Christine Condé,
Elisabeth Bobinger

ISBN 978-3-8310-2224-3

Colour reproduction by Colourscan, Singapore
Printed and bound in China by Toppan

Besuchen Sie uns im Internet
www.dorlingkindersley.de

Inhalt

Kleine Gärten anlegen

Clever & entspannt gärtnern

Pflanzen richtig schneiden

Gemüse selbst anbauen

Die Pflanzen im Porträt

Erklärung der Symbole

  ♛   Ausgezeichnet durch die Royal Horticultural Society

Bevorzuge Bodenverhältnisse

  ◊   Gut durchlässiger Boden
  ◐   Feuchter Boden
  ●   Feuchter bis nasser Boden

Bevorzugte Lichtverhältnisse

  ☼   Volle Sonne
  ◑   Halbschatten oder diffuses Sonnenlicht
  ✺   Schatten

Winterhärte

  ❄❄❄   Voll winterhart

  ❄❄   winterhart – übersteht in mildem Klima oder an geschützen Standorten den Winter im Freiland

  ❄   Bedingt winterhart – muss in der Regel unter Glas überwintern

  ❅   Frostempfindlich – verträgt keinen Frost

Grenzen verbergen

Sichtbare Grenzen, etwa ein kahler Zaun oder eine Mauer, lassen kleine Gärten leicht beengt wirken. Viel schöner sieht das »grüne Zimmer« aus, wenn man seine Grenzen geschickt hinter üppigen Pflanzen versteckt.

Abbildungen im Uhrzeigersinn von oben links

Begrünter Zaun Die massivste Begrenzung bildet in vielen Gärten der Zaun am Grundstücksende. Ist er sichtbar, verrät er, wie kurz der Garten ist. Ein gemischtes Beet direkt vor dem Zaun, bepflanzt mit verschiedenen Arten, von denen einige so hoch wie der Zaun oder noch höher werden, verwischt die Grenzen vorteilhaft. Allerdings kommt es auf die Größe des Beetes an. Ein schmaler Streifen vor dem Zaun, der gerade breit genug für eine Reihe von Pflanzen ist, wird den Blick eher auf die Gartengrenze ziehen statt von ihr abzulenken.

Falsche Perspektive Ein bewährter Trick, um Grundstücksgrenzen zu verwischen und einen Garten größer wirken zu lassen, ist das Spiel mit der Perspektive. Ist der Garten kurz, könnte man die Beete an seinen Seiten zum Ende hin breiter werden lassen, sodass der Garten länger erscheint. Ein anderer optischer Trick ist ein runder Rasen oder gepflasterter Bereich in der Mitte, der mit dichter Bepflanzung eingerahmt ist. Wählt man immergrüne Sträucher, bleibt die raffinierte Täuschung auch im Winter erhalten.

Grüne Raumteiler Gliedert man den Garten durch die Bepflanzung so, dass er niemals mit einem Blick komplett zu erfassen ist, wirkt er größer und seine Grenzen verlieren an Bedeutung. Für ein kleines Grundstück empfehlen sich Spaliere oder Flechtzäune, an denen sich Kletterpflanzen in die Höhe ziehen. Dadurch gewinnt man sogar zusätzlichen Platz für schöne Gewächse.

Garten als Innenhof Wer einen kleinen Garten hat, muss nicht unbedingt kleine Pflanzen wählen. Tatsächlich würde die geringe Größe dadurch sogar noch betont. Platziert man stattliche Pflanzen vor Zäunen und Mauern in großzügigen Beeten direkt an den Grundstücksgrenzen, wirkt der mittlere Bereich wie ein geräumiger Gartenhof. Natürlich verdeckt eine solche Bepflanzung auch unansehnliche Zäune und Mauern.

Farbspiele

Die Farbe von Blüten und Blättern ist ein wertvolles Gestaltungselement für den Garten. Mit Farben lässt sich einiges bewirken – etwa eine besondere Stimmung erzeugen oder Gartenbereichen ein spezielles Thema geben.

Abbildungen im Uhrzeigersinn von links

Nah und fern Wer den Garten häufig vom Haus aus betrachtet, wählt am besten kräftige Farben, die von drinnen gut zu sehen sind – etwa mit bunten Blumen in Töpfen und Kübeln auf der Terrasse oder in Beeten in Fensternähe. Farben, die gut miteinander harmonieren, wirken lebhaft, ohne aufdringlich zu sein. In größerer Entfernung zum Haus sind Pastellfarben besser, weil sie in der Entfernung stärker ins Auge fallen als satte Farben.

Ton in Ton Ein Gartenbereich, der nur mit weiß blühenden Arten bepflanzt ist, wirkt kühl und ruhig und leuchtet vor allem in der Abenddämmerung stimmungsvoll. Damit die Bepflanzung dennoch abwechslungsreich ist, sollten Sie Pflanzen mit Blüten in Cremeweiß, hellem Gelb und ganz zartem Rosé und Blau wählen. Arten mit silbrigem und panaschiertem Laub sorgen für Abwechslung, wenn gerade nichts in Blüte steht.

Feuerfarben Leuchtende Farben wie Rot, Orange und intensives Pink ziehen den Blick auf sich, müssen aber mit Bedacht eingesetzt werden. Sie können von zarteren Pflanzen ablenken und – wenn sie ans Ende des Gartens gepflanzt werden – das Grundstück kleiner wirken lassen. Am besten fasst man Pflanzen in feurigen Farben zu einer spektakulären Gruppe zusammen oder kombiniert sie mit Kontrastfarben wie kräftigem Blau oder Violett, um ihre Leuchtkraft etwas zu bändigen.

Ruhiges Grün Auch Grün ist eine Farbe – das vergisst man leicht, weil es in jedem Garten so reichlich vertreten ist. Dabei gibt es zahllose verschiedene Grüntöne. Die meisten wirken ruhig, darum haben Gärten mit vielen Blattgewächsen oft eine sehr friedliche Atmosphäre. In Kombination mit lebhaft bunten Blüten wird Grün zur dezenten Hintergrundfarbe. Ausdrucksvoller wirkt Grün, wenn man Pflanzen mit panaschiertem Laub wählt oder Blattgewächse mit Blüten in Weiß oder zarten Pastellfarben kombiniert.

Stilvoller Blickfang

Kleine Gärten profitieren von Gestaltungselementen, an denen der Blick zur Ruhe kommt, etwa eine Statue, ein Kübel oder eine spezielle Pflanze.

Abbildungen im Uhrzeigersinn von oben links

Attraktive Bäume In einem naturnahen Garten eignen sich nur natürliche Elemente wie große Steine oder Pflanzen als Blickfang. In diesem Garten im mediterranen Stil wirken die knorrigen Stämme und das silbrige Laub der beiden alten Olivenbäume so dekorativ wie klassische Skulpturen.

Bogenförmige Stufen Selbst ein solch praktisches Element kann als Blickfang dienen, wenn es schön gearbeitet ist. Diese Stufen führen im Bogen zwischen üppigen, grünen Polstern in die Höhe und lenken den Blick zu den Pflanzen mit leuchtenden Blüten im oberen Bereich.

Schöne Kübel Mit attraktiven Kübeln – mit oder ohne Pflanzen – lässt sich ganz leicht ein Blickfang schaffen. Man kann sie einzeln oder als Gruppen in Beete oder auf die Terrasse stellen oder am Ende eines Weges platzieren, um einer Blickflucht ein klares Ende zu geben. Große, stattliche Kübel wirken oft leer am schönsten. Andere gewinnen durch eine dramatische Pflanze wie dieses *Dasylirion*.

Bunte Farbtupfer Leuchtende Blüten sind ein schöner, kleiner Blickfang im Beet. Vor allem Zwiebelpflanzen wie diese feurig orangeroten Tulpen eignen sich, um kurzzeitig Akzente zu setzen.

Themengärten

Ein bewährter Kunstgriff besteht darin, für einen Teilbereich oder den ganzen Garten ein Thema zu wählen, an dem sich die Gestaltung orientiert. Sind auch die Pflanzen auf dieses Thema abgestimmt, unterstützen sie die gewünschte Atmosphäre und der Garten wirkt wie ein in sich schlüssiges Ganzes.

Abbildungen im Uhrzeigersinn, oben links beginnend

Üppig und subtropisch Es gibt viele frosttolerante Pflanzen für ein exotisches Gartenparadies. Vor allem Blattgewächse vermitteln tropische Üppigkeit. Große, winterharte *Trachycarpus*-Palmen, Bambus, Neuseeländer Flachs (*Phormium*) und Baumfarne sorgen für Struktur und können im Sommer durch Kübel mit empfindlichen Arten wie Begonien, *Canna*, Wandelröschen (*Lantana*), Schmetterlingsingwer (*Hedychium*) und anderen Pflanzen mit exotischen Blüten ergänzt werden.

Klassisch italienisch Italienische Gärten mit akkurat gestutzten Hecken und Formschnittfiguren aus Buchsbaum oder anderen Immergrünen wirken oft recht streng und übersichtlich. Für die Bepflanzung werden *Acanthus*, *Agapanthus*, Oliven, schlanke Nadelbäume, Jasmin und Kräuter bevorzugt. Klassische Statuen, oft am Ende einer Blickflucht, sind ein Muss. Solitärpflanzen in Kübeln, etwa am Rand einer Terrasse, verleihen dem Garten durch das Element der Wiederholung einen Rhythmus.

Wiesenblumen Blumenwiesen aus lockeren Gruppen verschiedener Pflanzen mit fein abgestimmten Blütenfarben wirken auf offenen Flächen zwanglos und natürlich. Die Pracht ist kurzlebig, weil meist Einjährige wie Mohn und Kornblumen verwendet werden. Man kann aber auch Stauden integrieren und die Wiese auf die Größe eines durchschnittlichen Beetes beschränken.

Marokkanische Oase Im orientalischen Themengarten darf Wasser nicht fehlen. Ein Wandbrunnen, vielleicht mit einer blau gefliesten Einfassung, ist eine gute Lösung. Die Pflanzen stehen größtenteils in Töpfen und Kübeln. Pelargonien, Dattelpalmen sowie Agaven und andere Sukkulenten eignen sich gut, zu viele sollten es aber nicht sein. Dazu passen einige größere Blattgewächse für schattige Ecken und Kletterpflanzen wie Sternjasmin.

Themengärten

Abb. im Uhrzeigersinn von oben links

Mediterraner Stil Kies, Terrakottakübel und Sonne – das sind die Zutaten für den Mittelmeergarten. Olivenbäume in Kübeln müssen im Haus überwintern. Andere Arten wie Lavendel, *Cistus* und exotische *Yucca* sind winterhart und können ins Beet gepflanzt werden.

Asiatisch-meditativ Typisch für Gärten im japanischen Stil sind vereinzelte Pflanzen wie Japanischer Ahorn (*Acer japonicum*), Zwergkiefern, Bambus, Schlangenbart (*Ophiopogon*) oder Japanische Stechpalme (*Ilex crenata*) in einer Landschaft aus Kies und Findlingen.

Ländlich rustikal In einem Bauerngarten müssen die Beete vor Blumen überquellen. Klassiker sind Rittersporn, Fingerhut (*Digitalis*), Margeriten und Lavendel.

Moderner Mix Stattliche Pflanzen wie Baumfarne oder der Reispapierbaum (*Tetrapanax*) empfehlen sich für moderne Gärten.

Rund ums Jahr

Der Reiz des Gärtnerns liegt auch darin, dass man den Wechsel der Jahreszeiten intensiv wahrnimmt. Im Idealfall sollte ein Garten in jeder Saison etwas zu bieten haben, denn jede Jahreszeit hat ihren ganz besonderen Charakter, der sich bei gekonnter Gestaltung auch in der Stimmung des Gartens ausdrückt.

Frühling (*oben rechts*) Wenn die Tage länger werden, erwacht der Garten aus dem Winterschlaf. Zwiebelblumen wie Krokusse und Narzissen blühen, die Stauden treiben aus und an den Sträuchern und Bäumen zeigen sich die ersten frischen Blätter.

Sommer (*rechts*) Für viele Gärtner ist dies der Höhepunkt des Jahres. Die Hochblüte der Stauden, die nun die Beete füllen, zieht sich über Monate hin. Auch die Einjährigen blühen und bilden Samen aus. Belaubte Bäume und Sträucher gliedern den Garten und frostempfindliche Pflanzen genießen die Wärme.

Herbst (*unten rechts*) Dies ist die Jahreszeit der prächtigsten Farben und der Ernte. Herbstblüher wie Astern und Dahlien leuchten in den Beeten, während Bäume und Sträucher sich mit farbigen Früchten schmücken. Viele Laubgehölze färben sich in flammenden Farben, ehe sie das Laub abwerfen. Bei feuchtem, aber nicht zu kaltem Wetter zeigen Zwiebelblumen wie die Herbstzeitlose ihre Blüten.

Winter (*großes Foto gegenüber*) Wenn die Blätter gefallen sind, kommen die Formen und Strukturen des Gartens und seiner Pflanzen zur Geltung. Es ist eine Zeit der stillen Schönheit, in der die weiße Rinde von Birken, die roten Zweige des Hartriegels, die Immergrünen und die trockenen Samenstände der Stauden für Abwechslung sorgen. Einige Pflanzen tragen jetzt zarte, oft kräftig duftende Blüten. Wenn der Garten von Raureif überzuckert ist, sieht er wie verzaubert aus.

Frühling – erwachende Lebenslust

Keine Jahreszeit wird so sehnsüchtig erwartet wie der Frühling. Nach dem dunklen, kalten Winter sprüht der Garten zu Beginn des neuen Jahres vor Lebenskraft. Und kaum etwas sieht schöner und frischer aus als ein Garten im Spätfrühling, der vor jungem, zartem Grün nur so strahlt.

Abbildungen im Uhrzeigersinn von links

Kletterpflanzen Es gibt verschiedene Kletterpflanzen für Wände und Zäune, die im Frühling blühen. Besonders schön ist die Glyzine (*Wisteria*) mit ihren duftenden Kaskaden aus hellvioletten und manchmal weißen Blüten. Die Pflanzen werden aber sehr groß und müssen regelmäßig gestutzt werden. Auch *Clematis montana* in Weiß oder Rosa sowie *Akebia quinata* mit violetten Blüten erreichen stattliche Ausmaße. Für kleine Gärten besser geeignet sind *Clematis alpina, C. macropetala* oder das früh blühende Geißblatt *Lonicera periclymenum* 'Belgica' mit seinen fein duftenden Blüten.

Zwiebelblüher und Frühlingsstauden Bei mildem, feuchtem Wetter zeigen die Stauden ihre ersten Blätter. Wildblumenarten, die in Wäldern heimisch sind, blühen früh im Jahr. Zu ihnen gehören das Lungenkraut (*Pulmonaria*), Schlüsselblumen (*Primula*), Tränendes Herz (*Dicentra*), Gämswurz (*Doronicum*), Elfenblume (*Epimedium*) und Anemone. Dazu sehen Zwiebelblumen wie Tulpen und Narzissen schön aus. Deren welkendes Laub wird später von den niedrigen Stauden verdeckt.

Blumenteppich In naturnahen Gartenbereichen kann man Blumenzwiebeln im Gras verwildern lassen. Dafür eignen sich Schneeglöckchen und Krokusse, die zeitig im Jahr blühen, aber auch Schachbrettblumen, Tulpen, Narzissen und Prärielilien (*Camassia*), wenn die Blütezeit bis in den Frühsommer andauern soll. Ideal für solche Pflanzungen sind die Flächen unter Bäumen, die aber erst gemäht werden sollten, wenn das Laub der Zwiebelblumen abgewelkt ist.

Sommer – üppige Gartenpracht

Im Sommer zeigen sich die Beete in voller Farbenpracht. Bei geschickter Pflanzung lösen die verschiedenen Arten einander in der Blüte ab, sodass eine Attraktion der nächsten folgt.

Abbildungen im Uhrzeigersinn von oben links

Farben-Mix Durch die richtige Kombination verschiedenfarbig blühender Stauden lässt sich die Stimmung im Garten gezielt beeinflussen. Besonders effektvoll sind Pflanzungen, die sich auf bestimmte Farben beschränken. Kontraste wirken lebendig und temperamentvoll, Ton in Ton gestaltete Beete strahlen Ruhe aus.

Hitzeverträglich Manche Blühstauden machen im Hochsommer bei Hitze und längerer Trockenheit schlapp. Verlässlicher sind Arten, die aus heißen Regionen stammen, etwa Montbretien (*Crocosmia*) und Sonnenhut (*Rudbeckia*).

Grün schafft Ruhe Allzu viele bunte Blüten können in kleinen Gärten zu unruhig wirken. Das Grün reiner Blattpflanzen sorgt für Ruhe, weil es die grelleren Farben dämpft. *Artemisia* und andere Arten mit silbrigem Laub wirken zusammen mit weißen und pastellfarbigen Blüten kühl, während dunkleres Grün besser zu leuchtenden Blütenfarben passt.

Knollen und Zwiebeln Zwiebel- und Knollengewächse, die im Sommer blühen, werden oft vergessen. Dabei sind Lilien, Gladiolen und Sommerhyazinthen (*Galtonia*) ideal, um gezielte Farbakzente zu setzen.

Herbst – überraschende Vielfalt

Im Herbst treten ganz andere Farben in den Vordergrund. Einige Pflanzen zeigen eine flammende Färbung, andere tragen nun interessante Früchte und Samenstände. Einige Blumen laufen aber auch erst im Herbst zur Hochform auf.

Abbildungen im Uhrzeigersinn von links

Laubbäume Bäume und Sträucher wie der Japanische Ahorn (*Acer japonicum*) oder der Essigbaum nehmen im Herbst hinreißende Rottöne an, die für andere Pflanzen einen großartigen Hintergrund abgeben. Selbst wenn sie zu Boden gefallen sind und zwischen spät blühenden Stauden wie Alpenveilchen (*Cyclamen*) liegen, sehen die Blätter noch prächtig aus.

Samenstände Manche Stauden wie Kugeldistel (*Echinops*), Zierlauch (*Allium*), Schmucklilie (*Agapanthus*) und viele Gräser, die im Sommer blühen, bilden im Herbst interessante, sehr haltbare Samenstände. Besonders schön sehen sie im flach einfallenden Sonnenlicht aus, manchmal geschmückt mit Spinnenweben oder Raureif.

Bunte Früchte Viele Sträucher und Bäume tragen im Herbst hübsche Früchte. Werden Rosen im Herbst nicht geschnitten, reifen ihre rubinroten Hagebutten aus, die – ebenso wie die Früchte von Schneeball und Eberesche – den Vögeln im Winter Nahrung liefern.

Späte Farbe Einige Stauden wie Astern, Chrysanthemen, Alpenveilchen (*Cyclamen*) und Steinbrech (*Saxifraga fortunei*) blühen bis zum Frost in leuchtenden Farben. Sie sind eine Augenweide in herbstlichen Beeten, können aber auch in Kübel gepflanzt werden.

Winter – verborgene Gartenreize

Viele Gärten werden im Winter vernachlässigt, weil dann kaum etwas blüht. Mit der richtigen Pflanzenwahl hat aber auch diese Jahreszeit ihren besonderen Reiz. Die Winterschönheiten haben oft Merkmale, die man erst auf den zweiten Blick wahrnimmt, etwa eine dekorative Rinde, schöne Blätter, Beeren, Samenstände oder eine ungewöhnliche Wuchsform.

Abbildungen im Uhrzeigersinn von oben links

Winterblüten Zu den schönsten Winterblühern gehört die Nieswurz (*Helleborus × hybridus*). Sie bilden im lichten Schatten in nahrhafter Erde große Laubrosetten und decken bei enger Pflanzung mit ihrem immergrünen Laub den Boden ab. Die Blüten öffnen sich von der Wintermitte an bis ins Frühjahr. Attraktive Pflanzen für den winterlichen Garten sind auch *Iris unguicularis* mit blass fliederfarbenen Blüten und der Aronstab *Arum italicum* 'Maculatum' mit weiß geäderten Blättern.

Überzuckert Raureif und Schnee können einen Garten im Winter über Nacht in eine glitzernde Wunderwelt verwandeln. Ein dünner, puderiger Überzug aus Schnee bringt die Formen und Strukturen der verschiedenen Pflanzen besonders gut zur Geltung.

Duftende Überraschung Mahonien sind mit ihren stacheligen, immergrünen Blättern, den süß duftenden, gelben Blüten und den bläulichen Beeren ein Gewinn für den winterlichen Garten. Ihre interessante Wuchsform gibt auch für andere Pflanzen wie den Spindelstrauch (*Euonymus*) einen guten Hintergrund ab.

Zarte Gräser Die Samenstände mancher Gräser halten sich bis in den Winter und sehen besonders zauberhaft aus, wenn sie von Raureif überzogen sind. Hinter den filigranen Stielen sieht man einen schwer mit Früchten beladenen Apfelbaum.

Duftende Sträucher Die Zaubernuss (*Hamamelis*) trägt im Winter spinnenförmige Blüten in Gelb, Orange oder Rot, die würzig duften. Weitere empfehlenswerte Duftsträucher für diese Jahreszeit sind die Geißblatt-Hybride *Lonicera × purpusii* sowie die Winterblüte (*Chimonanthus praecox*).

Viel oder wenig Pflege?

Wenn Sie einen Garten planen, überlegen Sie realistisch, wie viel Zeit Sie für die Pflege aufwenden möchten.

Hoher Pflegeaufwand

Gärten für Pflanzenliebhaber Typisch für solche Gärten ist eine große Bandbreite verschiedener Pflanzenarten, die allerdings nur gut gedeihen, wenn man ihre Ansprüche berücksichtigt. Sorgfältige Standortwahl, ständige Kontrolle der Wachstumsbedingungen und viel Pflege sind nötig, damit sie immer gut aussehen und nicht über die Grenzen, die ihnen im Beet gesetzt sind, hinauswachsen.

Pflanzenfülle Eine dichte Bepflanzung unterdrückt Unkraut, doch die Konkurrenz der Pflanzen kann auch Probleme schaffen. Viel Arbeit machen Zwiebelblumen, die jährlich ausgegraben und neu gesetzt werden, Einjährige, die aus Samen gezogen werden, Pflanzen mit besonderen Wasser-, Dünger- oder Schnittbedürfnissen sowie Arten, die anfällig für Krankheiten und Schädlinge sind.

Pflegeintensive Pflanzen

- Astern (einige)
- *Astrantia*
- Buchsbaum *(Buxus)*
- *Canna*
- Clematis (einige)

- *Cornus sanguinea* 'Winter Beauty'
- Dahlien
- *Dicksonia antarctica*
- *Echinacea purpurea*

- *Erysimum*
- *Helenium*
- *Hosta*
- Lavendel
- Lilien

- *Melianthus major*
- Rosen (einige)
- *Sambucus racemosa* 'Plumosa Aurea'
- Tulpen

Tulpenzwiebeln werden im Spätherbst gepflanzt.

Hosta 'June' ist durch Schnecken gefährdet.

Cornus sanguinea wird im zeitigen Frühling geschnitten.

Zwiebeln von *Lilium regale* werden im Frühling gepflanzt.

Geringer Pflegeaufwand

Mühelose Gärten Wer wenig Zeit für Pflanzenpflege hat, muss dennoch nicht auf einen schönen Garten verzichten. Anstelle eines Rasens empfiehlt sich ein Holzdeck oder eine Terrasse. Spezialfolie oder -vlies, das nach der Pflanzung mit Hackschnitzeln bedeckt wird, unterdrückt Unkraut. Man kann ein automatisches Bewässerungssystem installieren und Pflanzen wählen, die nicht viel Zuwendung brauchen.

Anspruchslose Pflanzen Auch mit bescheidenen Gewächsen lässt sich ein Garten gestalten, der rund ums Jahr gut aussieht. Große Solitärsträucher sorgen für Aufsehen. Immergrüne Sträucher müssen selten geschnitten werden und werfen kein Laub ab, das man rechen muss. Größere Pflanzen mit reichlich Abstand reduzieren den Aufwand des Gießens und Schneidens.

Pflegeleichte Pflanzen

- Ahorn
- *Arbutus unedo*
- *Aucuba japonica*
- *Choisya ternata* 'Sundance'
- *Cotoneaster horizontalis*

- *Fatsia japonica*
- Taglilie *(Hemerocallis)*
- *Ilex aquifolium* 'Silver Queen'
- *Jasminum nudiflorum*

- *Mahonia*
- *Nandina domestica*
- *Phormium*
- *Photinia* x *fraseri* 'Red Robin'

- *Phyllostachys nigra*
- *Stipa tenuissima*
- *Trachelospermum asiaticum*
- Immergrün *(Vinca)*

Ilex aquifolium 'Silver Queen' hat schönes, immergrünes Laub.

Stipa tenuissima ist ein luftiges, unkompliziertes Gras.

Hemerocallis 'Corky' blüht im Sommer goldgelb.

Cotoneaster horizontalis trägt im Herbst leuchtend rote Beeren.

Welcher Stil soll's sein?

Wer seinen Garten in einem bestimmten Stil bepflanzen will, sollte sicher gehen, dass er praktisch ist und ideal zum eigenen Lebensstil passt.

Was gefällt Ihnen?

Ideen für Anlage und Pflanzung finden Sie in anderen Gärten, in Büchern, Zeitschriften und Fernsehsendungen. Selbst ein tropischer Garten mit Palmen und anderen eindrucksvollen, exotischen Pflanzen lässt sich in unseren Breiten verwirklichen – in großen Kübeln auf einer sonnigen Terrasse.

Was ist Ihnen wichtig?

Wenn Sie gern Gäste haben, wird Ihnen eine große Terrasse mit Grillplatz gute Dienste leisten. Kinder, die im Sommer draußen spielen, tollen gern auf einem weichen Rasen herum. Vielleicht erfordert Ihr Alltag einen pflegeleichten Garten mit unkomplizierten Pflanzen, die zu jeder Jahreszeit gut aussehen. Überlegen Sie auch, wie viel Sichtschutz Sie sich wünschen.

Schönheit wahren

Ein prächtiger Garten mit ungewöhnlichen Pflanzen und Blumen ist sicherlich schön, doch man
muss viel Zeit für die Pflege aufwenden, um ihn in Topform zu halten. Überlegen Sie schon bei der
Planung und Pflanzenwahl, wie
viel Zeit Sie sich für die Gartenar-
beit nehmen können. Ein konventi-
oneller Garten mit einem Rasen in
der Mitte sieht frisch gemäht immer ordentlich aus. Wer aber weniger Zeit zum Mähen hat, ist vielleicht gut beraten, einen Teil des
Rasens durch ein Holzdeck, eine
Terrasse oder einen Kieselbelag zu
ersetzen. Die geometrischen Beete in konventionellen Gärten liegen
meist am Rand. Eine Bepflanzung
mit kleinen Sträuchern, Einjährigen,
Stauden und Zwiebelblumen macht
viel Arbeit, Gehölzbeete verlangen
viel weniger Pflege.

Naturnahe Gärten

Viele Menschen schätzen naturnahe Gärten mit größeren Pflanzungen von Stauden und einhei-
mischen Gewächsen, die zwanglos
wirken und die ordnende Hand
des Gärtners kaum ahnen lassen.
Wer einen solchen Garten biolo-
gisch pflegen und auf chemische
Pflanzenschutzmittel verzichten
will, sollte Pflanzen wählen, die
Insekten, Vögel und andere Tiere
anlocken. Ein Garten voll kleiner
Lebewesen ist ein besonderes Er-
lebnis. Zu diesem Gartenstil passen Beete mit unregelmäßigen,
geschwungenen Konturen.

Stilfrage – Sie haben die Wahl

Wer sich für einen bestimmten Stil entscheidet, hat es leichter, passende Pflanzen und Dekorationen auszuwählen, die dem Garten ein geschlossenes Gesamtbild geben. Wichtig ist, den Stil konsequent einzuhalten.

Asiatisch

Um einen authentischen japanischen Garten zu gestalten, braucht man Disziplin und Sachkenntnis. Es genügt aber, einige Stilelemente aufzugreifen, um eine unverkennbar fernöstliche Stimmung zu erzeugen. Klare Linien, typische Pflanzen, Findlinge, geharkter Kies oder Schiefersplitt sowie Steinlaternen oder ähnliche Dekorationen eignen sich sehr gut. Für Farbe sorgt hauptsächlich das Laub, auffällige Blühpflanzen werden nur selten eingesetzt.

Geeignete Pflanzen
- Japanischer Ahorn (*Acer japonicum*)
- *Camellia sasanqua*
- *Ophiopogon* 'Nigrescens'
- *Phyllostachys nigra*
- *Pinus mugo* 'Ophir'

Pflegetipps Kies harken und frei von Unkraut und Laub halten.

Knotengärten, Parterres

Knotengärten sind normalerweise klein und bestehen aus niedrigen, sauber gestutzten Buchsbaumhecken, manchmal auch Heiligenkraut (*Santolina*) oder Lavendel, die in einem klar gegliederten Muster gepflanzt sind. Die freien Flächen sind mit farbigen Blumen – normalerweise Einjährigen – oder Kies gefüllt. Parterres sind größer und komplexer im Aufbau, bestehen aber ebenfalls aus niedrigen Hecken, farbigen Blumen und manchmal Formschnittfiguren.

Geeignete Pflanzen
- Saisonpflanzen: Dahlien, Kosmeen
- Buchsbaum (*Buxus sempervirens*)
- Küchenkräuter
- *Santolina chamaecyparissus*
- Eibe (*Taxus baccata*)

Pflegetipps Die Hecken 2- bis 3-mal jährlich schneiden.

Sachlich

Die meisten modernen Gärten wirken schlicht und zurückhaltend, manchmal sogar fast minimalistisch. Oft liegt die Betonung auf der Landschaftsgestaltung und weniger auf den einzelnen Pflanzen. Die Pflanzen sind mit Bedacht gewählt und so platziert, dass sie Akzente setzen. Die Palette der Pflanzen und Farben ist eher klein und es wird vor allem Wert auf Wuchsform und Struktur gelegt. Im Sommer können größere, natürlich wirkende Flächen von Stauden oder Gräsern für Farbe sorgen.

Geeignete Pflanzen
- Japanischer Ahorn (*Acer japonicum*)
- *Dicksonia antarctica*
- *Fatsia japonica*
- *Phyllostachys nigra*
- *Stipa tenuissima*
- Formschnitt aus Buchsbaum (*Buxus*) oder Eibe (*Taxus*)
- *Verbena bonariensis*

Pflegetipps Solche Gärten brauchen relativ wenig Pflege. Die Pflanzen vor allem im ersten Jahr nach der Pflanzung regelmäßig wässern. Mulch, Kies oder Splitt nach Bedarf auffüllen.

Das Ahornlaub sorgt in einem asiatischen Garten für Farbe.

Ein gut gepflegter Knotengarten sieht auch ohne Blumen attraktiv aus.

Ein sachlich-moderner Garten mit Buchsbaumkugeln in einem Meer aus Lavendel.

Exotisch

Wenn es um Dramatik geht, kann sich kaum ein Gartenstil mit dem »Tropengarten« messen. Solche Gärten mit exotisch wirkenden Pflanzen sind vor allem im Sommer und Herbst eine Augenweide. Meist werden winterharte und frostempfindliche Arten mit interessanten Blüten und Blättern dicht und scheinbar ungeordnet gepflanzt. Riesige Blätter und leuchtende Blüten sind typisch, die im Lauf der Saison immer prächtiger werden. Diese Pracht dauert nur bis zum ersten Frost und macht viel Arbeit.

Geeignete Pflanzen
- *Canna*
- Dahlien
- *Hedychium gardnerianum*
- *Melianthus major*
- Banane *(Musa basjoo)*
- *Phoenix canariensis*
- *Phormium tenax*
- Rizinus *(Ricinus communis)*

Pflegetipps Ein tropisches Beet kann erst nach dem letzten Frühlingsfrost bepflanzt werden. Reichlich gießen und düngen. Empfindliche Pflanzen müssen vor Kälte geschützt werden.

Ländlich

Viele Menschen können sich nichts Schöneres als einen traditionellen Landhausgarten denken. Die Aufteilung ist normalerweise schlicht, aber formal, und besteht aus kaum mehr als einem Netzwerk von Wegen. Die Bepflanzung dagegen ist locker und zwanglos und besteht vorwiegend aus Stauden, die im Frühsommer blühen. Später folgen Rosen und Clematis und im Winter geben Sträucher dem Garten Struktur. Sanfte, gedämpfte Farben vermitteln eine entspannte Atmosphäre.

Geeignete Pflanzen
- *Astrantia*
- Rittersporn
- Nelken *(Dianthus)*
- Fingerhut *(Digitalis purpurea)*
- Pelargonien
- *Philadelphus*
- Zierjohannisbeere *(Ribes)*
- Rosen

Pflegetipps Jedes Jahr im Frühling Kompost auf die Beete geben, um den Boden anzureichern. Stauden müssen alle 2–3 Jahre geteilt werden, damit sie gesund bleiben und reichlich blühen.

Modern

Moderne Gärten werden oft als Erweiterung des Wohnbereichs betrachtet – als »Grünes Zimmer« mit Ess- oder Sitzbereich. Typisch sind auch praktische, gepflasterte Terrassen oder Holzdecks von stattlicher Größe. Solche Flächen brauchen wenig Pflege und bieten sich für Kübel mit kunterbunten oder farblich abgestimmten Sommerblumen an. Die Beete sind meist mit pflegeleichten, oft immergrünen Pflanzen gefüllt, die zu jeder Jahreszeit gut aussehen. Pflanzt man sie durch ein Vlies, das anschließend mit Mulch bedeckt wird, hat man wenig Last mit Unkraut.

Geeignete Pflanzen
- Japanischer Ahorn *(Acer japonicum)*
- *Astelia nervosa*
- *Aucuba japonica*
- *Photinia* 'Red Robin'
- *Choisya ternata*
- *Clematis armandii*
- *Pittosporum tenuifolium* 'Tom Thumb'

Pflegetipps Die Pflanzen im ersten Jahr regelmäßig wässern. Kübel erst nach dem letzten Frost bepflanzen.

Prächtige Blüten und üppige Blätter sorgen im Sommer für Aufsehen.

Ein typischer Bauerngarten mit Beeten, die von Blumen überquellen.

Ein praktisches Holzdeck wirkt modern und doch natürlich.

Licht und Temperatur – einflussreiche Faktoren

Die Himmelsrichtung, in die Ihr Garten ausgerichtet ist, bestimmt, wie viel Sonne er bekommt. Die Höhe beeinflusst die Temperatur. Beide Faktoren müssen bei der Pflanzenwahl berücksichtigt werden.

Norden oder Süden? Um die Himmelsrichtung des Gartens zu bestimmen, können Sie sich mit dem Rücken zur Hauswand stellen und schauen, wo die Sonne am Mittag steht. Wer es genau wissen will, kann die Richtung des Gartens auf einem Kompass ablesen. Südgärten bekommen am meisten Sonne, Nordgärten am wenigsten.

Morgen: Jetzt Sonne – hat am Nachmittag vielleicht Schatten.

Sonne und Schatten Manche Gärten sind sonniger als andere, denn neben der Himmelsrichtung spielen auch Bäume und Gebäude, die Schatten werfen, eine Rolle. In allen Gärten verändern sich die Lichtverhältnisse außerdem im Lauf des Tages. Ein Südgarten bekommt fast ganztägig Sonne, ein Nordgarten viel weniger und im Winter manchmal gar keine.

Auch schattige Gärten haben Vorteile: Diese Gärten bleiben kühl, feucht und haben weniger Probleme mit Trockenheit. Es gibt wunderschöne Pflanzen, die im Schatten gedeihen – achten Sie auf die Bedingungen, die Ihr Garten bietet.

Mittag: Die Sonne steht hoch, der Garten bekommt viel Licht.   Abend: Bei sinkender Sonne werden die Schatten immer länger.

Vorsicht, Frostfalle! Von Frost spricht man, wenn die Temperatur unter den Gefrierpunkt sinkt. Vor allem Frühjahrsfrost kann für empfindliche Pflanzen oder junge Triebe tödlich sein. Selbst innerhalb eines kleinen Gebietes kann es erhebliche Temperaturunterschiede geben. Kalte Luft sinkt nach unten. Kann sie von dort nicht abziehen, entsteht eine Frostfalle mit besonders niedriger Temperatur, die langsamer steigt als in der Umgebung. Gärten in Tälern und Senken sind besonders gefährdet. Hecken und Mauern, die die Zirkulation der Luft behindern, können die Entstehung von Frostfallen begünstigen. Es kann bereits helfen, eine Hecke auszudünnen, ein grobes Spalier statt einer Mauer zu errichten oder in kalten Nächten eine Pforte offen zu lassen.

Mikroklima Selbst innerhalb eines Gartens können unterschiedliche Wachstumsbedingungen herrschen. Ein Beet vor einer sonnigen Wand ist viel wärmer und trockener als ein Beet im Schatten, vielleicht unter einem Baum, wo Feuchtigkeit und Temperatur weniger schwanken. Eine tief liegende Fläche ist feuchter als ein Beet am oberen Ende eines Gefälles. Manche Gartenbereiche sind geschützt, andere liegen offener. Selbst in kleinen Gärten kann man diese verschiedenen Standortbedingungen gezielt nutzen. An einem sonnigen Platz fühlen sich empfindliche Pflanzen wohl – vor allem in einem Hochbeet mit guter Drainage. Tief liegende Stellen bieten sich zum Anlegen eines Sumpfbeetes an. Windige Ecken werden mit einem durchlässigen Spalier angenehmer.

Jahreszeiten Die Himmelsrichtung des Gartens beeinflusst seine Eigenschaften rund ums Jahr. Ein nach Norden liegender Garten bekommt im Winter kaum Sonne und bleibt kühl und feucht. Die Temperatur ist aber gleichmäßig. Gärten und Beete mit Südlage hingegen können tagsüber aufheizen und nachts stark abkühlen. Pflanzen an einem kühlen Standort treiben später aus, sind dadurch aber durch Spätfröste weniger gefährdet. Im Winter ist ein Nordgarten dunkel, im Sommer bietet er aber willkommenen Schatten. Frühe Zwiebelblumen gedeihen auf Flächen unter Bäumen, die im Sommer, wenn die Bäume belaubt sind, kaum Licht bekommen. Sonnige Terrassen sind ideal für kälteempfindliche Pflanzen, können für andere Arten aber zu heiß und zu trocken sein.

Kennen Sie Ihren Boden?

Ehe Sie Pflanzen für Ihren Garten auswählen, sollten Sie sich den Boden ansehen. Untersuchen Sie seine Konsistenz und chemische Zusammensetzung, denn beide entscheiden darüber, welche Pflanzen in Ihrem Garten gut gedeihen.

Bodentypen

Gartenboden besteht aus zwei Hauptelementen: einem mineralischen Anteil (winzige Partikel von verwittertem Gestein, größere Kiesel und Steine) und einem organischen Anteil (Überreste von Pflanzen und Tieren sowie lebende Organismen). Die Deckschicht mit den meisten Nährstoffen ist meist nur etwa 30 cm dick, darunter liegt weniger fruchtbarer Unterboden.

Die Merkmale des Gartenbodens werden durch die Größe seiner Partikel, den Anteil an organischer Substanz und dem verfügbaren Wasser bestimmt.

Bestimmen Sie Ihren Bodentyp:

Kalkboden Der Boden ist hell und enthält Brocken von weißem Kalkstein (aus tieferen Erdschichten) und häufig auch Flintstein. Er ist sehr durchlässig und nährstoffreich, oft recht dünn und fast immer alkalisch.

Torfboden Der Boden ist sehr dunkel und enthält viel organische Substanz, die ihm ein hohes Wasserhaltevemögen gibt. Torfboden ist normalerweise sauer.

Tonboden Der Boden besteht zu mehr als 25 % aus Wasser bindenden Tonpartikeln. Er lässt sich schwer umgraben, neigt im Winter zu Staunässe und trocknet im Sommer hart aus. Organische Substanz wird leicht eingelagert, darum ist er sehr nährstoffreich.

Schluffboden Der Boden besitzt ein gutes Wasserhaltevermögen und ist nährstoffreich, die Partikel sind aber nicht so fein wie im Tonboden. Er enthält viel organische Substanz und ist darum oft recht dunkel.

Sandboden Sandiger Boden ist leicht und sehr durchlässig. Er besteht aus relativ großen Einzelpartikeln, zwischen denen Wasser schnell versickert.

Sauer oder basisch?

Im Gartencenter bekommt man Testsets, mit denen man den pH-Wert des Bodens testen kann. Die Ergebnisse geben Hinweise darauf, welche Pflanzen in Ihrem Garten gedeihen. Nehmen Sie mehrere Bodenproben knapp unter der Erdoberfläche an verschiedenen Stellen des Gartens. Der pH-Wert wird mit Werten zwischen 1 und 14 angegeben.

Folgen Sie der Gebrauchsanweisung: Gartenboden und Wasser ins Teströhrchen geben und gut schütteln.

Vergleichen Sie den Farbton der Lösung mit der mitgelieferten Tabelle, um das Ergebnis zu ermitteln.

Sandigen Boden erkennen

Um festzustellen, ob Sie einen Garten mit sandigem Boden haben, den Sie oft gießen und mit Kompost anreichern müssen, prüfen Sie die Konsistenz einfach mit der Hand. Weil der Boden nicht überall im Garten gleich ist, sollten Sie an mehreren Stellen Proben nehmen – jeweils dicht unter der Oberfläche.

Reiben Sie etwas Erde zwischen den Fingern. Fühlt sie sich grob und körnig an, enthält sie wahrscheinlich einen hohen Anteil Sand.

Reiner Sandboden lässt sich in der Hand nicht zur Kugel zusammendrücken. Sind feinere Partikel enthalten, ist der Boden besser formbar.

Tonboden erkennen

Auf Tonböden droht im Winter Staunässe. Er lässt sich schwerer umgraben als andere Bodentypen. Um festzustellen, ob Ihr Garten tonig ist, nehmen Sie an mehreren Stellen Bodenproben direkt unter der Oberfläche. Tonboden fühlt sich in der Hand schwer und etwas klebrig an.

Versuchen Sie, die Erde zwischen den Fingern zu formen. Ton haftet aneinander und verändert seine Form, wenn man ihn drückt.

Schweren Ton kann man sogar zu einer fast glatten Rolle formen, deren Oberfläche meist glänzt.

Was wächst auf welchem Boden?

Manche Böden unterstützen bestimmte Pflanzenarten, andere stellen den Gärtner vor eine größere Herausforderung.

Doch es gibt verschiedene Möglichkeiten, den Boden zu verbessern, sodass mehr Arten auf ihm gedeihen.

Sandiger Boden

Vorteile Sandboden ist sehr durchlässig, was die Pflanzen mögen, die Feuchtigkeit schlecht vertragen. Im Winter besteht keine Gefahr von Staunässe. Er lässt sich ganzjährig leicht umgraben und erwärmt sich im Frühling schnell.

Nachteile Pflanzen, die viel Feuchtigkeit brauchen, gedeihen in Sandboden nicht. Andere müssen in Trockenphasen regelmäßig bewässert werden. Sandböden sind oft nährstoffarm, darum benötigt man viel Dünger und Kompost.

Sandboden verbessern Um Wasserhaltevermögen und Fruchtbarkeit zu verbessern, jedes Jahr reichlich Kompost und eventuell etwas Tonboden untergraben. Eine Mulchschicht reduziert die Verdunstung von Wasser.

Pflanzen für sandigen Boden

- *Acacia dealbata*
- *Calluna vulgaris* 'Silver Knight'
- *Catananche caerulea*
- *Cistus* x *hybridus*
- *Convolvulus cneorum*
- *Cotoneaster horizontalis*
- *Erysimum* 'Bowles' Mauve'
- *Euphorbia characias*
- *Euphorbia rigida*
- *Grevillea* 'Canberra Gem'
- *Helianthemum* 'Rhodanthe Carneum' ('Wisley Pink')
- *Helleborus argutifolius*
- *Iris unguicularis*
- *Melianthus major*
- Olive *(Olea europaea)*
- *Pittosporum tobira*
- *Romneya coulteri*
- Rosmarin *(Rosmarinus officinalis)*
- *Solanum crispum* 'Glasnevin'
- *Verbena bonariensis*

Abutilon x *suntense*   *Allium hollandicum* 'Purple Sensation'   *Artemisia alba* 'Canescens'

Bupleurum fruticosum   *Lavandula stoechas*   *Perovskia* 'Blue Spire'

Toniger Boden

Vorteile Ton ist normalerweise nährstoffreich, darum gedeihen darin viele Pflanzen. Er speichert viel Wasser, was ebenfalls ein Vorteil ist. Je öfter er umgegraben wird, desto besser lässt er sich bepflanzen, weil er allmählich krümeliger und durchlässiger wird. Nassen Tonboden nicht umgraben, weil er dabei leicht zu stark verdichtet wird.

Nachteile Trotz seiner Fruchtbarkeit wirft Tonboden einige Probleme auf, die schwer zu lösen sind. Im Winter droht Staunässe und der Boden ist extrem schwer. Versucht man ihn umzugraben, werden die Bodenpartikel noch mehr verdichtet und das Nässeproblem wird verstärkt. Im Sommer dagegen trocknet Tonboden aus und kann steinhart werden. Er erwärmt sich im Frühling langsam und ist generell schwer zu bearbeiten.

Tonboden verbessern Hartnäckigkeit ist der Schlüssel zum Erfolg. Arbeiten Sie jährlich Kompost unter, um die Struktur zu verbessern. So wird der Boden allmählich lockerer und lässt sich leichter bearbeiten. Auf kleinen Flächen und in Hochbeeten kann man Gartenkies untergraben. Nassen Ton nicht umgraben und möglichst nicht betreten. Gepflanzt wird möglichst im Frühling und Herbst, wenn sich der Boden am besten bearbeiten lässt. Bei extremer Nässe kann das Verlegen einer Drainage sinnvoll sein.

Pflanzen für tonigen Boden

- *Alchemilla mollis*
- *Arum italicum* subsp. *italicum* 'Marmoratum'
- *Aruncus dioicus*
- *Aucuba japonica*
- *Berberis darwinii*
- Buchsbaum *(Buxus sempervirens)*

- *Campanula glomerata*
- *Carex elata*
- *Cornus sanguinea* 'Winter Beauty'
- Fingerhut *(Digitalis purpurea)*
- *Geranium*
- Taglilie *(Hemerocallis)*
- *Hosta*

- *Hydrangea macrophylla* 'Lanarth White'
- *Iris laevigata*
- *Jasminum nudiflorum*
- *Leycesteria formosa*
- *Mahonia* x *media* 'Buckland'
- *Viburnum tinus* 'Eve Price'

Anemone x *hybrida* 'Honorine Jobert'   *Euphorbia characias*   *Iris sibirica* 'Perry's Blue'

Malus 'John Downie'   *Primula pulverulenta*   *Sambucus racemosa* 'Plumosa Aurea'

Was wächst in welchem Boden? *Fortsetzung*

Basischer Boden

Vorteile Auf basischem oder alkalischem Boden fühlen sich viele Pflanzen wohl. Einige Gemüsearten (darunter Kohlsorten) gedeihen darauf sogar besser als in saurem Boden. Zierpflanzen wie Clematis bevorzugen den höheren pH-Wert und auch die schönsten Rosen findet man in Gärten mit basischem Boden.

Nachteile Einige sehr schöne Pflanzen vertragen einfach keinen basischen Boden. Zu ihnen gehören *Rhododendron*, Kamelien, *Pieris*, einige Magnolien und Waldbodenbewohner wie *Uvularia* und *Trillium*, die nur auf dem kühlen, feuchten, sauren Boden ihrer natürlichen Herkunft gedeihen. Diese Pflanzen bezeichnet man auch als Kalkflieher. Einige von ihnen wachsen zwar auf basischem Boden, gedeihen aber nur kümmerlich und bekommen gelbe Blätter (Chlorose). Basische Böden enthalten oft wenig Mangan, Bor und Phosphor. Alle drei Stoffe sind für gesundes Pflanzenwachstum notwendig.

Basischen Boden verbessern Streng genommen muss man basischen Boden nicht verbessern, weil der hohe pH-Wert ja kein Nachteil sein muss. Am besten wählt man Pflanzen, die in dem vorhandenen Boden gedeihen. Wer nicht auf Kalkflieher verzichten will, kann sie in Kübel oder Hochbeete mit saurem Substrat pflanzen. Ist der Boden neutral oder schwach basisch, kann man über Jahre organische Substanz einarbeiten und so den pH-Wert ausreichend senken, dass kleinere Kalkflieher gedeihen.

Pflanzen für basischen Boden

- *Aquilegia* McKana-Gruppe
- *Aster* 'Coombe Fishacre'
- *Buddleja davidii* 'Dartmoor'
- Buchsbaum *(Buxus sempervirens)*
- *Choisya ternata* 'Sundance'
- *Clematis*
- *Cotoneaster horizontalis*

- *Erica carnea* 'Foxhollow'
- *Erysimum* 'Bowles Mauve'
- *Hebe*
- *Hibiscus syriacus* 'Oiseau Bleu'
- *Iris unguicularis*
- *Lavandula stoechas*
- *Mahonia* x *media* 'Buckland'

- *Nepeta* x *faassenii*
- *Phormium* 'Yellow Wave'
- Schlüsselblume *(Primula vulgaris)*
- *Pulsatilla vulgaris*
- Rosen
- *Salvia officinalis* 'Purpurascens'
- *Sedum* 'Herbstfreude'

Alchemilla mollis   *Campanula glomerata*   *Clematis cirrhosa*

Cotinus coggygria 'Royal Purple'   *Jasminum nudiflorum*   Geißblatt *(Lonicera)*

Saurer Boden

Vorteile Einige besonders schöne Gartenpflanzen wie *Rhododendron*, *Meconopsis* und *Desfontainia* vertragen nur sauren Boden. Andere wie *Hamamelis* wachsen zwar auf basischem Boden, gedeihen auf saurem aber viel besser. Die meisten Gartenpflanzen vertragen einen leicht sauren Boden. Nur wenn der pH-Wert sehr niedrig ist, wird die Auswahl kleiner. Saure Böden sind normalerweise kühl und feucht wie Waldboden.

Nachteile Saurer Boden enthält normalerweise viel organische Substanz, kann aber auch nährstoffarm und sandig sein. Ist das der Fall, sollte man jedes Jahr reichlich organische Substanz untergraben. Böden mit hohem Torfanteil dagegen neigen zur Staunässe und werden durch Untergraben von Sand verbessert. Weil ihr pH-Wert meist besonders niedrig ist, kann es sinnvoll sein, auch Kalk einzuarbeiten, um mehr verschiedene Pflanzen halten zu können. Die meisten Obst- und Gemüsesorten vertragen saure Böden gar nicht. Saure Böden enthalten oft wenig Phosphor, aber zu viel Mangan und Aluminium für ein gesundes Wachstum.

Sauren Boden verbessern Ist der Boden sehr sauer, empfiehlt es sich, den pH-Wert anzuheben, um eine größere Pflanzenvielfalt halten zu können. Dazu kann man Pilzkultursubstrat oder Gartenkalk unterarbeiten. Ist der Boden nur schwach sauer, empfiehlt es sich, Pflanzen zu wählen, die darin gut gedeihen.

Pflanzen für saure Böden

- *Astilboides tabularis*
- Birke *(Betula)*
- *Camellia*
- *Cercis canadensis* 'Forest Pansy'
- *Cornus canadensis*
- *Corydalis flexuosa*
- *Daphne bholua* 'Jacqueline Postill'
- *Desfontainia spinosa*
- Fingerhut *(Digitalis purpurea)*
- *Hedychium densiflorum*
- *Leucothoe fontanesiana* 'Rainbow'
- *Meconopsis*
- *Photinia* x *fraseri* 'Red Robin'
- *Pieris*
- *Primula pulverulenta*
- *Rhododendron*
- *Romneya coulteri*
- *Skimmia* x *confusa* 'Kew Green'
- *Stewartia monadelpha*
- *Uvularia grandiflora*

Acer palmatum

Calluna vulgaris 'Silver Knight'

Carex elata 'Aurea'

Cornus kousa var. *chinensis*

Grevillea 'Canberra Gem'

Hydrangea quercifolia

Ein Beet anlegen

Beete mit bunten, duftenden Blumen und attraktiven Sträuchern dürfen in keinem Garten fehlen. Wer bei der Planung und Anlage einige grundlegende Schritte befolgt, hat das ganze Jahr über viel Freude an seinem Garten.

1 Am gewünschten Platz die Form des Beetes anzeichnen. Bei gerundeten Beeten nehmen Sie einen Schlauch als »Hilfslinie«. Das Beet darf nicht zu schmal sein und muss sich in die Gesamtgestaltung des Gartens einfügen.

2 Mit einem Spaten oder Kantenstecher wird das Gras entlang der markierten Kontur abgestochen. Fügen Sie die Spatenstiche sauber aneinander und treten Sie das Spatenblatt ganz in den Boden.

3 Dann wird mit einem Spaten eine handliche, quadratische Fläche eingestochen. Schieben Sie das Spatenblatt unter das Gras und heben Sie die Soden ab. Dabei möglichst nicht zu viel Erde entfernen.

4 Stapeln Sie die Soden mit dem Gras nach unten in einer Gartenecke auf. Nach einigen Monaten ist das Gras verrottet und es ist nährstoffreicher Kompost entstanden, der in die Beete eingearbeitet werden kann.

Ein Beet anlegen *Fortsetzung*

5 Den Boden mit einer Grabgabel umgraben, dabei die Zinken tief einstechen. Alte Wurzeln, große Steine und anderen Unrat entfernen, große Erdklumpen aufbrechen. Die Erde bearbeiten, bis sie locker und krümelig ist.

6 Mit einem Spaten kann nun eine 5 cm dicke Schicht organischer Substanz (z. B. Gartenkompost oder verrotteter Stallmist) auf dem Beet verteilt und oberflächlich in die Erde eingearbeitet werden.

7 Ist der Boden schwer oder schlecht durchlässig, eine 8 cm dicke Schicht groben Kies oder Splitt darauf verteilen und mit dem Spaten 15 cm tief untergraben. Dadurch kann Wasser im Wurzelbereich leichter abfließen.

8 Mit einer Harke können Sie Steine, Wurzeln und anderen Unrat, der beim Bearbeiten des Bodens an die Oberfläche gekommen ist, entfernen und gleichzeitig das Erdreich sorgfältig einebnen.

9 Probieren Sie verschiedene Anordnungen aus, indem Sie die Pflanzen in ihren Töpfen auf das Beet stellen. Berücksichtigen Sie dabei die endgültige Größe, Blüten- und Blattfarbe sowie die Jahreszeit, in der die Pflanze am interessantesten ist.

Gewusst wie

Eine Beetkante, z.B. aus kurzen Halbpalisaden, verhindert, dass Erde auf den Rasen geschwemmt wird. Die Kante wird mit einer Wasserwaage gerade ausgerichtet.

Der letzte Schliff

Mit wenigen Details kommen Anlage und Bepflanzung des Gartens perfekt zur Geltung.

Saubere Übergänge

Es ist erstaunlich, wie stark akkurate Rasenkanten sich auf die Gesamtwirkung des Gartens auswirken. Wo der Rasen an Beete stößt, die Kanten nach dem Mähen mit der Kantenschere nachschneiden, damit sie in Form bleiben, und gelegentlich mit dem Halbmondspaten abstechen. Blumen, die auf den Rasen überhängen, sehen zwar üppig und zwanglos aus, schaden dem Gras aber auf lange Sicht.

Befestigte Kanten

Befestigte Beet- und Rasenkanten machen weniger Arbeit als unbefestigte. Wuchernde Pflanzen setzt man am besten in die Nähe solcher Kanten, wo sie sich leichter in Zaum halten lassen. Pflasterungen empfehlen sich für Gärten jeden Stils, besonders aber für Stellen, an denen Gras schlecht wächst, neben schmalen Wegen.

Ziegelsteine Ziegel haben eine traditionelle Ausstrahlung. Man kann sie als Weg verlegen, aber auch als Einzelreihe zur Einfassung von Beeten oder Kieswegen.

Platten Damit größere, mit Platten ausgelegte Flächen nicht streng und nüchtern aussehen, lassen Sie Lavendel und andere Pflanzen aus den Beeten weich über die Ränder quellen.

Palisaden Um leicht erhöhte Beete abzustützen, eignen sich Palisaden gut. Sie sind leicht zu setzen, müssen aber mit einem Holzschutzmittel imprägniert werden.

Mulch wirkt Wunder

Eine Mulchschicht verlangsamt die Verdunstung von Feuchtigkeit aus dem Boden, unterdrückt Unkrautwuchs, sieht dekorativ aus und kann die Bodenfruchtbarkeit verbessern und so das Pflanzenwachstum stärken. Diese Schicht, die je nach Situation und Pflanzenart aus unterschiedlichem Material bestehen kann, breitet man einfach auf der Beetoberfläche aus. Sie sollte etwa 3 cm dick sein und wird im Frühling aufgelegt.

Kompost Gartenkompost ist ein idealer Mulch, weil er den Boden düngt und das Wasserhaltevermögen verbessert. Jedes Jahr muss eine neue Schicht aufgelegt werden.

Kakaoschalen Die leichten Kakaoschalen lassen sich gut verteilen. Sie verrotten und reichern den Boden an. Wenn der Wind sie verweht, kann die Mulchschicht unordentlich aussehen.

Kies Das preiswerte Mulchmaterial reduziert im Sommer die Verdunstung von Feuchtigkeit und hält im Winter Nässe von empfindlichen Pflanzen fern. Es ist mühsam aufzubringen.

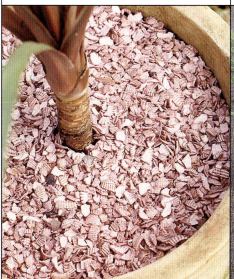

Dekorativer Mulch Bunte Glaschips, Muschelgrus und andere dekorative Materialien eignen sich für Kübelpflanzen. Sie unterdrücken Unkraut und verhindern die Verdunstung von Wasser.

Pflanzenvlies Das Vlies wird vor dem Pflanzen verlegt und dann mit Mulch bedeckt. Das Pflanzen durch Einschnitte im Vlies hindurch ist nicht ganz einfach.

Rindenmulch Geschredderte Rinde oder Hackschnitzel sind preiswert und leicht, unterdrücken Unkraut, verrotten mit der Zeit und reichern dadurch den Boden an.

Kompost selbst gemacht

Es ist sinnvoll und umweltfreundlich, Garten- und Küchenabfälle zu recyceln und daraus Kompost herzustellen. Gartenkompost ist ein wertvolles Mulchmaterial, das die Fruchtbarkeit und Qualität des Bodens nachhaltig verbessert.

Haufen oder Silo? Man kann Garten- und Küchenabfälle einfach als Haufen aufsetzen und verrotten lassen. Sauberer sieht ein Kompostsilo aus, in dem der Rottevorgang meist auch schneller abläuft. Solche Silos können einfache Kästen aus Wellplastik oder Metall sein. Kompostsilos aus Holz sind ansehnlicher und man kann sie aus Resten von Brettern leicht selbst bauen. Fertig gekaufte Komposter – meist geschlossene Silos mit Belüftungsschlitzen – gibt es in vielen Varianten. Praktisch, preiswert und effektiv sind Komposter in Tonnenform (*rechts*).

Schicht für Schicht Fast alle pflanzlichen Materialien sind kompostierbar und je vielfältiger die Mischung ist, desto besser wird der Kompost. Wichtig ist ein ausgewogenes Verhältnis zwischen Struktur- und Blattmaterial. Es sollten etwa zwei Drittel holziges Strukturmaterial (Zweige, Papier) und ein Drittel stickstoffhaltiges Feuchtmaterial (Grasschnitt, Küchenabfälle) sein. Eine zu dicke Schicht Feuchtmaterial behindert die Luftzirkulation, deshalb sollte man Rasenschnitt mit grobem Strauchschnitt oder Zeitungspapier mischen. Dickere Zweige in Stücke brechen. Mehrjährige und Samen tragende Unkräuter gehören nicht auf den Kompost. Auf den Boden des Silos eine Schicht aus grobem Strauchschnitt legen, dann das Material einschichten.

Stickstoffreiches Feuchtmaterial:
- Rasenschnitt und Unkraut
- Obst- und Gemüseabfälle
- Herbstlaub
- abgeschnittene Stauden
- Grünschnitt von Hecken
- Fallobst
- verblühte Einjährige

Kohlenstoffreiches Strukturmaterial zur Belüftung:
- holziger Strauchschnitt
- zerkleinertes Papier
- Pappschnitzel
- Hobelspäne (unbehandelt)
- harte Stiele von Stauden
- Rindenmulch

Holziges und feuchtes Material schichtweise in den Komposter geben.

Schnellere Rotte Stallmist ist ein wertvoller Zusatz zum Kompost, denn er enthält viel Stickstoff und Mikroorganismen. Alternativ kann man im Fachhandel spezielle Kompostbeschleuniger kaufen. Das Wenden des Komposts verbessert die Luftzirkulation, beschleunigt die Rotte und sorgt dafür, dass das Material gleichmäßig kompostiert.

Gewusst wie

Ist der Anteil feuchter Garten- und Küchenabfälle zu hoch, kann das Material faulen statt zu verrotten. Schichten aus gröberem Strukturmaterial und regelmäßiges Umsetzen sorgen für gleichmäßige Rotte.

Eine Staude pflanzen

Manche Stauden können viele Jahre alt werden. Doch damit sie sich optimal entwickeln, müssen sie zunächst richtig gepflanzt und später sorgfältig gepflegt werden.

1 Die Pflanze gründlich wässern, um das Anwachsen zu erleichtern. Dann die Staude samt Topf an einen Platz stellen, der ihren Ansprüchen genügt. Ausreichend Abstand zu anderen Pflanzen einhalten.

2 Ein Loch graben, das weiter und tiefer als der Topf ist. Etwas Gartenkompost hineingeben und in den Boden einarbeiten. Vor dem Einsetzen der Pflanze etwas Wasser in das Pflanzloch gießen.

3 Die Pflanze vorsichtig aus dem Topf nehmen. Verfilzte Wurzeln behutsam lockern. Dann den Wurzelballen ins Pflanzloch setzen und etwas tiefer drücken, als er im Topf saß.

4 Erde ins Pflanzloch füllen und gut andrücken. Dabei darauf achten, dass die Pflanze gerade sitzt. Rings um den Stiel der Pflanze eine flache Vertiefung in den Boden drücken. Gut wässern.

Einen Baum pflanzen

Es mag einfach klingen, einen Baum zu pflanzen. Weil Bäume aber sehr alt werden können, hängt ihr Gedeihen in den folgenden Jahren entscheidend von der Sorgfalt bei der Pflanzung ab.

1 Den Wurzelballen vor der Pflanzung in einen Eimer mit Wasser stellen. So wird eventueller Wasserverlust während der Pflanzung ausgeglichen und der Baum wächst schnell und zuverlässig an.

2 Ein 30 cm tiefes Loch mit dem dreifachen Durchmesser des Wurzelballens graben. Das Wurzelwachstum findet vor allem in der oberen Erdschicht statt. Boden und Seiten des Lochs mit der Grabgabel leicht auflockern.

3 Den Topf ins Loch stellen und eine Leiste darauf legen. Sie soll beidseitig auf dem Erdreich und in der Mitte auf dem Wurzelballen aufliegen. Ist das nicht der Fall, das Loch tiefer ausheben oder Erde einfüllen.

4 Den Topf vorsichtig entfernen, um die Wurzeln nicht zu beschädigen. Lange, verknäulte und verfilzte Wurzeln vorsichtig lockern, damit sie nach der Pflanzung im Erdreich leichter Fuß fassen.

Einen Baum pflanzen *Fortsetzung*

5 Den Baum ins Loch stellen. Eine Stütze im Winkel von 45° oberhalb des Wurzelballens, aber in Stammnähe ins Pflanzloch einschlagen. Dabei den Ballen nicht beschädigen. Die Stütze muss in die Hauptwindrichtung zeigen.

6 Das Pflanzloch mit Erde auffüllen. Sie sollte nicht zu nährstoffreich sein, damit sich die Wurzeln auf der Suche nach Nährstoffen schnell ausbreiten. Nur extrem sandigen, mageren Boden mit Kompost anreichern.

7 Den Stamm 45 cm über dem Boden nicht zu fest mit einem Baumbinder an der Stütze anbinden. Wenn der Baum wächst, den Baumbinder regelmäßig kontrollieren und lockern, um Schäden an der Rinde zu vermeiden.

8 Den Baum direkt nach der Pflanzung und in den ersten Jahren auch in trockenen Perioden wässern. Um den Stamm eine 8 cm dicke Mulchschicht aus Kompost auflegen, die aber keinen Kontakt zum Stamm haben sollte.

9 In den nächsten zwei, drei Jahren mit einer Rosenschere Zweige ausschneiden, die tot oder beschädigt sind, aneinander reiben oder die Form der Krone stören. Dicht am Haupttrieb schneiden.

Einen Strauch pflanzen

Sträucher gliedern den Garten und beleben ihn mit ihrem Laub und ihren Blüten. Lesen Sie vor dem Pflanzen auf dem Etikett nach, welchen Boden und Standort ein Strauch bevorzugt. Später ist das Verpflanzen schwierig.

Gewusst wie

Im Frühjahr nach der Pflanzung etwas Dünger auf den Wurzelbereich streuen. Regen oder Gießen schwemmt ihn ein.

1 Den Strauch samt Topf in einen Eimer mit Wasser stellen. Ein Pflanzloch mit dem dreifachen Durchmesser des Wurzelballens ausheben. Steine und alte Wurzeln entfernen und den Lochboden mit der Grabgabel auflockern.

2 Um die Tiefe zu prüfen, eine Leiste über das Loch legen. Sie soll beidseitig auf dem Boden und in der Mitte auf dem Wurzelballen aufliegen. Die schönste Seite des Strauches in die Richtung drehen, aus der man ihn meistens sieht.

3 Den Topf vorsichtig entfernen, ohne den Wurzelballen zu beschädigen. Verfilzte Wurzeln vorsichtig lockern. Den Ballen ins Loch setzen und die Erde wieder einfüllen. Ist sie nährstoffarm, etwas Kompost zugeben.

4 Den Boden vorsichtig festtreten, sodass eine leichte Vertiefung um den Stamm entsteht, die der Bewässerung dient. Kompost als Mulch auflegen, aber direkten Kontakt zu den Zweigen vermeiden. Gut angießen.

Eine Kletterpflanze pflanzen

Kletterpflanzen sind ideal für kleine Gärten, weil sie in die Höhe wachsen, ohne zu ausladend zu werden. Außerdem eignen sie sich gut, um langweilige Zäune und funktionelle Gartengebäude schnell zu begrünen.

Gewusst wie

Als praktische und unauffällige Kletterhilfe für einen Zaun bieten sich Ringschrauben und Spanndrähte an. Die Drähte sind einfach zu montieren und die Pflanzen können sich daran wunderbar in die Höhe ziehen.

1 In 30–40 cm Abstand zum Zaun ein Loch mit dem doppelten Durchmesser des Wurzelballens graben. Einige Bambusstäbe fächerförmig schräg an den Zaun lehnen, um den ersten Trieben Halt zu geben.

2 Den Wurzelballen durchnässen, ins Pflanzloch setzen und schräg zum Zaun kippen. Den Topf und überflüssige Stützstäbe vorsichtig entfernen. Die Triebe, die aus der Wurzel wachsen, vorsichtig voneinander trennen.

3 Die ausgehobene Erde mit etwas Kompost mischen, ins Pflanzloch füllen und leicht andrücken. Die Pflanze soll in einer flachen Mulde stehen, die das Bewässern erleichtert. So wächst sie leichter an.

4 Die einzelnen Triebe mit Gärtnerbast an die Stützstäbe binden. Kompost oder Hackschnitzel als Mulch auf dem Boden verteilen, um die Verdunstung zu reduzieren und Unkraut zu unterdrücken.

Einjährige ins Freiland säen

Viele frostharte Einjährige wie Gold-mohn (*Eschscholzia*) sät man am besten an Ort und Stelle, denn das Umpflanzen nehmen zarte Sämlinge leicht übel. Die Pflanzen wachsen schnell heran und blühen im Sommer herrlich.

Gewusst wie

Katzen benutzen Saatbeete gern als Toilette und Vögel finden zarte Sämlinge köstlich. Ein guter Schutz sind verzweigte Reiser, die einfach senkrecht ins Beet gesteckt werden.

1 Zum Aussäen einen freien Bereich im Beet wählen und mit der Grabgabel umgraben. Steine, Wurzeln und anderen Unrat mit der Harke entfernen. Dabei wird der Boden gelockert und fein gekrümelt.

2 Eine Leiste oder einen Bambusstab in den Boden drücken, um flache Saatrillen zu erhalten. So sind die Sämlinge später leichter zu erkennen, denn Unkraut wächst nicht in geraden Reihen.

3 Feine Samen in die Handfläche nehmen und langsam aus der seitlichen Handfalte in die Rille rieseln lassen. Nicht zu dicht säen! Größere Samen können Sie einzeln zwischen zwei Finger nehmen.

4 Die Samen mit feiner Erde bedecken und vorsichtig mit weichem Brausestrahl gießen. Das Saatbeet feucht halten und Unkraut regelmäßig entfernen. Nach der Keimung zu eng stehende Sämlinge ausdünnen.

Einjährige säen

Manche robusten Einjährigen kann man direkt an Ort und Stelle säen. Sicherer ist es aber, sie in Töpfen im kalten Frühbeet, im Gewächshaus oder auf einer sonnigen Fensterbank vorzuziehen.

Gewusst wie

Stecken Sie Schildchen in die Töpfe und notieren Sie mit wasserfestem Filzstift den Pflanzennamen und das Datum.

1 Einen neuen oder gesäuberten Blumentopf (9 cm Ø) mit gutem Aussaatsubstrat füllen. Dabei einen 2–3 cm hohen Gießrand frei lassen. Das Substrat leicht andrücken, um die Oberfläche zu glätten.

2 Das Substrat mit einer Gießkanne mit feiner Brause anfeuchten, aber nicht durchnässen. Alternativ die Töpfe so lange in eine flache Schale mit Wasser stellen, bis die Substratoberfläche feucht ist.

3 Die Samen gleichmäßig verteilen. Große Samen einzeln einlegen, kleine aus der Handfläche einstreuen. Lesen Sie auf dem Tütchen nach, ob die Samen abgedeckt werden müssen oder Licht zum Keimen brauchen.

4 Wenn sich einige Blätter zeigen, werden die Pflänzchen eine Woche lang abgehärtet: Täglich einige Stunden ins Freie an einen schattigen Platz stellen. Dann können sie ins Beet gepflanzt werden.

Sonnig trockener Kiesgarten

Für eine Ecke in praller Sonne bietet sich ein Kiesgarten an, in dem interessante Pflanzen gedeihen: Kräuter mit duftenden Blättern, Pflanzen mit silbrigem Laub, alpine Arten und einige Gräser fühlen sich im Kies wohl, da er ihre Stiele vor zu viel Nässe schützt und gleichzeitig die Wurzeln kühl und feucht hält. Kies erwärmt sich tagsüber schnell und hält die Wärme bis in die Nacht hinein.

Kurz gefasst

Größe 3 x 2 m

Pflanzen Kräuter, niedrige Gewächse, Einjährige, Zwiebeln, graulaubige Arten

Boden Sehr durchlässig, nährstoffarm

Lage Offen, sonnig, etwas Windschutz

Einkaufsliste

- 2 x *Parahebe perfoliata*
- 1 x *Helictotrichon sempervirens*
- 1 x *Thymus pulegioides* 'Bertram Anderson'
- 1 x *Santolina chamaecyparissus*
- 1 x *Aurinia saxatilis* 'Variegata'
- *1 x Rosmarinus officinalis* 'Prostratus'

Bepflanzung und Pflege

Das Beet umgraben. Größere Steine, Unrat und Unkraut entfernen. Mehrjährige Unkräuter wie Ackerwinde punktuell mit einem Herbizid behandeln, weil sie sich nach dem Verteilen des Kieses kaum noch beseitigen lassen. Reichlich gut verrotteten Kompost untergraben. Viel Kies mindestens einen Spatenstich tief untergraben, um die Drainage zu verbessern.

Steine oder Treibholz als Dekoration platzieren. Dann die Pflanzen mit reichlich Abstand zueinander einsetzen. Splitt in die Pflanzlöcher geben und die Pflanzen so einsetzen, dass der Ballen etwas aus der Erde ragt. Den Kies sorgfältig bis an die Pflanzenstiele heran verteilen. Kräftig gießen. Nach dem Anwachsen nur noch in längeren Trockenperioden wässern.

Parahebe perfoliata
❄❄ ◊ ☼ ♛

Helictotrichon sempervirens
❄❄❄ ◊ ☼ ♛

Thymus pulegioides 'Bertram Anderson' ❄❄❄ ◊ ☼ ♛

Santolina chamaecyparissus
❄❄ ◊ ☼ ♛

Aurinia saxatilis 'Variegata'
❄❄❄ ◊ ☼

Rosmarinus officinalis 'Prostratus'
❄❄ ◊ ☼

Bunter Bauerngarten

Typisch für den beliebten Bauerngarten im englischen Stil sind verschiedene Stauden in lockerer Anordnung. Häufig werden vorwiegend zarte Pastelltöne mit einigen kräftigen Farben aufgepeppt. Bauerngarten-Klassiker sind Rittersporn, Fingerhut, Königskerze, Bartfaden, aber auch holzige Pflanzen wie Rosen und Lavendel. Solche Beete sehen im Sommer in voller Blüte herrlich aus, machen aber etwas Arbeit.

Kurz gefasst

Größe 2 x 1,5 m

Pflanzen Verschiedene Stauden

Boden Gut durchlässig

Lage Sonnig mit etwas Windschutz

Einkaufsliste

- 3 x *Delphinium grandiflorum* 'Summer Blues'
- 3 x *Verbascum* x *hybridum* 'Snow Maiden'
- 3 x *Delphinium* Neuseeland-Hybriden
- 3 x *Geum* 'Blazing Sunset'
- 3 x *Penstemon digitalis* 'Husker Red'
- 3 x *Digitalis purpurea*

Bepflanzung und Pflege

Vor der Pflanzung reichlich Kompost oder verrotteten Stallmist ins Beet einarbeiten. Falls nötig, Kies untergraben, um die Drainage zu verbessern. Stauden pflanzt man am besten im Frühling. Drei Pflanzen jeder Art ergeben schon im ersten Standjahr eine ansehnliche Blütenfülle und Gruppen mit ungerader Zahl sehen meist lockerer aus. Die höheren Stauden sollten weiter hinten stehen – aber sehen Sie es nicht zu streng, das Beet soll zwanglos wirken. Vor allem Rittersporn muss eventuell mit Stäben oder Erbsenreisern gestützt werden. Im Frühling oder im Herbst nach der Blüte die Stauden über dem Boden abschneiden und mit Kompost mulchen.

Delphinium grandiflorum 'Summer Blues' ❋❋❋ ◊ ☼

Verbascum x *hybridum* 'Snow Maiden' ❋❋❋ ◊ ☼

Delphinium Neuseeland-Hybriden ❋❋❋ ◊ ☼

Geum 'Blazing Sunset' ❋❋❋ ◊ ◊ ☼

Penstemon digitalis 'Husker Red' ❋❋ ◊ ◊ ☼

Effektvolles Laub

Hochbeete sind pflegeleicht und können fast überall angelegt werden. Für einen modernen Garten empfiehlt sich eine zeitgemäße Bepflanzung mit Arten, die das ganze Jahr attraktiv sind. Ideal sind Arten mit abwechslungsreichen Farben und Strukturen, beispielsweise mit dekorativem Laub.

Kurz gefasst

Größe 1 x 1 m

Pflanzen Verschiedene schwach wüchsige Arten mit ähnlichen Standortansprüchen

Boden Feucht, aber gut durchlässig

Lage Sonnig und vor starkem, austrocknendem Wind geschützt

Einkaufsliste

- 1 x *Euphorbia amygdaloides* 'Purpurea'
- 1 x *Sedum spectabile*
- 1 x *Carex comans* 'Frosted Curls' oder *Molinia caerulea subsp. caerulea* 'Variegata'
- 3 x *Ophiopogon planiscapus* 'Nigrescens'
- 1 x *Heuchera* 'Plum Pudding'

Bepflanzung und Pflege

Hochbeete brauchen Drainagelöcher, sonst droht Staunässe und die Wurzeln faulen. Eine Schicht Tonscherben oder Styroporchips am Grund des Beetes stellen sicher, dass Wasser gut abfließen kann. Kleine Beete mit gutem Pflanzsubstrat, dem etwas Kompost oder verrotteter Stallmist beigemischt ist, füllen. Für große Beete Mutterboden verwenden und ebenfalls Kompost untermischen. Nach dem Füllen das Beet einige Tage ruhen lassen, damit sich der Boden setzen kann. Niedrige Pflanzen wie Ophiopogon an die Ränder setzen, höhere wie Euphorbia in die Mitte. Gut angießen und später die Erde nie austrocknen lassen. Regelmäßig jäten und verwelkte Blüten von Stauden wie Sedum im Herbst abschneiden.

Euphorbia amygdaloides 'Purpurea'
❄❄❄ 💧 ☀

Sedum spectabile
❄❄❄ 💧 ☀ 🏆

Carex comans 'Frosted Curls'
❄❄ 💧 💧 ☀

Ophiopogon planiscapus 'Nigrescens'
❄❄ 💧 💧 ☀ ☀ 🏆

Heuchera 'Plum Pudding'
❄❄❄ 💧 💧 ☀

Alternative Pflanzidee

Molinia caerulea subsp. caerulea 'Variegata' ❄❄❄ 💧 💧 ☀ 🏆

Gemischte Gehölze

Mit einer Kombination aus Bäumen und Sträuchern lassen sich fantastische Beete gestalten. Sie brauchen weniger Pflege als Staudenbeete und geben, vor allem wenn sie immergrün sind, dem Garten auch im Winter Struktur. Für Abwechslung sorgt ein Mix aus Arten mit verschiedenen Wuchsformen, Größen und Strukturen, attraktiven Blüten oder Laubfarben. Die Pflanzen sollten ähnliche Standortansprüche haben.

Kurz gefasst

Größe 3 x 2,5 m

Pflanzen Verschiedene Sträucher und kleine Bäume, möglichst mit kompaktem Wuchs

Boden Sauer und durchlässig mit gutem Wasserhaltevermögen

Lage Sonnig und windgeschützt

Einkaufsliste

- 1 x *Aucuba japonica* 'Picturata'
- 1 x *Cotinus* 'Grace'
- 1 x *Phormium tenax* 'Atropurpureum'
- 1 x *Grevillea juniperina*
- 1 x *Magnolia grandiflora* 'Goliath'
- 1 x *Pittosporum tobira* 'Nanum'

Bepflanzung und Pflege

Den Boden gründlich umgraben und reichlich verrotteten Kompost unterarbeiten. Die Pflanzen mit großzügigem Abstand einsetzen, weil späteres Umpflanzen kaum möglich ist. Die Magnolie wird am größten, darum wird sie in den Hintergrund gepflanzt. Das immergrüne, golden panaschierte Laub der Aukube ist ein Blickfang, der in die Mitte gehört. Ihre rundliche Form bildet einen Kontrast zu den spitzen Blättern des Neuseelandflachs (*Phormium*). Niedrigere Pflanzen wie Klebsame (*Pittosporum*) und Grevillea (braucht sauren Boden!) kommen in den Vordergrund. Die rötlichen Blätter des Perückenstrauchs (*Cotinus*) harmonieren mit *Phormium*.

Aucuba japonica 'Picturata'
❄❄❄ ◐ ☀

Cotinus 'Grace'
❄❄❄ ◐ ◐ ☀

Phormium tenax 'Atropurpureum'
❄❄ ◐ ◐ ☀

Grevillea juniperina
❄❄ ◐ ☀

Magnolia grandiflora 'Goliath'
❄❄❄ ◐ ◐ ☀

Pittosporum tobira 'Nanum'
❄❄ ◐ ☀

Flammender Frühling

Feurige Farben sind nicht nur typisch für den Spätsommer. Stauden und Zwiebelblumen, die im Frühling in flammenden Farben leuchten, vermitteln allerdings eine andere Stimmung. Die Rot-, Orange- und Gelbtöne von Tulpen, frühen Lupinen, Gämswurz (*Doronicum*) und Wolfsmilch (*Euphorbia*) wirken zwischen dem frischen Grün des jungen Jahres besonders vital und fröhlich.

Kurz gefasst

Größe 2 x 2 m

Pflanzen Früh blühende Stauden, Zwiebelpflanzen (v. a. Tulpen), Stauden mit attraktiven jungen Blättern

Boden Nahrhaft und feucht

Lage Geschützt mit einigen Stunden direkter Sonne

Einkaufsliste

- 20 x *Tulipa* 'Ballerina'
- 20 x Tulpen in einer Kontrastfarbe
- 5 x *Polygonatum* x *hybridum*
- 5 x *Euphorbia griffithii* 'Fireglow'
- 5 x *Foeniculum vulgare* 'Purpureum'

Bepflanzung und Pflege

Zur Vorbereitung des Beetes reichlich Gartenkompost in den Boden einarbeiten. Zuerst die Stauden pflanzen. Hohe Arten wie Salomonssiegel (*Polygonatum*) nach hinten setzen, dazwischen Wolfsmilch (*Euphorbia*) und Fenchel (*Foeniculum*) pflanzen und Lücken für die Tulpen frei lassen. Die Blumenzwiebeln nach Sorten getrennt in Gruppen zu fünf bis acht Stück drei Zwiebelhöhen tief pflanzen. Die Sorten nicht mischen, weil sonst der Effekt verloren geht.

Die Wolfsmilch verträgt zu trockenen Boden schlecht. Das Salomonssiegel gelegentlich auf Larven der Blattwespe kontrollieren.

Tulipa 'Ballerina'
❋❋❋ ◐ ◌ ☀ ♟

Polygonatum x *hybridum*
❋❋❋ ◐ ☀ ♟

Tulipa (rötlich pink)
❋❋❋ ◐ ◌ ☀

Euphorbia griffithii 'Fireglow'
❋❋❋ ◐ ☀

Üppiges Laub für den Schatten

In einem schattigen Hof oder einer Terrassenecke kann ein Hochbeet mit Blattpflanzen beeindruckend exotisch wirken. Viele Blattgewächse gedeihen im Schatten gut und eine Mischung aus Stauden und immergrünen Sträuchern sieht das ganze Jahr über reizvoll aus. Ein hoher Bambus (*Phyllostachys*) raschelt im Wind und sorgt für sanfte Bewegung. Panaschierte Pflanzen wie Hosta setzen Lichtpunkte im Schatten. Eine gute Idee ist es auch, Beethintergrund und Stützmauer hell zu streichen.

Kurz gefasst

Größe 2,5 x 1,5 m

Pflanzen Üppige Blattgewächse

Boden Nahrhaft mit gutem Wasserhaltevermögen

Lage Geschützte, halbschattige Ecke

Einkaufsliste

- 2 x Funkie (*Hosta* 'Francee')
- 1 x *Hebe salicifolia*
- 3 x Zimmeraralie (*Fatsia japonica*)
- 1 x Bambus (*Phyllostachys nigra*)
- 1 x *Miscanthus sinensis* 'Variegatus'
- 3 x *Ophiopogon planiscapus* 'Nigrescens'
- 2 x Efeu (*Hedera helix*)

Bepflanzung und Pflege

Damit keine Staunässe entsteht, muss das Hochbeet Drainagelöcher haben. Es wird mit einer Mischung aus gutem Mutterboden und verrottetem Kompost gefüllt. Die höheren Pflanzen nach hinten setzen. Funkie, Schlangenbart (*Ophiopogon*) und Efeu füllen den Vordergrund. Für Formkontraste sorgen die handförmigen Blätter der Zimmeraralie und das weiß gestreifte Chinaschilf (*Miscanthus*). Weiße oder graue Kiesel als Mulch auf dem Beet verteilen. Die Pflanzen angießen und regelmäßig wässern, bis sie angewachsen sind. Später ist das Beet pflegeleicht.

Hosta 'Francee'
❄❄❄ ◐ ☀ ☀ ♔

Hebe salicifolia
❄❄ ◐◐ ☀ ☀

Fatsia japonica
❄❄ ◐ ☀ ♔

Phyllostachys nigra
❄❄❄ ◐◐ ☀ ☀ ♔

Miscanthus sinensis 'Variegatus'
❄❄❄ ◐◐ ☀

Ophiopogon planiscapus 'Nigrescens'
❄❄ ◐◐ ☀ ☀ ♔

Klassische Vorgärten

Ein kleiner Vorgarten bietet sich für eine formale Bepflanzung an, zum Beispiel eine traditionelle, niedrige Buchsbaumhecke als geometrische Kontur für eine Mischung aus verschiedenen ein- und mehrjährigen Blatt- und Blütenpflanzen in attraktiven Farben. Häufig sieht man in der Mitte solcher Vorgärten eine auffällige Pflanze als Blickfang, beispielsweise eine Keulenlilie (*Cordyline*). Der freie Boden wird mit einer Schicht aus Kies bedeckt. Er unterdrückt Unkraut und sorgt dafür, dass der Garten immer gepflegt aussieht.

Kurz gefasst

Größe 1,5 x 1,5 m

Pflanzen Buchsbaumhecken, bunt blühende Einjährige, farbenfrohe Stauden

Boden Im Idealfall nahrhaft, durchlässig und nicht zu trocken

Lage Kleiner, eher strenger Gartenbereich, möglichst mit etwas Sonne

Einkaufsliste

- 5 x *Pelargonium* (rot)
- 3 x *Deschampsia flexuosa* 'Tatra Gold'
- 2 x *Phormium* 'Tom Thumb'
- 1 x *Penstemon digitalis* 'Husker Red'
- Buchsbaum *(Buxus sempervirens,* genügend Pflanzen für eine Hecke)
- 3 x *Spiraea japonica* 'White Gold'

Bepflanzung und Pflege

Das Beet umgraben, Unkräuter entfernen und reichlich Kompost oder verrotteten Stallmist unterarbeiten. Die Fläche mit einer Harke glätten und einebnen. Zuerst die Buchsbaumpflanzen in Abständen von 15–20 cm einsetzen, um dem Beet einen Rahmen zu geben. Die übrigen Pflanzen zu Gruppen anordnen. Das Beet braucht regelmäßige Pflege, damit es immer makellos aussieht. Im Frühsommer Buchsbaum und *Spiraea* schneiden. Im Frühling neue Einjährige einsetzen und die Blütenstiele des Bartfadens (*Penstemon*) kürzen.

Pelargonium (rot)

Deschampsia flexuosa 'Tatra Gold'

Phormium 'Tom Thumb'

Penstemon digitalis 'Husker Red'

Buxus sempervirens

Spiraea japonica 'White Gold'

Mediterranes Flair

Für ein Beet, das an Ferien am Mittelmeer erinnert, eignet sich nur ein sehr sonniger, windgeschützter Winkel des Gartens. Hier fühlen sich Iris, Gräser, Wolfsmilch (*Euphorbia*) und immergrüne Gewächse wie die Baumaster (*Olearia*) wohl. Dazwischen können Sie Kräuter wie Rosmarin oder Salbei und leuchtende Zwiebelblüher wie Zierlauch setzen. Terrakottakübel mit frostempfindlicheren Arten wie Agaven verstärken die mediterrane Atmosphäre.

Kurz gefasst

Größe 3 x 3 m

Pflanzen Gräser, kleine immergrüne Sträucher, Iris, Zwiebelblumen, Kräuter, Sukkulenten, mediterrane Kübelpflanzen

Boden Gut durchlässig

Lage Sonnig und geschützt, möglichst vor einer Mauer

Einkaufsliste

- 3 x *Iris* 'Jane Phillips'
- 1 x *Olearia* x *haastii*
- 3 x *Euphorbia characias* subsp. *wulfenii*
- 5 x *Allium hollandicum* 'Purple Sensation'
- 1 x *Anemanthele lessoniana* (*Stipa arundinacea*)
- 1 x *Bergenia cordifolia*
- 2 x *Ballota pseudodictamnus*

Bepflanzung und Pflege

Das Beet umgraben, reichlich Kompost unterarbeiten. Falls der Boden nicht durchlässig ist, Kies untergraben. Hohe Pflanzen in den Hintergrund setzen, aber 30 cm Abstand zur Wand einhalten. Zuerst die Sträucher und Stauden, dazwischen Gruppen von Blumenzwiebeln pflanzen. Iris-Rhizome werden nur knapp unter die Bodenoberfläche gepflanzt. Mit Kies bedecken und gut wässern. Nach der Blüte die Blütenstiele der Iris abschneiden. Im Frühling die vorjährigen Blütenstiele der Euphorbien dicht am Boden abschneiden.

Iris 'Jane Phillips'
❋❋❋ ◊ ☼ ♚

Olearia x *haastii*
❋❋❋ ◊ ☼

phorbia characias subsp. *wulfenii*
✳✳ ◊ ☼ ♔

Allium hollandicum 'Purple
Sensation' ✳✳✳ ◊ ☼ ♔

Anemanthele lessoniana
✳✳ ◊ ◊ ◊ ☼ ◑ ☼ ♔

Duftender Kräuterteppich

Ein ideales Kräuterbeet spricht alle Sinne an: Es sieht hübsch aus, verwöhnt durch seinen Duft die Nase und natürlich schmecken die Kräuter lecker und sind eine willkommene Würze in der Küche. Viele Arten haben silbrige oder panaschierte Blätter, die auch außerhalb der Blütezeit reizvoll aussehen. Wählen Sie möglichst einige immergrüne Kräuter wie Lavendel und Rosmarin.

Kurz gefasst

Größe 2 x 2 m

Pflanzen Küchenkräuter wie Thymian, Oregano, Majoran, Salbei, Schnittlauch, Rosmarin, dazu Heilkräuter wie Lavendel und Mutterkraut

Boden Durchlässig, eher nährstoffarm

Lage Offen und sonnig, aber vor Kälte geschützt

Einkaufsliste

- 10 x *Origanum vulgare* 'Polyphant'
- 5 x *Lavandula angustifolia* 'Twickel Purple' oder *Salvia officinalis* 'Icterina'
- 10 x *Thymus doerfleri* 'Doone Valley'
- 10 x *Thymus* x *citriodorus*
- 10 x *Origanum vulgare* 'Aureum'

Bepflanzung und Pflege

Sehr hübsch ist eine geordnete Pflanzung im Stil eines klassischen Labyrinthgartens. Die Pflanzen werden in Reihen oder Streifen gesetzt, sodass sie ineinander weben. Lavendel wird am höchsten und sollte in den Hintergrund oder – in einem runden Beet – in die Mitte gepflanzt werden. Als essbare Alternative wäre die panaschierte Salbeisorte *Salvia officinalis* 'Icterina' geeignet. Anschließend niedrigere Kräuter in abwechslungsreichen Streifen anordnen.

Eine Schicht aus Kies unterdrückt Unkräuter und hält im Winter Nässe von den Stämmen der Pflanzen fern.

Origanum vulgare 'Polyphant'
❄❄❄ ◌ ☼

Lavandula angustifolia 'Twickel Purple' ❄❄❄ ◌ ☼

Thymus doerfleri 'Doone Valley'
❄❄❄ ◌ ☼

Thymus x *citriodorus*
❄❄❄ ◌ ☼

Origanum vulgare 'Aureum'
❄❄❄ ◌ ☼ ♉

Alternative Pflanzidee

Salvia officinalis 'Icterina'
❄❄ ◌ ☼ ♉

Herbstliche Eleganz

Ein Beet, das im Herbst zur Hochform aufläuft, ist eine großartige Bereicherung für den Garten. Allzu oft konzentrieren sich Gärtner auf die sommerliche Pracht, dabei gibt es viele Pflanzen, die später im Jahr für Aufsehen sorgen. Gräser und spät blühende Stauden wie *Sedum, Aster, Salvia, Kniphofia* und *Verbena* steuern Farbe bei, die Samenstände der Sommerblumen bringen interessante Strukturen und die Herbstfärbung der Bäume und Sträucher bildet einen lebendigen Hintergrund.

Kurz gefasst

Größe 3 x 3 m

Pflanzen Spät blühende Stauden, Gräser, Pflanzen mit dekorativen Samenständen oder Früchten

Boden Durchlässig und nahrhaft

Lage Offen, sonnig, windgeschützt

Einkaufsliste

- 3 x *Stipa gigantea*
- 7 x *Verbena bonariensis*
- 7 x *Sedum* 'Herbstfreude'
- 5 x *Calamagrostis brachytricha*
- 3 x *Perovskia* 'Blue Spire'

Bepflanzung und Pflege

Hier werden die Pflanzen in länglichen Gruppen angeordnet, damit ein fließender Effekt entsteht. Das hohe Raugras (*Stipa*) steht am besten im Hintergrund. Nach vorn pflanzen Sie die zierliche Perowskie und das aufrechte Reitgras (*Calamagrostis*), das im Herbst attraktive, bräunliche Samenstände bildet. Das Gras darf sich ruhig in einen breiten Streifen mit *Sedum* mischen, das im Vordergrund für Farbe sorgt. Die schlanke Verbena wird hier und da in die Lücken gepflanzt, weil sie transparent ist und den Blick auf andere Arten nicht versperrt.

Die Samenstände der Pflanzen sollten möglichst lange stehen bleiben. Sie werden erst im Frühling abgeschnitten.

Stipa gigantea
✳✳ ○ ☼ ⚱

Verbena bonariensis
✳ ○ ☼ ⚱

Sedum 'Herbstfreude'
✳✳✳ ○ ☼ ⚱

Calamagrostis brachytricha
✳✳✳ ◑ ○ ☼

Winterattraktionen

Der Winter ist zwar die »weiße Jahreszeit«, doch im Garten können einige Pflanzen mit geradezu unwahrscheinlichen Farben aufwarten. Einige sommergrüne Sträucher wie Hartriegel (*Cornus*) und Weide (*Salix*) haben Zweige in leuchtenden Farben. Viele Koniferen färben sich bei beißendem Frost intensiver. Einige Pflanzen tragen sogar im Winter dekorative Blüten. Zu ihnen gehören die Winterheide (*Erica*), aber auch Zwiebelblüher wie Schneeglöckchen (*Galanthus*) und Winterling (*Eranthis*).

Kurz gefasst

Größe 3 x 3 m

Pflanzen Verschiedene Arten mit besonderen Wintermerkmalen

Boden Relativ durchlässig, nicht zu trocken

Lage Offener Bereich mit Wintersonne

Einkaufsliste

- 1 x *Chamaecyparis lawsoniana* 'Elwoodii'
- 9 x *Erica* x *darleyensis* 'Archie Graham'
- 5 x *Cornus sanguinea* 'Winter Beauty'
- 1 x *Pinus sylvestris* Aurea-Gruppe
- 7 x weiß blühende *Erica carnea*

Bepflanzung und Pflege

Lawsons Scheinzypresse (*Chamaecyparis*) in den Beethintergrund pflanzen, sodass leuchtendere Farben sich gut von ihr abheben. Davor wird die goldgrüne Kiefer (*Pinus*) platziert. Mehrere Hartriegel (*Cornus*) als Streifen von der Mitte zum Vordergrund setzen und als Unterpflanzung das Heidekraut (*Erica*) verwenden, das farblich getrennt zu Gruppen arrangiert wird.

Die jungen Hartriegel-Triebe haben die kräftigste Färbung, darum sollte man nach einigen Jahren in jedem Frühling ein Drittel der alten Zweige ausschneiden. Das Heidekraut wird nach der Blüte mit einer Schere gestutzt.

Chamaecyparis lawsoniana 'Elwoodii' ✻✻✻ ◐ ◊ ☀ ♔

Erica x *darleyensis* 'Archie Graham' ✻✻✻ ◐ ◊ ☀

Cornus sanguinea 'Winter Beauty' ✻✻✻ ◊ ◐ ◐ ☀

Pinus sylvestris Aurea-Gruppe ✻✻✻ ◐ ◊ ☀ ♔

Kübelvielfalt

Gartencenter halten ein riesiges Angebot verschiedener Kübel bereit. Natürlich spielen bei der Auswahl Stil, Form und Farbe eine Rolle, denn die Kübel sollen zur gesamten Gartengestaltung passen. Aber auch die Materialien lohnen eine genauere Betrachtung, denn jedes hat seine Vor- und Nachteile.

Tonkübel

Ton kann glasiert oder unglasiert, eingefärbt oder gemustert, hell oder dunkel sein. Rötlich braune Terrakotta bringt ein bisschen Mittelmeer-Flair in den Garten.

Vorteile Tonkübel sehen attraktiv aus und sind eine langfristige Bereicherung für den Garten, weil sie mit dem Alter schöner werden. Es gibt Tonkübel in vielen Stilen und Formen, die normalerweise durchaus ihren Preis wert sind.

Nachteile Viele Tonkübel sind nicht ganz winterfest und können bei Frost Schaden nehmen. Auch für windige Plätze, an denen sie umkippen und zerbrechen können, eignen sie sich weniger. Gebrannter Ton ist porös, darum trocknet das Substrat in ihnen vor allem im Sommer rasch aus. Weil sie schwer sind, ist das Umstellen mühsam.

Metallkübel

Bei Kübeln aus Metall denkt man zuerst an moderne, schlichte oder strenge Modelle aus Stahl oder verzinktem Eisen. Es gibt aber auch sehr edle, antike Gefäße, oft aus Blei, die mit aufwändigem, klassischem Dekor verziert sind. Beide Typen eignen sich für verschiedene Standorte und Zwecke.

Vorteile Kübel aus Metall sind normalerweise langlebig und oft schwer (vor allem Kübel aus Blei), was an windigen Plätzen ein Vorteil ist. Viele sehen ausgesprochen attraktiv aus.

Nachteile Metallkübel – besonders antike Modelle aus Blei – können sehr teuer und enorm schwer sein. Sie sehen in naturnahen, zwanglosen Gärten deplatziert aus, außerdem passen nicht alle Pflanzen zu ihnen.

Holzkübel

Holz eignet sich gut, weil es sich gut gestalten lässt, zu vielen Gärten passt und – wenn es mit einem Holzschutzmittel behandelt wird – schön altert. Außerdem ist es robust und verträgt auch einmal eine unsanftere Behandlung.

Vorteile Holzkübel sind relativ leicht und daher gut zu bewegen, dabei aber stabil und langlebig. Das Material sieht attraktiv aus und empfiehlt sich vor allem für ausgesprochen große Pflanzgefäße.

Nachteile Hochwertige Holzkübel, die auch in formale Gärten passen, können recht teuer sein. Damit sie lange halten, müssen sie regelmäßig mit einem Holzschutzmittel gestrichen werden. Tropenholz sollte aus kontrolliertem Plantagenanbau stammen (FSC-Siegel).

Steinkübel

Töpfe und Kübel aus Stein sind wunderbar dekorativ. Granit vermittelt asiatische Stimmung, während alte Steintröge sich gut für Steingartengewächse und andere kleine Pflanzen eignen.

Vorteile Steingefäße sind sehr schwer. Sie halten lange, kippen auch bei Sturm kaum um und werden von Dieben meist stehen gelassen. Stein sieht schön aus und strahlt, wenn er erst einmal mit Moosen und Flechten bewachsen ist, Beständigkeit aus.

Nachteile Echte Steinkübel sind sehr teuer, antike kaum erschwinglich. Es gibt jedoch ansehnliche Replikate aus Beton oder Steinguss. Beim Transport und der Aufstellung im Garten muss auch das Gewicht berücksichtigt werden.

Kunststoffkübel

Kunststoffkübel sind schon länger auf dem Markt. Manche haben eine – nicht immer überzeugende – Ton-, Holz- oder Steinoptik. Inzwischen werden aber auch neue Kunstharzprodukte angeboten, die attraktiver aussehen.

Vorteile Kunststoffkübel sind normalerweise leicht, also problemlos zu transportieren und zu handhaben. Sie sind stabiler und frostbeständiger als Ton und erheblich preiswerter als Gefäße aus Stein oder Blei.

Nachteile Kunststoffgefäßen fehlt der Charme der »echten« Materialien. Stein, Blei und selbst Ton haben einfach mehr Charakter als Kübel aus Plastik. Kunststoff ist relativ kurzlebig und wird mit den Jahren unansehnlich. Weil die Kübel leicht sind, werden sie eher umgeweht oder gestohlen.

Kübel richtig bepflanzen

Wer sommerliche Farbakzente setzen will, ist mit Kübeln gut beraten. Lesen Sie hier, was Sie beim Bepflanzen beachten müssen, damit Sie lange Freude an der Pracht haben.

1 Vor dem Bepflanzen Quellgranulat unter das Substrat mischen. Es saugt sich mit Wasser voll und hält so eine Notreserve für die Pflanzen bereit, falls Sie einmal das Gießen vergessen.

2 Die Pflanzen mitsamt den Töpfen in den Kübel stellen, um das beste Arrangement zu finden. Wenn Ihnen die Anordnung gefällt, nehmen Sie die Pflanzen aus den Töpfen und setzen sie ein.

3 Substrat in die Zwischenräume füllen, aber unter dem Kübelrand einen 5 cm breiten Rand frei lassen, damit das Gießwasser nicht so leicht überläuft und noch Platz für eine Mulchschicht bleibt.

4 Die Substratoberfläche mit einer 2 cm dicken Kiesschicht bedecken, die Unkraut unterdrückt, im Sommer die Verdunstung reduziert und hässliche Schlammspritzer beim Gießen verhindert.

Bunte Frühlingskollektion

Die Blüten der ersten Zwiebelblumen läuten die Gartensaison ein. Fast alle sind leicht zu ziehen und zu pflegen. Sie eignen sich gut für Töpfe, Kübel und Kästen. Nach der Blüte kann man sie wegwerfen oder ins Beet pflanzen, wo sie im nächsten Jahr wieder blühen. Eine Auswahl verschiedener Sorten garantiert eine lange Blühdauer – von Schneeglöckchen zum Winterende bis zu späten Tulpen im Frühsommer. Sie können die Sorten sorgfältig getrennt halten oder auch bunt mischen.

Kurz gefasst

Größe Tonblumentöpfe mit ca. 15 cm Durchmesser

Pflanzen Zwiebelblumen

Boden Durchlässiges Substrat

Lage Sonnig und geschützt

Einkaufsliste

- 6 x *Hyacinthus orientalis* 'Ostara'
- 12 x *Narcissus* 'Sweetness'
- 10 x *Iris winogradowii*
- 12 x *Iris reticulata*
- 6 x *Iris* 'Katharine Hodgkin' oder *Muscari armeniacum*

Bepflanzung und Pflege

Trockene Blumenzwiebeln werden im Herbst angeboten, bevor das aktive Wachstum einsetzt. Kaufen Sie nur feste, gesunde Zwiebeln und pflanzen Sie sie möglichst schnell ein. Beachten Sie jeweils die richtige Pflanztiefe und verwenden Sie sehr durchlässiges Substrat und eine dicke Schicht Tonscherben auf dem Topfboden. Die Töpfe an einen geschützten Platz stellen und häufiger gießen, wenn sich das erste Grün zeigt.

Nach der Blüte die Pflanzen wegwerfen oder das Gießen einstellen und das Laub abwelken lassen. Erst dann die Zwiebeln aus den Töpfen nehmen, trocken lagern und im Herbst in Töpfe oder in den Garten pflanzen.

Hyacinthus orientalis 'Ostara'
❄❄❄ ◊◊ ☼ ♛

Narcissus 'Sweetness'
❄❄❄ ◊◊ ☼ ♛

Iris winogradowii
❄❄❄ ◊◊ ☼ ♛

Iris reticulata
❄❄❄ ◊◊ ☼ ♛

Iris 'Katharine Hodgkin'
❄❄❄ ◊◊ ☼ ♛

Alternative Pflanzidee

Muscari armeniacum
❄❄❄ ◊◊ ☼ ♛

Ein Hauch Tropenstimmung

Eine exotische Mischung aus subtropischen Pflanzen sorgt bis zum ersten Frost für Aufsehen. Kombinieren Sie Arten mit auffälligen, unterschiedlichen Blättern, aber beschränken Sie sich auf Blüten in »Feuerfarben«, die am besten zu einem Tonkübel passen. Größere Pflanzen werden hinten und in der Mitte eingesetzt. Am besten wirkt ein solcher Kübel vor einem ruhigen Hintergrund, gegen den sich die verschiedenen Farben und Strukturen der Pflanzen gut abheben.

Kurz gefasst

Größe Tonkübel, quadratisch (ca. 60 x 60 cm) oder rund (ca. 60 cm Durchmesser)

Pflanzen Subtropische Pflanzen mit auffälligen Blättern und Blüten

Boden Hochwertiges Universalsubstrat

Lage Geschützt und sonnig

Einkaufsliste

- 1 x *Canna* 'Musifolia'
- 3 x *Begonia fuchsioides*
- 3 x *Crocosmia* x *crocosmiiflora* 'Star of the East'
- 1 x *Pelargonium tomentosum*
- 1 x *Isoplexis canariensis*
- 2 x *Canna* (orange blühende Sorte)

Bepflanzung und Pflege

Die Pflanzen zuerst mit ihren Töpfen in den Kübel stellen, um das beste Arrangement zu finden. Eine dicke Schicht Tonscherben auf den Kübelboden geben, dann das Substrat einfüllen. Die Pflanzen einsetzen und angießen. Den Kübel im Gewächshaus oder einem kühlen, hellen Zimmer aufstellen, bis keine Frostgefahr mehr besteht. Im Sommer das Substrat immer feucht halten und regelmäßig düngen. Verwelkte Canna-Blüten abzupfen, um die Nachblüte anzuregen. Vor dem ersten Frost den Kübel ins Haus holen.

Canna 'Musifolia'
❄ ◉ ◐ ☼ ⌘

Begonia fuchsioides
❀ ◐ ☼ ⌘

Crocosmia x *crocosmiiflora*
❄ ❄ ◉ ◐ ☼ ⌘

Pelargonium tomentosum
❀ ◐ ☼ ⌘

Isoplexis canariensis
❀ ◐ ☼

Canna (orange hybrid)
❄ ◉ ◐ ◐ ☼

Lebendige Farbwirbel

Soll ein Kübel als Blickfang dienen, sind Pflanzen in knalligen Farben eine gute Wahl. Allerdings spielen auch die Wuchsformen und Blattstrukturen eine wichtige Rolle. Hier heben sich die gelb panaschierten Blätter schön gegen den dunklen Kübel ab, dazwischen leuchten die dunkelroten Blüten der Mini-Petunie (*Calibrachoa*). Der Rotton kehrt vereinzelt in den Halmen des Japangrases (*Hakonechloa*) wieder. Als Gegenpol zum aufrechten Gras wurde Immergrün (*Vinca*) eingesetzt, das zusammen mit den Petunien über den Kübelrand hängt.

Kurz gefasst

Größe Glasierter Kübel, ca. 40 cm Durchmesser

Pflanzen Verschiedene Einjährige und Gartenstauden

Boden Hochwertiges Universalsubstrat

Lage Sonnig und geschützt

Einkaufsliste

- 2 x *Hakonechloa macra* 'Aureola'
- 4 x *Calibrachoa* 'Million Bells Cherry'
- 4 x *Calibrachoa* 'Million Bells Red'
- 4 x *Vinca minor* 'Illumination'

Bepflanzung und Pflege

Eine dicke Drainageschicht aus Tonscherben in den Kübel geben, dann das Substrat einfüllen. Das Gras in die Mitte setzen, Immergrün und Petunien ringsherum anordnen. Die Petunien sind frostempfindlich, blühen aber den ganzen Sommer lang, sofern sie ausreichend gegossen und gedüngt werden. An einem schattigeren Standort könnte man sie durch Fleißige Lieschen (*Impatiens*) oder Gartenbegonien ersetzen. Nach dem ersten Frost können die mehrjährigen Pflanzen in den Garten gepflanzt werden oder bis zum nächsten Jahr im Kübel bleiben.

Hakonechloa macra 'Aureola'
❀❀❀ 💧💧 ☀ ☀ ♈

Calibrachoa 'Million Bells Cherry'
❀💧 ☀

Calibrachoa 'Million Bells Red'
❀💧 ☀

Vinca minor 'Illumination'
❀❀❀ 💧💧 ☀ ☀ ☀

Feuer und Eis

Eine reizvolle Kombination für den Herbst ist das Gespann aus feuerroten Blüten und silbrigen Blättern. Für leuchtende Farben sorgen Alpenveilchen (*Cyclamen*), die verblüffend robust sind und an einem geschützten Platz vom Herbst bis zu den ersten starken Frösten blühen. Im Frühling könnten weiße Krokusse die Blütenfolge fortsetzen. Silbriges Greiskraut (*Senecio*), Büschel von Blau-Schwingel (*Festuca glauca*) und ein schlanker Wacholder (*Juniperus*) geben der Pflanzung Struktur. Zwei symmetrische Kübel wären eine sehr schöne Einrahmung für die Haustür.

Kurz gefasst

Größe Tonkübel, ca. 40 cm Durchmesser

Pflanzen Immergrüne und kurzlebige Winterblüher

Boden Hochwertiges Universalsubstrat

Lage Geschützt und halbschattig

Einkaufsliste

- 1 x *Juniperus chinensis* 'Stricta'
- 2 x *Festuca glauca* 'Elijah Blue'
- 5 x *Senecio cineraria*
- 3 x *Cyclamen hederifolium*

Bepflanzung und Pflege

Tonscherben als Drainage auf den Topfboden geben, dann den Kübel zu drei Vierteln mit Substrat füllen. Den Wacholder in die hintere Mitte pflanzen. Die Gräser an den Rand setzen, sodass sie leicht überhängen. Alpenveilchen und Greiskraut im Vordergrund mischen. Wer möchte, pflanzt jetzt auch Krokus-Zwiebeln. Die Zwischenräume mit Substrat füllen. Die Pflanzen angießen und an einen hellen, geschützten Platz stellen. Das Substrat feucht, aber nicht nass halten und welke Blüten der Alpenveilchen regelmäßig abzupfen. Im Spätfrühling die mehrjährigen Pflanzen in den Garten oder in einen größeren Kübel setzen.

Juniperus chinensis 'Stricta'
❄❄❄ ◍ ◌ ☼ ◐

Senecio cineraria
❄ ◍ ◌ ☼ ♛

Cyclamen hederifolium
❄ ◍ ◌ ☼ ♛

Festuca glauca 'Elijah Blue'
❄❄❄ ◍ ◌ ☼ ◐

Winterduft

Diese Kübelbepflanzung wirkt an grauen Wintertagen wunderbar freundlich. Den würzigen Duft verdankt sie der Fleischbeere (*Sarcococca*), einem immergrünen Strauch mit kleinen, weißen Blüten. Der Strauch sieht nicht spektakulär aus, verbreitet aber über Wochen seinen Duft. Für die sonnige Farbe sorgen die Blüten der Stiefmütterchen (*Viola*), der goldgelb panaschierte Spindelstrauch (*Euonymus*) als Hochstamm und Efeu (*Hedera*), das über den Kübelrand hängt. Sie könnten zusätzlich Primeln (*Primula*) pflanzen, die im Frühling blühen.

Kurz gefasst

Größe Halbes Holzfass, ca. 60 cm Durchmesser

Pflanzen Kurzlebige Winterblüher und immergrüne Sträucher

Boden Hochwertiges Universalsubstrat mit einem Zusatz von John-Innes-Kompost

Lage Sonnig und geschützt an einer Tür

Einkaufsliste

- 5 x *Hedera helix* ʻGlacierʼ
- 5 x dottergelbe Winter-Stiefmütterchen
- 5 x hellgelbe Winter-Stiefmütterchen oder 3 x gefüllte, gelbe Primeln
- 3 x *Sarcococca confusa*
- 1 x *Euonymus fortunei* ʻBlondyʼ (zum Hochstamm gezogen)

Bepflanzung und Pflege

Tonscherben als Drainage auf den Topfboden geben, dann den Kübel zu drei Vierteln mit Substrat füllen. *Euonymus* in die Mitte setzen und mit *Sarcococca* und Efeu unterpflanzen. Dazwischen die Stiefmütterchen und Primeln einsetzen. Die Lücken mit Substrat auffüllen, angießen und feucht halten. Regelmäßig verwelkte Blüten und grüne Triebe von *Euonymus* entfernen. Im Sommer die Stiefmütterchen durch Sommerblüher wie Fleißige Lieschen oder Begonien ersetzen.

Hedera helix ʻGlacierʼ
❄❄❄ ◊◊ ☼ ◐ ☀ ♆

Gelbes Winter-Stiefmütterchen
❄❄❄ ◊◊ ☼

Hellgelbes Winter-Stiefmütterchen
❄❄❄ ◊◊ ☼

Sarcococca confusa
❄❄❄ ◊◊ ☼ ◐ ♆

Euonymus fortunei ʻBlondyʼ
❄❄❄ ◊◊ ☼ ◐ ♆

Alternative Pflanzenidee

Primula vulgaris ʻDouble Sulphurʼ
❄❄❄ ◊ ◐

Ideen für pflegeleichte Gärten

Es gibt eine Vielzahl von Gründen, warum ein Garten wenig Arbeit machen sollte. Glücklicherweise gibt es ebenso vielfältige Möglichkeiten, diesen Wunsch umzusetzen, ohne dass die Ästhetik darunter leidet.

Fotos im Uhrzeigersinn von links

Kunstvoll arrangiert Ein Garten kommt auch mit einer sparsamen Bepflanzung aus, sofern die einzelnen Gewächse, vergleichbar einem Arrangement von Kunstwerken, achtsam platziert werden. Dabei gelangen deren unterschiedliche Formen und Strukturen vor einem schlichten Hintergrund optimal zur Geltung. Kies, auf einer Folie ausgebracht, die Unkräuter unterdrückt, bildet hier gleichsam die Bühne für die Pflanzen. Dass keine Monotonie aufkommt, bewirken die zu einer Einfassung formierten größeren Steine und auch die behandelten Holzschwellen, die, Treppenstufen gleich, zu einem runden Mosaikelement führen. In seinem Zentrum steht ein moderner Pflanzbehälter, doch wäre hier ebenso ein Quellsprudel oder ein anderes kleines Wasserspiel vorstellbar.

Zimmer im Freien Auf edlen Holzplanken entstand eine stilvolle Essecke – insbesondere bei einer kleineren Erdgeschosswohnung ein echter Zugewinn. Die Hintergrundgestaltung und Bepflanzung sind bewusst schlicht gehalten, was einerseits den Pflegeaufwand minimiert und andererseits die optische Spannung erhöht. Einige markante farbige Details und Beleuchtungselemente für die Abendstunden runden das Design gekonnt ab.

Raumteilung Um größere Gärten ansprechend zu gestalten, empfiehlt sich oft eine Unterteilung in Einzelbereiche. Durch eine kreative Verwendung kontrastierender Belagsmaterialien erhält jeder Bereich einen eigenen Charakter und die Gesamtanlage gewinnt an Reiz. Auf ebenen Flächen lassen sich etwa mit Hochbeeten, einer abgesenkten Sitzecke oder einer Holzplattform effektvolle Höhenunterschiede schaffen. Gerade bei einer zurückhaltenden Bepflanzung ist es umso wichtiger, immergrüne Arten – hier Mexikanisches Federgras (*Nasella tenuissima*) und Seggen (*Carex*) – einzubeziehen.

Ideen für pflegeleichte Gärten *Fortsetzung*

Fotos im Uhrzeigersinn von oben links

Stilvoll Eine Pflasterfläche, die sich leicht unkrautfrei halten lässt, bietet sich zur Gestaltung kleiner, abgeschlossener Bereiche geradezu an. Pflanzen in schmalen Rabatten oder Hochbeeten und Pflanzkübeln, die auch die Kultur anspruchsvoller Arten erlauben, bilden den Rahmen. Bedenken Sie bei der Planung neben den praktischen Erfordernissen auch, wie Sie unterschiedliche Texturen und Muster wirkungsvoll einsetzen könnten. Hier bildet ein Wasserspiel aus Keramik, eingebettet in dicke Kiesel, einen zentralen Blickfang. Funkien und Bambus sorgen für eine asiatische Anmutung.

Mediterran Eine geschwungene Mauer, deren Putz in einem blassen Terrakotta-Ton gestrichen wurde, erzeugt im Zusammenspiel mit einer schlanken Zypresse, einer alten Amphore und schmiedeeisernen Möbeln eine mediterrane Stimmung. Weiße Lilien, pinkfarbene Rosen und Kräuter erfüllen die Luft mit ihrem intensiven Duft.

Platz für Kinder Es muss nicht immer Rasen sein, auch andere Flächen bieten gute Spielmöglichkeiten. Planken aus splitterfreiem Holz fügen sich zu einer ebenen Fläche, auf der Autos, aber auch Murmeln, perfekt rollen. Der integrierte Sandkasten kann, wenn er nicht gebraucht wird, abgedeckt werden. Wählen Sie für einen solchen kindgerechten Garten robuste Pflanzen wie Neuseelandflachs (*Phormium*) und Bambus.

Hochbeete Sie sind bequem zu pflegen, sehen gut aus und laden darüber hinaus zum Sitzen ein. In diesem von einer geschwungenen Pseudo-Trockenmauer eingefassten Hochbeet ist der stark durchlässige Boden exakt auf die Bedürfnisse von alpinen Pflanzen abgestimmt.

Formale Gestaltung

Ein Design, das auf Symmetrie und einfachen geometrischen Formen beruht, strahlt angenehme Ruhe aus. Mit unterschiedlichen Stilmitteln lassen sich erstaunliche Effekte erzielen.

Fotos im Uhrzeigersinn von oben links

Im Blickpunkt In diesem charmanten kleinen Garten wurde mit schlichten Mitteln ein geradezu theatralisches Bild erzeugt. Hoch aufragendes Eisenkraut (*Verbena bonariensis*) ist säuberlich eingefasst von exakt beschnittenen Hecken aus Zwergbuchs. Sie wirken, da *Buxus* immergrün ist, selbst mitten im Winter als markantes Gestaltungselement. Ein traditioneller schmaler Klinkerweg bildet die Mittelachse, die in eine kreisrunde Pflasterfläche mündet. Anstelle der imposanten Amphore könnte hier ebenso eine interessante Skulptur stehen. Auch ein Kiesmosaik würde sich gut machen.

Elegant tafeln Eine formale, symmetrisch angelegte Gestaltung passt keineswegs nur zu einem vornehmen Landsitz vergangener Zeiten. Hier tritt man durch eine zweiflügelige Tür hinaus auf ein Holzpodest, das, eingerahmt von hohen, eleganten Pflanzbehältern mit Lavendel sowie einer weinumrankten Pergola, als Essplatz dient und herrliche Blicke über den Garten gewährt. Passende Treppenstufen, eine beschnittene Buchshecke und zwei Margeritenstöcke führen die formale Symmetrie fort.

Neuzeitliche Renaissance Klassische Elemente der Renaissance-Gärten lassen sich in moderne Anlagen durchaus stilvoll einbinden. Hier entfalten ein Chinaschilf (*Miscanthus*) und Sonnenhut (*Rudbeckia*), gesäumt von einer niedrigen immergrünen Hecke, ihre üppige Pracht. Ergänzt wird dieses Parterre in zeitgemäßer Interpretation durch Formschnittgehölze in nüchternen Terrakotta-Gefäßen. Eine Wasserrille, die geradlinig die Holzveranda durchschneidet, wäre als Zusatzelement durchaus denkbar.

Symmetrie pur Kubisch beschnittene Buchsbäumchen entlang der Mittelachse lenken den Blick auf den Wasservorhang des Designobjekts im Hintergrund. Ein Paar weißer Pflanzgefäße, dazu zwei ebenso geradlinige Hochbeete mit Bambus sowie die überhängenden Zweige eines Baumes rahmen den minimalistischen Garten formvollendet ein. Um zu wirken, braucht er konsequente Pflege, aber diese hält sich in minimalen Grenzen.

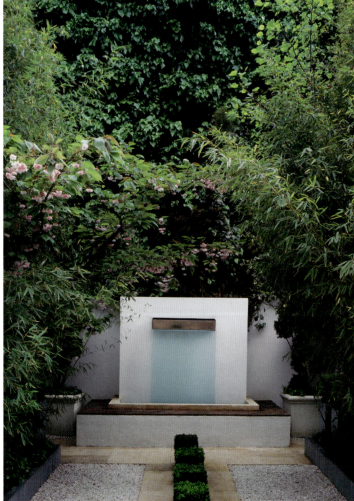

Moderne Anlagen

Gartenbesitzern mit wenig Zeit liefert so ein reduzierter Stil wertvolle Ideen. Mit pflegeleichten baulichen Elementen und Belägen entstehen Anlagen, deren Strukturen und Farben ebenso wirken wie die Pflanzen selbst.

Fotos im Uhrzeigersinn von ganz links

Farbenspiel Auffallende Farben, etwa Violett- und Rottöne, betonen den modernen Charakter von Gartenanlagen. In diesem Fall bringt ein violett lasierter Holzzaun die reizvollen Strukturen von Neuseelandflachs (*Phormium*) und Eukalyptus optimal zur Geltung. Ähnlich würde eine glatt verputzte und gestrichene Mauer wirken.

Einfach spektakulär Vor einem schlichten, dunklen Hintergrund mit nur sparsamer Bepflanzung schraubt sich eine weiße Spirale dramatisch in die Höhe. Ein stattlicher Pflanzbehälter oder ein Springbrunnen könnten in dem minimalistischen Arrangement ohne Weiteres den Platz der Skulptur einnehmen.

Dezent begrünt Viele Gartenentwürfe prunken mit Blüten- und Laubfülle, doch bei entsprechender Kulisse bringt durchaus auch ein begrenztes Pflanzenkontingent eine starke Wirkung. In dieser streng durchkomponierten Anlage beherrschen kühle Boden- und Wasserflächen sowie ungewöhnliche Raumteiler das Bild. Nur wenige der rechteckigen Felder beherbergen dagegen Pflanzen.

Moderne Materialien Mit Acrylglasplatten oder polierten und galvanisierten Blechen als Wandverkleidung oder Beeteinfassung sowie mit Metallgittern als Bodenbelag lässt sich eine coole Optik erzielen. Hier wurde ein mit Gräsern bepflanztes Hochbeet mit Wellblech eingefasst.

Vom Zen beseelt Ebenso schlicht wie faszinierend mutet dieses gelungene Ensemble an: auf weißem Kies ein einzelner Neuseelandflachs in Gesellschaft sorgsam ausgewählter Gesteinsbrocken sowie einer schwarz glasierten Kugel vor wiederum schwarzen Gittern.

Rückzugsgebiete für Tiere

Viele Pflanzen, die ohne besondere Pflege auskommen, werden gern von Bienen und Schmetterlingen besucht, und Gehölze mit dekorativen Früchten locken Vögel an.

Fotos im Uhrzeigersinn von oben links

Wasserstelle Eine Vogeltränke im Garten wird gern angenommen, sofern sie vor Katzen sicher ist. Daher sollte man sie mit niedrigen Bodendeckern unterpflanzen. Hier wurden bläulicher Schwingel (*Festuca*), Hauswurz (*Sempervivum*) und Fetthenne (*Sedum*) kombiniert.

Pflegeleichte Wiese Regelmäßiges Mähen erfordert bei größeren Flächen einigen Aufwand. Man kann ihn reduzieren und zugleich Nutzinsekten in den Garten locken, indem man Teile der formalen Rasenflächen in Blumenwiesen umwandelt. Auf kargen, sandigen Böden kann man Wildblumen und Zwiebeln setzen, die sich dann von selbst ausbreiten. Sicherer ist der Erfolg jedoch, wenn man den Rasen in Soden abhebt und die Fläche mit einer handelsüblichen Wildblumenmischung neu einsät.

Insektenmagnet Schwebfliegen bevorzugen ungefüllte Blüten winterharter Einjähriger wie Goldmohn (*Eschscholzia*) und Sumpfblume (*Limnanthes*). Bienen fliegen auf blaue Blüten, etwa die von *Phacelia campanularia*, und sie mögen, genau wie Schmetterlinge, das Eisenkraut *Verbena bonariensis* sowie den Sommerflieder (*Buddleja davidii*). Für die ersten Insekten des Jahres könnten Sie sonnige Kies- oder Hochbeete mit Steinkraut (*Alyssum*), Gänsekresse (*Arabis*), Blaukissen (*Aubrieta*), Heidekraut, Traubenhyazinthe (*Muscari*) und Krokussen bepflanzen.

Schutz für Vögel Große Sträucher, dichte Hecken und Bäume sind überlebenswichtig für Vögel. Sie dienen ihnen für den Nestbau, als nächtlicher Ruheplatz, aber auch als Unterschlupf bei schlechtem Wetter und als Zuflucht bei Angriffen durch Räuber aus der Luft.

Verlockend fruchtig Mit Pflanzen, die ab Spätsommer und teils bis in den Winter hinein Früchte tragen, wird ein Garten auch für Zugvögel attraktiv. Ideal sind Bodendecker wie die Zwergmispel *Cotoneaster salicifolius* 'Gnom' (*siehe Foto*), an einer Mauer gezogene Sträucher wie Feuerdorn (*Pyracantha*), Rosen mit dicken, leuchtenden Hagebutten und kleine Zierbäume wie Eberesche (*Sorbus*) und Zierapfel (*Malus*).

Kleine Innenhöfe

Aufgrund der kurzen Distanzen nimmt man hier die Strukturen und Farben von Materialien und Pflanzen viel genauer wahr. Denken Sie bei der Planung auch an die abendliche Beleuchtung.

Fotos im Uhrzeigersinn von oben links

Imposante Töpfe Falls alles gepflastert ist, weichen Sie eben auf Pflanzgefäße aus. Gräser, Farne, Kletterpflanzen, verschiedene Sträucher, ja sogar Bäume gedeihen gut in Töpfen und Kübeln, wenn diese nur groß genug sind – hier ein hübsches Ensemble aus Himmelsbambus (*Nandina domestica*), einer purpurnen Keulenlilie (*Cordyline*), einem Purpurglöckchen (*Heuchera*) und Efeu. Immergrüne Gewächse lassen einen Garten ganzjährig gut aussehen und in geschützten Innenhöfen herrscht oft ein wärmeres Mikroklima, das empfindlichen Arten entgegenkommt. Eine automatische Bewässerung hilft, Zeit zu sparen.

Kühle Oase Von Kirschrot bis zum Purpur des Kanadischen Judasbaums (*Cercis canadensis* 'Forest Pansy') reicht das Farbspektrum der üppigen Bepflanzung in diesem extravaganten Gartenraum. Die gepflasterte Terrasse mit Pergola-Überdachung ragt über den großzügigen, streng konturierten Pool, dessen »schwimmende« Trittsteine einen noch direkteren Kontakt mit dem Wasser erlauben.

Lichte Farben Innenhöfe können, wenn sie von hohen Mauern umgeben sind, bedrückend wirken. Farben schaffen Abhilfe (höhere Wände nur bis zu einer Linie oberhalb der Erdgeschossfenster streichen). Hier erhielt eine geschwungene Mauer einen Anstrich in leuchtendem Orange, das schön mit der Bepflanzung aus mediterranen Kräutern, Stauden und Gräsern kontrastiert. Bei einem »Schattenloch« läge es wohl nahe, die Wände weiß zu kalken. Jedoch wirkt Weiß in etwas kühleren Breiten leicht allzu grell und es muss häufig aufgefrischt werden. Wählen Sie lieber ein helles Rosa, Grün oder Blau oder auch Perlgrau. Wandmontierte Spiegel oder reflektierende Metallplatten sorgen ebenfalls für mehr Licht.

Gartencafé In einem Innenhof lässt sich stilvoll speisen. Indem man für die Essecke eine erhöhte Fläche schafft oder sie auch absenkt und sie durch stattliche Pflanzkübel etwas abschirmt, bekommt sie einen behaglichen Anstrich. Hier wurde ein Hochbeet angelegt und mit Buchsbaumkugeln sowie einer aparten Keulenlilie bepflanzt.

Natürliche Gestaltung

Mit ausgewogenen Kombinationen von Prärie-Stauden und Ziergräsern entstehen Gartenkulissen, die den Zauber impressionistischer Gemälde ausstrahlen – und dies über einen langen Zeitraum.

Fotos im Uhrzeigersinn von oben links

Pflanzphilosophie Ideal sind Stauden, die man nicht regelmäßig von welken Blüten befreien, aufbinden oder häufig teilen muss, sowie generell Pflanzen, deren Blüten oder dekorative Samenstände im Herbst und Winter erhalten bleiben. Die meisten Gräser, selbst sommergrüne Vertreter, schmücken mit ihren Halmen und zarten Samenständen auch den winterlichen Garten. Ein natürlicher Eindruck entsteht, wenn man einzelnen Sorten große Flächen einräumt und dazwischen kontrastierende Inseln schafft. Duftige Blütenstände und nickende Gräser bilden einen Kontrapunkt zu kompakteren Blüten- und Laubformen. Variierende Höhen bringen Bewegung ins Bild. Hier sprießen aus einem dichten Miteinander von Berufkraut (*Erigeron*) und Mexikanischem Federgras (*Nasella tenuissima*) dunkelrote Sterndolden (*Astrantia*) empor.

Stilisierte Natur Einer eleganten Mischung aus *Miscanthus*-Gräsern und *Verbena bonariensis* stehen jenseits des Tisches Massen von Lavendel gegenüber, der in einem ähnlichen Ton blüht. Alles wächst in Hochbeeten, und so wähnt man sich inmitten einer Blumenwiese.

Schleierwirkung Ab Sommermitte beginnen Sonnenhut (hier *Rudbeckia fulgida*), Sonnenbraut (*Helenium*) und Schafgarbe (*Achillea*) ihre lange Blütenschau. Zusammen mit winterharten Gräsern wie *Calamagrostis*, *Miscanthus*, *Panicum* und *Stipa* bilden sie einen dichten Teppich, der Unkräuter unterdrückt. Auch viele der Gräser tragen im Spätsommer Blüten, und wenn es Herbst wird, verblasst ihr Laub zu fahlem Beige oder färbt sich rot bis violett. Bevor im Frühjahr das Wachstum wieder einsetzt, erfolgt ein strenger Rückschnitt. Mehr gibt es nicht zu tun.

Zurückgezogen im Gras In diesem Kiesgarten verteilen sich rings um die Sitzecke in lockerer, natürlicher Anordnung prächtige Gräser, zwischen denen schmale Wege verlaufen. Obwohl bunte Blüten rar sind, zeigt der Garten im Verlauf des Jahres ein immer wieder anderes Gesicht und wirkt, von Raureif überzogen, geradezu zauberhaft.

Gartenfreude mit wenig Aufwand

Zu den meisten Anlagen und Pflanzen, die intensive Pflege brauchen, gibt es pflegeleichte Alternativen. Viele Zeit oder Energie raubende Routine-Arbei-ten lassen sich durch geschickte Änderungen eines bestehenden Gartens oder die umsichtige Planung einer Neuanlage ganz vermeiden.

Wem nutzt ein pflegeleichter Garten?

In unserer heutigen hektischen Zeit gewinnt ein Garten als Refugium, in dem man entspannen und auftanken kann, immer mehr Bedeutung. Vor allem, wenn Sie beruflich oder durch Ihre Familie stark in Anspruch genommen sind, kommt es umso mehr darauf an, diese »Oase der Ruhe« möglichst pflegeleicht zu gestalten.

An einem Garten, der nicht allzu akribisch betreut werden muss, dürften auch Neulinge interessiert sein, die sich am Anfang nicht so viel zutrauen, sowie all jene, die sich zum Gärtner nicht berufen fühlen und einfach nur die schönen Seiten des Lebens genießen wollen. Dann gibt es noch die Gruppe derer, die altersbedingt nicht mehr so tatkräftig zupacken können, wie sie es früher gewohnt waren, oder die, inzwischen von beruflichen Zwängen befreit, gern reisen und sich daher nicht kontinuierlich um ihren Garten kümmern können.

Mit Kreativität lassen sich auch in einem urbanen Umfeld attraktive und dabei äußerst »benutzerfreundliche« Gärten gestalten.

Mit kluger Planung lässt sich der Aufwand für regelmäßige und saisonale Arbeiten wie Laubharken und Rasenpflege minimieren.

Wie viel Zeit haben Sie?

Überlegen Sie vor der eigentlichen Planung Ihres Gartens, wie oft sie sich tatsächlich seiner Pflege widmen können.

Am Wochenende Einige Stunden am Wochenende reichen gerade aus, um Rasen zu mähen, hier und da welke Blüten und anderes, was stört, wegzuzupfen, vielleicht ein bisschen zu jäten oder eine Hecke zu schneiden. Trockenheitsverträgliche Sträucher und Topfpflanzen kommen mit wöchentlichem Gießen zurecht.

Einmal im Monat Rasen ist in diesem Fall zu pflegeintensiv und sollte durch Pflaster- oder Kiesflächen bzw. Holzdecks ersetzt werden. Reduzieren Sie durch entsprechende Pflanzenwahl den Aufwand für das Entfernen welker Blüten sowie für Schnittmaßnahmen und installieren Sie ein automatisches Bewässerungssystem.

Einige Male pro Jahr Erhöhen Sie den Anteil befestigter nicht begrünter Flächen und wählen Sie Pflanzen mit geringem Pflegebedarf, sodass Sie lediglich die Rabatten sauber halten, Stauden im Spätwinter zurückschneiden und aus der Form geratene Gehölze ab und zu stutzen müssen.

Tipps zur Zeitersparnis

Wässern Wählen Sie Arten, die Trockenheit vertragen. Wenn man im Herbst oder Frühjahr pflanzt, braucht man anfangs weniger zu gießen. Praktisch: automatische Bewässerung.

Düngen Mulchen mit Mist im Spätwinter erhält den Boden fruchtbar. Blühpflanzen, auch solche in Gefäßen, werden ein- bis zweimal pro Jahr mit Langzeitdünger versorgt.

Ausputzen Pflanzen, die schön blühen sollen, besser meiden. Ideal sind Arten mit dekorativen Samenständen. Bodendecker-Stauden und Lavendel schneidet man mit der Schere.

Jäten Gegen Unkraut wirkt eine Folienabdeckung. Einzelunkräuter kann man mit einem Herbizid spritzen. Den Boden möglichst wenig aufwühlen. Sich selbst aussäende Pflanzen meiden.

Mähen Wählen Sie einen anspruchslosen Gebrauchsrasen, verringern Sie die Rasenfläche, kaufen Sie einen guten Mäher. Einfassungen machen den Kantenschnitt überflüssig.

Schnitt Immergrüne brauchen selten einen Schnitt. Sinnvoll sind Sträucher wie *Buddleja davidii*, die man nur einmal im Jahr schneidet. Keine übermäßig wüchsigen Gehölze setzen.

Hoher contra niedriger Pflegeaufwand

Um den Pflegeaufwand zu senken, wählen Sie alle Pflanzen und Materialien mit Bedacht.

Pflegeleichte Gärten

Gepflasterte Flächen und Holzdecks lassen sich leicht sauber und unkrautfrei halten. Zudem hindern sie, genau wie Hochbeete, die angrenzenden Pflanzen daran, sich übermäßig auszubreiten, und sie erlauben die Durchführung der meisten Pflegearbeiten auch bei schlechtem Wetter. Es gibt eine faszinierende Auswahl an pflegeleichten Ziersträuchern und Stauden. Trotzdem sollte man, damit der Garten ganzjährig etwas fürs Auge zu bieten hat, den Schwerpunkt auf Pflanzen setzen, die vor allem durch ihre architektonische Form, Laubfärbung oder Textur wirken.

Zwiebelblumen Krokusse, Blausterne (*Scilla*), Narzissen und andere bezaubern alljährlich im Frühjahr ohne jedes Zutun mit ihrem Flor. Für den Sommer pflanzen Sie Zier-Lauch (*Allium*) und niedrige Lilien, die keine Stütze brauchen. Diese Zwiebelblumen kommen jedes Jahr wieder.

Hitzehelden Für trockene Regionen oder heiße, sonnige Lagen mit durchlässigen Böden sind Sukkulenten und silbrig belaubte Sorten ideal. Dachwurz und Fetthenne kommen sogar ganz ohne Wassergaben aus. Topfpflanzen mit einem Bewässerungssystem versehen.

Alternativen zu Pflanzen Anstatt mit farbenfrohen Beeten kann man einen Garten ebenso mit bunt gestrichenen Mauern oder Spalieren beleben. Auch interessante Bodenbeläge, ein Mosaik aus Kieseln, Skulpturen oder extravagante Gartenmöbel bilden einen attraktiven, pflegeleichten Blickfang.

Aufwandsintensive Gärten

Bei einem robusten Gebrauchsrasen kann man natürlich hübsche Unkräuter wie Gänseblümchen durchgehen lassen. Dagegen verlangt ein tadellos »manikürtes« Grün häufiges Mähen und Kantenschneiden, es muss vertikutiert und aerifiziert, also belüftet und von Moos und Filz befreit werden, und im Herbst ist penibles Laubharken oberstes Gebot. Traditionelle Staudenrabatten sehen vor ebenfalls blumenberankten Mauern und Zäunen im Sommer spektakulär aus, aber beim Abzupfen welker Blüten, Stützen und Gießen der Pflanzen, Unkrautjäten und Aufbinden der Kletter- und Rankpflanzen kommt man fast nicht nach. Selbst ausgesäte Sämlinge zu entfernen, kann sich zu einer Zeit raubenden Aufgabe auswachsen.

Topfkultur In Töpfen gezogene empfindliche Beetstauden, einjährige Sommerblumen und Zwiebelgewächse müssen nicht nur regelmäßig ausgeputzt und gedüngt, sondern bei heißer Witterung auch täglich gegossen werden. Und im nächsten Jahr wird wieder neu eingetopft.

Raschwüchsige Hecke Eine der größten gärtnerischen Herausforderungen besteht darin, wüchsige Pflanzen wie Liguster und hohe Koniferen im Zaum zu halten. Mehrere Schnitte pro Jahr sind dafür erforderlich und das anschließende Einsammeln des Schnittguts kann auch ganz schön mühsam sein.

Empfindliche Gewächse Neuerdings machen sich auf Terrassen und in Innenhöfen Exoten wie Bananen, Baumfarne, Blumenrohr (Canna) und Agaven breit. Um sie im Herbst wegzuwerfen, sind sie zu kostbar. Sie zu überwintern erfordert jedoch, nicht zuletzt wegen ihrer Größe, einigen Aufwand.

Analyse der Situation

Größere Veränderungen im Garten wollen gut überlegt sein. Eingewachsene Pflanzen brauchen weniger Pflege als neue, und ein Element, das Sie entfernen möchten, hat vielleicht sogar gewisse Vorzüge.

Welche Ausrichtung hat Ihr Garten? Liegt er nach Osten, so erhält er morgens Sonne – für im Winter und Frühjahr blühende Sträucher besteht Frostgefahr. Nach Westen weisende Mauern werden am Nachmittag und Abend besonnt – ideal für einen Platz zum Entspannen nach der Arbeit. Eine südliche Ausrichtung bedeutet fast ganztägig Sonne, eine nördliche Schatten und Kühle.

Was soll Ihr Garten bieten?

Wünschen Sie große Beetflächen? Möchten Sie Wildtiere in den Garten locken? Soll er eine Essecke erhalten, eine Grillstelle oder einen Platz zum Entspannen? Notieren Sie alles und beziehen Sie Faktoren wie Sonne und Schatten, Dränage des Bodens, Windschutz, die Lage einer Wasserstelle und Steckdose ebenso ein wie praktische Aspekte: einen Trockenplatz für Wäsche, einen günstigen Platz für Mülleimer und Kompost, einen Unterstand für Gartenmöbel und Geräte.

Kaninchen & Co. lieben den Auslauf auf dem Rasen. Er lockt auch Singvögel an.

Eine Spielecke sollte sich ohne viel Aufwand nach Lust und Laune umbauen lassen.

Eine Essecke mit Grill oder Feuergrube und vielleicht einem Pavillon – wie wär's?

Das Mikroklima

Selbst wenn Sie in einer rauen Klimazone leben, herrscht innerhalb des Gartens unter Umständen ein milderes Mikroklima. Weist er etwa nach Süden oder Westen, ist er eine Sonnenfalle: Mauern und Pflaster speichern die Wärme und geben sie nachts wieder ab. Fröste sind dann kein Problem. Bäume und Hecken halten Wind ab, umgekehrt können Gebäude Turbulenzen erzeugen.

Auch in kalten Klimazonen gedeiht der *Ceanothus*, gezogen an einer sonnigen Mauer.

Hecken und Strauchrabatten schützen Pflanzen und Menschen vor Wind.

Am Fuß von Abhängen sammelt sich kalte Luft, folglich ist die Frostgefahr höher.

Einfassungen und Abgrenzungen

Der Stil und die Struktur der Elemente, die den Garten nach außen abgrenzen oder auch einzelne Bereiche auf dem Grundstück abtrennen, üben auf das Gesamtbild der Anlage ganz wesentlichen Einfluss aus.

Holzzaun Auf lange Sicht lohnt es sich, etwas mehr Geld für gute Qualität auszugeben. Druckimprägnierte Pfosten halten länger und lassen sich leichter ersetzen, wenn man sie in Metallhalterungen statt direkt in Beton verankert.

Rankgitter Es lässt mehr Licht durch als ein geschlossener Zaun, bietet dafür aber keinen absoluten Sichtschutz und eignet sich daher eher als »Raumteiler« im Garten.

Flechtzaun Für einen Garten im Landhausstil ist er die perfekte Wahl. Modern wirken Paneele, die an Alupfosten oder in solide Holzrahmen montiert werden. Solche Paneele halten etwa acht Jahre.

Verputzte Mauer Mit Ytong-Steinen lässt sich eine Mauer schneller und kostengünstiger errichten als mit Ziegeln. Anschließend verputzt und nach Belieben farbig gestrichen, wirkt sie modern und bestechend elegant.

Ziegelmauer Gartenmauern sind dekorativ und praktisch zugleich. Frostbeständige Mauerziegel sind in verschiedenen Qualitäten erhältlich. Für nostalgische Gärten eignen sich recycelte Backsteine mit Patina.

Grüne Wände

Kletterpflanzen und verschiedene Sträucher bieten, an Zäunen und Mauern gezogen, einen hübschen Anblick. Sie kaschieren bei Bedarf auch eine unschöne Einfassung. Hohe Ziergräser, Bambusse und Gehölze bilden reizvolle Alternativen zu streng geschnittenen Hecken.

Immergrüner Bambusschirm Er macht sich in asiatisch inspirierten Anlagen ebenso gut wie in modernen Gärten. Ideal sind horstbildende, nicht wuchernde Sorten von *Phyllostachys* und *Fargesia*, deren aufrechte Halme oft eine attraktive Färbung oder Bänderung zeigen. Man pflanzt sie in Böden, die gut die Feuchtigkeit halten in nicht zu engem Abstand in Reihe. Damit sie sich nicht weiter in die Tiefe ausbreiten, als erwünscht, überzählige Triebe im späten Frühjahr bodennah kappen. Ab und an einige reife Halme auslichten und in der unteren Hälfte der Pflanzung das Laub entfernen.

Kletterpflanzen Nur wenige klettern ohne unterstützende Drähte oder Spaliere in die Höhe, darunter die Hortensie *Hydrangea anomala* subsp. *petiolaris* (*oben*) sowie Efeu. Manche lieben kühlen Schatten, andere blühen vor einer sonnigen Mauer am schönsten. Berücksichtigen Sie bei der Auswahl die Standort- und Bodenansprüche, aber auch die Wuchskraft und endgültige Größe der Pflanzen.

Eibenhecke Streng geschnitten, bildet die Eibe (*Taxus*) eine dichte dunkelgrüne Wand und einen schönen Hintergrund für Rabatten. Sie ist langlebig, wächst langsam und lässt sich als Bogen oder zu anderen geometrischen Formen erziehen. Bei hartem Rückschnitt treibt sie aus dem alten Holz neu aus. Hecken sollten sich nach oben verjüngen, damit das Laub gleichmäßig belichtet wird.

Bäume und Sträucher als Windschutz In windigen Lagen machen sich Bäume und Sträucher als Schutzbarriere nützlich. Mischen Sie Gehölze unterschiedlicher Formen, Strukturen und Farben, darunter auch solche, die Blüten und Beeren bilden. Übermäßigen Wuchs wegschneiden.

Lebender Weidenzaun In schwerem Lehmboden wurzeln Weidenruten bald an. Für einen solchen Zaun steckt man Ruten, abwechselnd in die eine und die andere Richtung geneigt, in die Erde. Sie werden bis in die gewünschte Höhe zu einem Rautengitter verflochten. Die Spitzen waagrecht einflechten, um den Zaunabschluss zu stabilisieren. Seitentriebe nach Bedarf entfernen.

Begrünter Drahtzaun Ein Zaun aus Drahtgeflecht gewinnt durch die Begrünung erheblich an Attraktivität. Besonders schnell lässt sich dies mit einfarbig grünem Efeu erreichen. Die im Topf herangezogenen Pflanzen setzt man in die Erde und zieht regelmäßig die nachgewachsenen Triebe durch die Maschen. Der fertig begrünte Zaun wird mit einer Gartenschere gestutzt.

Verschiedene Beläge und ihre Verwendung

Unterschiedliche Materialien wie auch die Art ihrer Verwendung prägen wesentlich das Gesicht eines Gartens. Wichtige Auswahlkriterien sind die reinen Kosten für das Material und der mit seiner Verarbeitung und Pflege verbundene Aufwand.

Granitpflaster Diese Granitwürfel sind ideal für befahrene oder anderweitig stark beanspruchte Flächen geeignet. Sie lassen sich nicht nur im strengen Raster (*rechts*) verlegen, sondern z. B. auch in konzentrischen Kreisen, Bögen oder im Schuppenmuster. Aus natürlichem Gestein gefertigt, passen sie gut zu älteren Anwesen und einem Domizil auf dem Land, lassen sich aber auch in verschiedenen Situationen einsetzen, um Flächen mit einem Pflasterbelag aufzulockern. Preiswerter sind Imitate aus Kunststein.

Auftragsvergabe Wenn Sie z. B. Pflasterarbeiten durch einen Landschaftsgärtner ausführen lassen wollen, holen Sie Vergleichsangebote ein. Dafür sollten Sie einen maßstabsgetreuen Plan vorbereiten oder zumindest die Maße der Flächen genau angeben. Ein Fachmann kann Sie bei der Wahl des geeigneten Materials und Verlegemusters beraten und Ihnen Arbeitsproben zeigen. Wenn alles besprochen und geklärt ist – dazu gehören neben den Kosten Aspekte wie eine eventuell erforderliche Dränage oder Stromversorgung, anfallende Vorbereitungsarbeiten und der Abtransport von Schutt – und Sie überzeugt sind, halten Sie alle vereinbarten Punkte (Leistungsumfang, Termine, Preise) in einem schriftlichen Vertrag fest, der von beiden Seiten unterzeichnet wird.

Naturstein Sandstein, Kalkstein und Granit faszinieren vor allem im feuchten Zustand durch ihr feines Farbenspiel. Außerdem verblassen und springen sie nicht. Allerdings sind die Platten dicker, schwerer, weniger gleichförmig und nicht zuletzt teurer als Kunststein.

Betonplatten Beläge aus Beton sind in vielen Ausführungen erhältlich – angefangen bei schlichten Platten über Verbundsteine bis zu Gesteinsimitaten. Die Qualität dieser Produkte variiert sowohl im Hinblick auf ihre Robustheit als auch hinsichtlich ihrer Farbbeständigkeit.

Beton in Holzoptik Diese Betonelemente sehen altem, verwittertem Holz täuschend ähnlich. Sie werden in Form von Platten, Bohlen und »Baumscheiben« angeboten und eignen sich damit für Stufen ebenso wie als Trittsteine in einem Kiesbett oder als Einfassung für Hochbeete.

Holzdecks Sie vermitteln ein angenehmes Fußgefühl und nach einem Schauer trocknen sie rasch ab. Im Schatten aber können sie aufgrund von Algenbildung schnell rutschig werden. Es gibt fertige Bausätze zu kaufen. Heimisches Robinienholz ist von Natur aus rottebeständig.

Rasen Ein schöner Rasen kontrastiert wirkungsvoll mit Rabatten wie auch mit gepflasterten Flächen. Darüber hinaus lockt Rasen viele Vögel an und er bildet eine ungefährliche Spielfläche für Kinder. Eine Mähkante reduziert den Pflegeaufwand deutlich.

Klinker und Verbundsteine Sie lassen sich in geschwungenen Linien, Kreisen und vielen anderen Mustern verlegen und auch als Blickpunkt in gleichförmige Plattenbeläge integrieren. Die Auswahl an Oberflächen, vor allem Farben, ist groß. In jedem Fall kommt es auf Frostbeständigkeit an.

Klinker und Verbundsteine Sie lassen sich in geschwungenen Linien, Kreisen und vielen anderen Mustern verlegen und auch als Blickpunkt in gleichförmige Plattenbeläge integrieren. Die Auswahl an Oberflächen, vor allem Farben, ist groß. In jedem Fall kommt es auf Frostbeständigkeit an.

Kieselsteine In verschiedenen Farben und Größen erhältlich, lassen sie sich, z. B. mit Schiefer- und Fliesenfragmenten kombiniert, zu dekorativen Mosaiken verarbeiten. Einfache Motive erfordern kein allzu großes Geschick, da die Kiesel in Trockenmörtel gebettet werden.

Kies Er ist preiswert und von fein bis grob sowie in verschiedenen Farben im Handel. Damit eröffnen sich zahlreiche Gestaltungsmöglichkeiten. Innerhalb einer Einfassung auf Folie ausgebracht, ergibt Kies einen unkomplizierten und dekorativen Belag für Wege und Terrassen.

Unterschiedliche Bodenbeläge

Beläge schaffen eine Kulisse, vor der sich Pflanzen wirkungsvoll entfalten können. Die Materialien selbst wie auch die Art ihrer Verarbeitung unterstreichen den Gartenstil.

Überragend Die markante Plattform ragt über den Teich, so rückt das Wasser ganz nah. Klare Linien vermitteln im Zusammenspiel mit einer zurückhaltenden Bepflanzung einen Eindruck von Wärme und Ruhe.

Ziegel im Korbmuster Dieses traditionelle Verlegemuster passt bestens in Landhausgärten, zumal die wie verwittert anmutende Oberfläche der Ziegel den Charme vergangener Zeiten heraufbeschwört.

Minimalismus Glatte Betonplatten, in schnurgerader Reihe oder einem geometrischen Raster verlegt, sorgen für ein modernes, sachliches Flair, in dem Pflanzen und Bauten optimal zur Geltung kommen.

Alte Steinplatten Manche Unternehmen recyceln gebrauchte Natursteine und bereiten sie für die erneute Verwendung auf. Auf einer formalen, buchsgesäumten Teichterrasse verlegt, erzeugen sie ein Bild zeitloser Eleganz.

Zen-Garten Diese Anlage ist einer Trockenlandschaft (*karesansui*) im Stil des Zen nachempfunden. Felsbrocken und schlichte immergrüne Gewächse versinnbildlichen Inseln in einem See, dargestellt durch Kies.

Frühlingszauber

Ein solcher »grüner Waldteppich« lässt sich im lichten Schatten von Laubbäumen oder großen Sträuchern auch im Garten realisieren. Im zeitigen Frühjahr erscheinen die Blüten der Schneeglöckchen (*Galanthus*) und der Frauenhaarfarn (*Adiantum*) entrollt seine bronzerosa getönten Wedel. Vor dem stark geaderten Laub des Aronstabs (*Arum*) kommen die im Spätwinter anhaltend blühenden *Helleborus*-Vertreter wundervoll zur Geltung (Nieswurz stets während der Blüte kaufen, da Katalogbeschreibungen oft irreführend sind).

Kurz gefasst

Größe 1,5 x 1,5 m

Geeignet Waldpflanzen mit Blüte im Spätwinter oder zeitigen Frühjahr

Boden Feucht, tiefgründig humos

Lage Unter Bäumen oder nordwärts ausgerichtet

Einkaufsliste

- 7 x *Adiantum venustum*
- 9 x *Arum italicum* subsp. *italicum* 'Marmoratum'
- 5 x Helleborus in Sorten
- 5 x *Helleborus orientalis* subsp. *guttatus*
- 50–100 x *Galanthus nivalis*

Pflanzung und Pflege

Um Lehmböden aufzubessern bzw. das Wasserhaltevermögen sandiger oder stark durchlässiger Böden zu erhöhen, reichlich Kompost oder verrotteten Dung einarbeiten. Gepflanzt wird im Herbst oder im zeitigen Frühjahr. In Töpfen gezogene oder aufgenommene und nach Teilung der Horste neu gepflanzte Schneeglöckchen gehen oft besser an als im Herbst gesteckte Zwiebeln. Eine Mulchschicht aus Rindenhäcksel reduziert die Verdunstung und unterdrückt Unkräuter. Wenn sich die Nieswurzblüten entfalten, alte Blätter, die das Bild stören, entfernen; außerdem abgestorbene oder schadhafte Farnwedel abknipsen, sobald sich die neuen zeigen.

Arum italicum subsp. *italicum* 'Marmoratum' ❄❄❄ ◌◑ ☼ ☼ ☼ ♆

Helleborus orientalis subsp. *guttatus* ❄❄❄ ◑ ☼

Galanthus nivalis ❄❄❄ ◌◑ ☼ ♆

Helleborus hybridus ❄❄❄ ◑ ☼

Adiantum venustum ❄❄❄ ◑ ☼ ♆

Sommersinfonie in Silber und Rosa

Diese Kombination passt an sonnig heiße Plätze. Wie ein silbriges Band durchzieht der kompakt wachsende immergrüne Beifuß *Artemisia schmidtiana* das Beet. Auf einer Seite ist er von Blauschwingel (*Festuca glauca*), auf der anderen von Grasnelken (*Armeria maritima*) gesäumt, die an drahtigen Schäften vom Spätfrühling bis Frühsommer rosa Blüten zeigen. Mit ihrem grob gesägten Laub verleiht *Artemisia ludoviciana* im Hintergrund dem Ganzen Struktur und Höhe. *Astelia* mit metallisch glänzenden Blättern setzt mediterrane Akzente.

Kurz gefasst

Größe 1,8 x 1,5 m

Geeignet Gräser, alpine Pflanzen und Stauden, die Trockenheit vertragen

Boden Extrem durchlässig

Lage Heiß, sonnig und geschützt

Einkaufsliste

- 3 x *Astelia chathamica*
- 3 x *Artemisia ludoviciana* 'Valerie Finnis'
- 7 x *Artemisia schmidtiana* 'Nana'
- 7 x *Festuca glauca* 'Blauglut'
- 9 x *Armeria maritima* 'Splendens'

Pflanzung und Pflege

Bei schwerem Boden vorab zur Verbesserung der Dränage reichlich Splitt einarbeiten. Pflanzen sollte man im Mai, wenn bereits wärmeres und trockeneres Wetter herrscht. Bis zum Winter kann sich dann die *Astelia* gut eingewöhnen und die Gräser sowie die Artemisien wachsen kräftig. Welke Blüten der Grasnelken regelmäßig abschneiden und im Herbst die abgestorbenen Stiele der breitblättrigen *Artemisia* kappen. Ist Frost angesagt, hüllt man die empfindliche *Astelia* in Gärtnervlies, die Wurzeln werden mit Rindenmulch abgedeckt. Im Frühjahr aus den Gräserbüscheln mit den Händen welkes Laub herauskämmen. Zudem erhält die immergrüne *Artemisia* einen leichten Rückschnitt.

Astelia chathamica
❀ ◊ ☼ ♔

Artemisia ludoviciana 'Valerie Finnis'
❀❀❀ ◊ ☼ ♔

Artemisia schmidtiana 'Nana'
❀❀❀ ◊ ☼ ♔

Festuca glauca 'Blauglut'
❀❀❀ ◊ ☼

Armeria maritima 'Splendens'
❀❀❀ ◊ ☼

Elegantes Schauspiel im Herbst

Ab dem Hochsommer bietet sich ein packendes Schauspiel. Als Erstes entfaltet *Anaphalis triplinervis* über graugrünem Laub seine papierartigen weißen Blütenbüschel, die sich wochenlang halten. Dazwischen erscheint der auffällige Flor der kompakten Aster 'Veilchenkönigin'. Die Silber-Perowskie bildet über lange Zeit mit ihren Blütenrispen einen hübschen Bühnenhintergrund (alternativ könnte die Kugeldistel *Echinops ritro* diese Rolle übernehmen), während das Silberährengras (*Stipa*) für Struktur und Bewegung sorgt.

Kurz gefasst

Größe 1,8 x 1,4 m

Geeignet Im Spätsommer und Herbst blühende Stauden und Gräser

Boden Gut dräniert, neutral bis basisch

Lage Offen, vollsonnig

Einkaufsliste

- 3 x *Stipa calamagrostis*
- 5 x *Aster amellus* 'Veilchenkönigin'
- 5 x *Perovskia atriplicifolia* 'Blue Spire' oder 5 x *Echinops ritro*
- 7 x *Anaphalis triplinervis*

Pflanzung und Pflege

Diese Stauden und Gräser lieben nährstoffreiche, feuchte, aber lockere Böden. Beheben Sie daher vor dem Pflanzen im Frühjahr etwaige Dränage-Probleme und arbeiten Sie bei Bedarf organisches Material ein. Pflanzen Sie dicht und in Bändern, die Perlkörbchen und die Astern sollen sich an den Nahtstellen verzahnen. So entsteht ein natürliches Bild. Eine Mulchschicht hilft, dass weniger Bodenfeuchtigkeit verdunstet, Unkräuter unterdrückt werden und die Pflanzen im Verlauf des Sommers gut anwachsen. Im Winter störende alte Blütentriebe im Vordergrund abschneiden, das Gras und die Perowskie erst im Frühjahr zurückschneiden.

Stipa calamagrostis
❄❄❄ ◌ ☼

Aster amellus 'Veilchenkönigin'
❄❄❄ ◌ ☼ ♆

Alternativer Pflanzvorschlag

ovskia atriplicifolia 'Blue Spire'
❋❋ ◊ ☼ ♉

Anaphalis triplinervis
❋❋❋ ◐ ☼ ◐ ♉

Echinops ritro
❋❋❋ ◊ ☼ ♉

Winterliches Farbenspiel

Die Weide (*Salix*) fängt mit ihren rot-goldenen Trieben das Sonnenlicht ein. Sie gedeiht gut in schweren Böden. Ein strenger Frühjahrsschnitt bremst ihren Wuchs, dennoch passt der Hartriegel *Cornus sanguinea* 'Midwinter Fire' besser in kleine Gärten. Gespenstisch ragen die weißen Zweige der Tibet-Himbeere (*Rubus*) auf. Ihr gefiedertes Laub kontrastiert im Sommer reizvoll mit dem Mexikanischen Federgras (*Nasella*), das man auf schwerem Boden durch *Anemanthele lessoniana* ersetzt. Die trockenen Blütenstände des Pracht-Sedums zieren den ganzen Winter über.

Kurz gefasst

Größe 1,8 x 1,8 m

Geeignet Sommergrüne Sträucher, Gräser und spät blühende Stauden

Boden Nährstoffreich, nicht zu trocken

Lage Vollsonnig

Einkaufsliste

- 1 x *Salix alba* var. *vitellina* 'Britzensis'
- 1 x *Rubus thibetanus*
- 7 x *Sedum* 'Herbstfreude'
- 9–11 x *Nasella tenuissima*

Pflanzung und Pflege

Im Frühjahr angelegt, zeigt sich die Pflanzung bereits im ersten Winter von ihrer schönsten Seite. *Rubus* und *Salix* werden im folgenden Frühjahr stark gestutzt, um die Bildung neuer Triebe anzuregen, die sich besser färben als die alten. Außerdem das Gras zurückschneiden, bevor es wieder austreibt, und die trockenen *Sedum*-Stängel entfernen. *Sedum* teilt man alle drei Jahre im Frühjahr, damit die Pflanzen schön kräftig bleiben und nicht kippen. Jährlich beim Frühjahrsschnitt einen Langzeitdünger in Granulatform oder verrotteten Mist einarbeiten. Eine zusätzlich eingesetzte *Verbena bonariensis* könnte die Gruppe im Sommer zusätzlich farblich beleben.

Salix alba var. *vitellina* 'Britzensis'
❄❄❄ ◊◊ ☼ ♛

Rubus thibetanus
❄❄❄ ◊ ☼ ♛

Sedum 'Herbstfreude'
❄❄❄ ◊ ☼ ♛

Stipa tenuissima
❄❄ ◊ ☼

Grüne Laubkontraste

Das Lungenkraut (*Pulmonaria*) bietet früh im Jahr weiße Blüten und später silbrig gesprenkeltes Laub. Ein panaschierter Holunder (*Sambucus*) hellt den schattigen Platz auf, genau wie die Strohblumen (*Helichrysum italicum*), die ein sonnigeres Fleckchen einnehmen. Die Wuchskraft der Sumpf-Schwertlilie (*Iris*) bleibt an diesem trockenen Standort etwas gedämpft. Durch den kompakten Buchsbaum (*Buxus*) und die roten Zweige des Hartriegels (*Cornus*) bleibt die Gruppe auch im Winter interessant.

Kurz gefasst

Größe 1,8 x 4 m

Geeignet Schattenverträgliche Arten mit kontrastierendem Laub

Boden Nährstoffreich, frisch

Lage Kühl, leicht schattig

Einkaufsliste

- 1 x *Cornus alba* 'Elegantissima'
- 1 x *Sambucus nigra* 'Marginata'
- 3 x *Helichrysum italicum*
- 3 x *Iris pseudacorus* var. *bastardii*
- 7 x *Pulmonaria saccharata* 'Sissinghurst White'
- 3 x *Buxus sempervirens* 'Suffruticosa'

Pflanzung und Pflege

Trockenen Boden zunächst mit verrottetem Mist anreichern und Splitt einarbeiten, weil die Strohblumen guten Wasserabzug verlangen (oder auf das Perlkörbchen *Anaphalis triplinervis* ausweichen). Die Sumpf-Schwertlilie ließe sich durch *Iris sibirica* ersetzen. Den Buchsbaum im Frühsommer in Form schneiden. Im zeitigen Frühjahr den Holunder stark zurücknehmen. Beim Hartriegel, nachdem er eingewachsen ist, ein Drittel der ältesten Zweige abnehmen. *Helichrysum* im Frühjahr stutzen, um einen buschigen Wuchs zu erzielen. Das Lungenkraut bei Mehltaubefall zurückschneiden, düngen und wässern, um gesunden Neuaustrieb anzuregen.

Cornus alba 'Elegantissima'
❄❄❄ ◊ ☼ ◐ ☼ ♈

Sambucus nigra 'Marginata'
❄❄❄ ◊ ☼ ◐ ☼

Helichrysum italicum
❄ ◊ ☼ ♈

Iris pseudacorus var. *bastardii*
❄❄❄ ◊ ◐ ☼ ◐ ☼

Pulmonaria saccharata 'Sissinghurst White' ❄❄❄ ◊ ☼ ◐ ♈

Buxus sempervirens 'Suffruticosa'
❄❄❄ ◊ ◐ ☼ ◐ ☼ ♈

Strukturbetontes Ensemble

Subtropische Pflanzen, alle »Individualisten«, formieren sich zu einem dramatischen Gesamtbild. Während der Bambus mit gelborangefarbenen Halmen (*Phyllostachys*) die Pflanzung nach hinten abschirmt, setzen sich vorn zwei Palmlilien (*Yucca*) mit gelb gerandeten Blättern in Szene. Bis weit in den Herbst trägt das Riesen-Federgras (*Stipa*) schimmernde Samenstände. Mit seinem aufrechten Wuchs steht es in reizvollem Kontrast zu den ausladenden Polstern der Seggen (*Carex comans*), die sich ihrerseits vorzüglich mit der blaublättrigen Funkie (*Hosta*) und dem grasartigen, schwarzen Laub des Schlangenbarts (*Ophiopogon*) ergänzen.

Stipa gigantea
❄❄ ◌ ☼ ♒

Phyllostachys aureosulcata fo. *aureocaulis* ❄❄❄ ◌ ☼ ◑ ♒

Kurz gefasst

Größe 2,5 x 2,5 m

Geeignet Immergrüne architektonische Pflanzen, Bambus und andere Gräser

Boden Gut durchlässig bis feucht

Lage Sonnig

Einkaufsliste

- 1 x *Stipa gigantea*
- 1 x *Phyllostachys aureosulcata* fo. *aureocaulis*
- 2 x *Yucca filamentosa* 'Bright Edge'
- 3 x *Hosta sieboldiana* 'Elegans'
- 5 x *Ophiopogon planiscapus* 'Nigrescens'
- 3 x *Carex comans*, braunlaubig

Yucca filamentosa 'Bright Edge'
❄❄❄ ◌ ☼ ♒

Hosta sieboldiana 'Elegans'
❄❄❄ ◌ ◑ ♒

Pflanzung und Pflege

Stipa, *Yucca* und *Ophiopogon* wollen durchlässigen Grund. Schweren Böden führt man daher Splitt zu. Seggen, Funkien und Bambus lieben es feucht, weshalb man trockene, sandige Böden mit gut verrottetem Stallmist anreichert. Dazu wird Rindenmulch aufgebracht. Bei Funkien sind die jungen Blätter durch Schneckenfraß gefährdet. Im Frühjahr die alten Halme der *Stipa* ab- und die Seggen kräftig zurückschneiden (der Neuaustrieb ist intensiver gefärbt). Bambus durch Entfernen einiger älterer Halme auslichten.

Ophiopogon planiscapus 'Nigrescens'
❄❄ ◌ ◌ ☼ ◑ ♒

Carex comans, braunlaubig
❄❄ ◌ ☼ ◑

Unkomplizierte Stauden

Bei richtiger Pflanzenwahl kann man sich den ganzen Sommer über am Garten erfreuen, ohne viel dafür tun zu müssen. Hier treffen vor dem dunklen Hintergrund einer Eibenhecke einige Blütenpflanzen mit Gewächsen zusammen, die dekoratives Laub bilden: Woll-Ziest (*Stachys*) sowie Mexikanisches Federgras. Relativ neu auf dem Markt ist der Storchschnabel 'Nimbus', der zu fein gefiedertem Laub vom Spätfrühling bis Sommermitte blauviolette Blüten zeigt. Ab Hochsommer treten die Knautie mit dunkelroten Blütenköpfchen und der Steppen-Salbei 'Ostfriesland' hervor.

Kurz gefasst

Größe 1,5 x 1,8 m

Geeignet Pflegeleichte Stauden und Gräser

Boden Fruchtbar und feucht, aber gut dräniert

Lage Sonnig

Einkaufsliste

- 3 x *Geranium* 'Nimbus'
- 5 x *Knautia macedonica*
- 5 x *Salvia nemorosa* 'Ostfriesland'
- 3 x *Stachys byzantina* 'Silver Carpet'
- 5 x *Nasella tenuissima*
- Hecke aus *Taxus baccata*

Pflanzung und Pflege

Nährstoffarmen, trockenen Grund vor dem Bepflanzen mit verrottetem Mist oder Kompost verbessern. Eine Abdeckung mit Rindenmulch lässt kein Unkraut aufkommen. Im folgenden Frühjahr die Pflanzen bis zum Grund zurückschneiden. Keine Art braucht Stützen, doch können einige biegsame Stäbe, rings um den Storchschnabel in die Erde gesteckt, verhindern, dass er zu sehr ausstrahlt. Die Eiben (*Taxus*) erhalten im Spätsommer einen Schnitt. Durch möglichst häufiges Entfernen welker Blüten hat man länger Freude an den Knautien, und durch einen Rückschnitt nach der Blüte regt man den Storchschnabel zu einem kräftigen Neuaustrieb an.

Geranium 'Nimbus'
❋❋❋ ◊ ◖ ☼ ☼ ♔

Knautia macedonica
❋❋❋ ◊ ☼

Salvia nemorosa 'Ostfriesland'
❋❋❋ ◊ ☼ ♔

Stachys byzantina 'Silver Carpet'
❋❋❋ ◊ ☼

Nasella tenuissima
❋❋❋ ◊ ☼

Taxus baccata
❋❋❋ ◊ ☼ ◐ ◕

Moderne Prärie-Pflanzung

So eine Gruppe sieht gut aus und braucht wenig Pflege. Salbei, Gelber Fingerhut (*Digitalis lutea*) und *Verbena bonariensis* locken Bienen und Schmetterlinge an und wenn man die Stauden einziehen lässt, ohne gleich abzuräumen, dienen sie Nutzinsekten, Kleinsäugern und Vögeln als wertvoller Unterschlupf. Der Blütenreigen beginnt mit dem Fingerhut und Salbei im Frühsommer, ab Juni kommt dann noch das Eisenkraut ins Spiel. Das Mexikanische Federgras (*Nasella*) erzeugt mit seinen Blütenrispen duftige Schleier, die ebenso wie die Verbenenblüten bis weit in den Herbst erhalten bleiben. Als Alternative böte sich ein hoch aufragendes, schmalblättriges Chinaschilf (wie *Miscanthus sinensis* 'Gracillimus') an.

Kurz gefasst

Größe 2,5 x 2,5 m

Geeignet Gräser und naturhafte Stauden

Boden Nährstoffreich, durchlässig, frisch

Lage Sonnig, offen

Einkaufsliste

- 5 x *Stipa gigantea* oder *Miscantus sinensis* 'Gracillimus'
- 9 x *Verbena bonariensis*
- 7 x *Salvia* x *sylvestris* 'Mainacht'
- 7 x *Digitalis lutea*

Pflanzung und Pflege

Trockene oder karge Böden werden vor dem Pflanzen durch verrotteten Mist oder Kompost aufgebessert. Die Pflanzen werden gruppenweise mit fließenden Übergängen angeordnet. Zwischen den niedrigeren Gewächsen in Abständen die hoch aufragenden, lichten Verbenen platzieren. So entsteht ein natürliches Bild. Man kann alles im Herbst sich selbst überlassen: Das Laub stirbt ab, während die Samenstände bis in den tiefen Winter erhalten bleiben. Im Frühjahr alle Pflanzen außer dem immergrünen Gras bodennah zurückschneiden.

Stipa gigantea
❄❄ ◊ ☼ ♔

Verbena bonariensis
❄ ◊ ☼ ♔

Salvia × *sylvestris* 'Mainacht'
❄❄❄ ◊ ◗ ☼ ♔

Digitalis lutea
❄❄❄ ◊ ◗ ☼ ◐

Alternativer Pflanzvorschlag

Miscanthus sinensis 'Gracillimus'
❄❄❄ ◗ ☼ ◐

Duftende Kräuterrabatte

Viele Arten des traditionellen Kräutergartens eignen sich für pflegeleichte Anlagen – sie sind immergrün und nicht übermäßig durstig. Hier eine Komposition aus Lavendel, Echtem Thymian, rahmweiß blühendem Heiligenkraut (*Santolina*) und der imposanten, silbrig belaubten Kardy, durchzogen von braunlaubigen Seggen (*Carex*). Das Beet mit seinen gedämpften Farben, gemulcht mit Splitt, könnte eine offene Pflasterfläche oder ein Holzdeck begrenzen. Cremegelbe Krokusse (*Crocus chrysanthus*) könnten im Vordergrund während des Spätwinters für Farbe sorgen.

Kurz gefasst

Größe 1,8 x 1,5 m

Geeignet Kräuter, Stauden und Seggen, die Trockenheit vertragen

Boden Nährstoffreich, gut dräniert

Lage Sonnig, windgeschützt

Einkaufsliste

- 3 x *Santolina pinnata* subsp. *neapolitana* 'Edward Bowles'
- 5 x *Thymus vulgaris*
- 1 x *Cynara cardunculus*
- 5 x *Lavandula* 'Fathead'
- 7 x *Carex flagellifera*

Pflanzung und Pflege

Im Frühjahr gepflanzt, können die Kräuter bis zum Winter gut einwurzeln. Lehmböden werden durch vorheriges Einarbeiten von Splitt oder Kies durchlässiger. Stellen Sie die gewässerten Pflanzen noch in den Töpfen auf dem Beet aus und korrigieren Sie die Anordnung, bis sie Ihnen gefällt. Vor Unkraut schützt eine Folie mit einer Mulch aus Splitt oder Kies. Den Lavendel nach der Blüte beschneiden, im Herbst die Kardy ausputzen. Im nächsten Frühjahr die *Santolina* stark einkürzen, den Thymian leicht stutzen und die Seggen zurückschneiden, um einen schön gefärbten Neuaustrieb anzuregen.

Santolina pinnata subsp. *neapolitana* 'Edward Bowles' ❄❄ ◊ ☼

Thymus vulgaris ❄❄❄ ◊ ☼

...ara cardunculus
❊❊ ⬤ ☼ ⚱

Lavandula 'Fathead'
❊❊ ⬤ ☼

Carex flagellifera
❊❊❊ ⬤ ☼ ◐

Extravaganter Laubkontrast

Für eine moderne Optik sollte man sich auf ein Thema bzw. höchstens eine Handvoll Gewächse mit interessanten Merkmalen beschränken. Mit seinem Wuchs und seiner Farbe sticht hier das Laub des Neuseelandflachses (*Phormium*) hervor. Es steht zugleich in apartem Kontrast zu den markanten, rundlichen Blättern der *Bergenia* 'Red Beauty', die im zeitigen Frühjahr blüht. Im Anschluss bezaubert die weiß blühende Winde *Convolvulus cneorum*. Das zierliche, immergrüne Laub ergänzt vorzüglich die übrigen »Mitwirkenden«, insbesondere den schwarzen Schlangenbart.

Kurz gefasst

Größe Verzinktes Metallgefäß von etwa 40 cm Durchmesser

Geeignet Architektonische immergrüne Sträucher und Stauden

Boden Mineralische, durchlässige Topferde

Lage Sonnig, Schutz vor strengem Frost

Einkaufsliste

- 1 x *Bergenia* 'Red Beauty'
- 1 x *Ophiopogon planiscapus* 'Nigrescens'
- 1 x *Convolvulus cneorum*
- 1 x *Phormium* 'Jester'

Pflanzung und Pflege

Da Metallgefäße stark auskühlen oder sich schnell aufheizen können, werden sie mit Luftpolsterfolie ausgekleidet oder man setzt einen passenden Kunststofftopf hinein, den man mit Vlies umhüllt hat. Die Abzugslöcher im Topf mit Tonscherben abdecken, danach 5 cm hoch Kies und bis auf halbe Höhe Topferde, gemischt mit Langzeitdünger, einfüllen. Die Pflanzen einzeln in einen Eimer voll Wasser tauchen, abtropfen lassen und einpflanzen. Die Zwischenräume mit Erde auffüllen, zuletzt gründlich wässern. Regelmäßig gießen und welke Bergenienblätter entfernen.

Bergenia 'Red Beauty'
❄ ❄ ❄ ❄ ⬡ ⬡ ☀ ☀

Convolvulus cneorum
❄ ⬡ ☀ ⬜

Ophiopogon planiscapus 'Nigrescens'
❄ ❄ ⬡ ⬡ ☀ ☀ ⬜

Phormium 'Jester'
❄ ⬡ ☀

Bauerngarten im Kleinformat

Terrakotta-Töpfe jedweder Ausführung bringt man gleich in Verbindung mit historischen Anlagen – oder mit Bauerngärten. Achten Sie beim Kauf von Tontöpfen darauf, dass sie frostbeständig sind und keinen Sprung haben – sie müssen »klingen«, wenn man dagegen klopft. Da sie porös sind, eignen sie sich insbesondere für Kräuter, alpine Pflanzen und Sukkulenten, die vorübergehende Trockenheit vertragen. Eine Folienauskleidung setzt die Verdunstung herab und senkt den Gießaufwand.

Kurz gefasst

Größe Terrakottatopf von etwa 38 cm Durchmesser

Geeignet Mediterran anmutende Kräuter, Sommerblumen, Sukkulenten

Boden Mineralische, sehr durchlässige Topferde

Lage Fast ganztägig sonnig

Einkaufsliste

- 1 x *Lavandula angustifolia* 'Hidcote'
- 2 x *Scabiosa* 'Pink Mist' oder *Osteospermum* 'White Pim'
- 1 x *Sedum* 'Ruby Glow'
- 2 x *Diascia* 'Sunchimes Lilac'

Pflanzung und Pflege

Den Topf gründlich wässern, bis der gesättigte Ton eine dunklere Färbung annimmt. Alternativ den Topf mit schwarzer Folie auskleiden. Die Abzugslöcher müssen dabei frei bleiben und werden mit feinem Drahtgeflecht, flachen Steinen oder Tonscherben abgedeckt. Darüber füllt man zur Dränage eine Lage Kies und dann bis auf halbe Höhe das Substrat, gemischt mit Langzeitdünger, ein. Die Pflanzen in Wasser tauchen und im Topf arrangieren. Die Zwischenräume mit Erde auffüllen – oben sollte ein Gießrand von 5 cm frei bleiben. Regelmäßig welke Blüten bei *Scabiosa* und der *Diascia* abzupfen und den Lavendel nach der Blüte schneiden.

Diascia 'Sunchimes Lilac'
❄ ◊ ◊ ☼

Lavandula angustifolia 'Hidcote'
❄❄ ◊ ☼ ♟

Sedum 'Ruby Glow'
❄❄❄ ◊ ☼ ♟

Scabiosa 'Pink Mist'
❄❄❄ ◊ ☼

Alternativer Pflanzvorschlag

Osteospermum 'White Pim'
❄ ◊ ☼ ♟

Großputz im Garten

Blattpflanzen statt Gewächsen, die man ständig ausputzen muss, und mehr pflegeleichte Beläge als Rasenflächen – dank solcher Attribute lässt sich ein gut geplanter, pflegeleichter Garten schnell in Ordnung bringen.

Eine Schönheitskur für den Garten

Während der Wachstumszeit können wöchentliches Mähen, Entfernen welker Blüten und Fegen gewiss nicht schaden. Dagegen werden Arbeiten wie Heckenschnitt, das Säubern der Terrasse, ein Neuanstrich oder kleine Ausbesserungsarbeiten nur ein- bis zweimal im Jahr fällig. Trotzdem haben sie gerade in pflegeleichten Gärten entscheidende Bedeutung. Weil hier die baulichen Elemente eine wichtige Rolle spielen, fallen ein vergammelter Zaun, abblätternde Wandfarbe, ungepflegte Holzdecks oder Algenbewuchs auf Steinplatten viel stärker ins Auge. Mit den geeigneten Werkzeugen und ausgeliehenen Geräten lassen sich derartige Probleme beseitigen.

Laubsauger Leise sind diese Geräte nicht. Dafür kann man mit ihnen Pflaster-, Rasen- und sogar Kiesflächen, die sich mit einem Besen nur schwer säubern lassen, effizient von Herbstlaub und anderem Abfall befreien.

Rasenmäher Damit Ihr Gerät die maximale Leistung bringt, sollten Sie es regelmäßig selbst warten oder überholen lassen. Bei großen Rasenflächen lohnt sich die Anschaffung eines leistungsfähigeren Modells.

Heckenschnitt Mit einer elektrischen oder Motorheckenschere lässt sich diese Arbeit entschieden schneller und leichter erledigen als von Hand. Sammeln Sie doch den Schnitt gleich auf einer zuvor ausgelegten Folie.

Pflaster säubern Mit einem Hochdruckreiniger von Schmutz und Algen befreit, präsentieren sich Pflasterflächen wie neu. Testen Sie die Wirkung des kräftigen Wasserstrahls zunächst an einer verdeckten Stelle.

Schnelles Facelifting Matten aus Bambus, Weide oder Heidekraut, ob einfach angetackert oder mit Drähten oder Kunststoffbindern fixiert, kaschieren unansehnliche Zaunpartien und Maschendraht schnell und günstig.

Frische Farbe Ein Neuanstrich lässt Mauern erstrahlen, mutige Farben verleihen Terrassen und Innenhöfen ein cooles Flair. Nach sorgfältiger Vorbereitung des Untergrunds ist die Arbeit mit einer Rolle rasch erledigt.

Holzschutz Terrassen, Zäune, Spaliere und andere Holzkonstruktionen profitieren von einer Schicht frischer Farbe, einer Lasur oder Imprägnierung. Der Fachhandel bietet hierfür zeitsparende Hilfsmittel.

PFLANZEN RICHTIG SCHNEIDEN

Schnitt in naturnahen Gärten

Ein vor Blüten überquellender Naturgarten mit scheinbar ungeschnittenen Gewächsen ist für viele Hausbesitzer das Nonplusultra. Um ein solches Meer aus Farben und Formen zu gestalten, braucht es allerdings etwas Übung.

Abbildungen von links im Uhrzeigersinn

Wild und ungezähmt Die Rosenkaskaden an diesem alten Landhaus sehen aus, als hätte man sie sich selbst überlassen. Doch der Schein trügt: Die natürliche Wirkung wird nur durch regelmäßigen Schnitt erzielt. So müssen unschöne Triebe, die den wild romantischen Gesamteindruck der Kletterrose an der Wand stören, herausgenommen werden. Im Herbst oder Frühjahr bringt man die Pflanze durch leichtes Stutzen in Form. Alle drei bis fünf Jahre sollte man sie allerdings kräftig zurückschneiden.

Beerenstark Feuerdorn (*Pyracantha*) eignet sich bestens für naturnahe Hecken und hält mit seinen dornigen Trieben zudem unerwünschte Besucher fern. So richtig in Szene setzen sich die Sträucher im Herbst, wenn sie üppig mit Früchten behangen sind. Schneiden Sie sie im Frühjahr nur leicht, da die Beerenpracht sonst ausbleibt.

Naturnahe Rabatte Die Wirkung dieser Pflanzung kommt nicht von ungefähr, sondern ist das Ergebnis überlegter Auswahl und umsichtigen Schnitts. Ließe man sie ungehindert wachsen, würden bald ein, zwei Gewächse unschön dominieren. Das silbrige Heiligenkraut (*Santolina*) und der Goldsalbei (*Salvia africana-lutea*) werden jährlich leicht gestutzt, während man die Johanniskraut-Sorte *Hypericum* 'Hidcote' alle zwei bis drei Jahre schneidet, damit sie ihre schöne Form behält. In voller Blüte sieht man der Rabatte den Schnitt nicht an.

Farbe und Textur Dank durchdachter Kombination und optimalem Pflanzabstand kommt diese Rabatte aus *Ceanothus* 'Puget Blue', *Choisya* 'Aztec Pearl' und *Lonicera nitida* 'Baggesen's Gold' mit wenig Schnitt aus. Hätte man stark wüchsige Pflanzen gewählt und sie zu dicht nebeneinander gesetzt, müsste man mehr Zeit investieren. Die Sprosse von *Ceanothus* werden jährlich nach der Blüte gekürzt (siehe S. 184), die Seitentriebe von *Choisya* und *Lonicera* hingegen alle zwei bis drei Jahre entfernt.

Schnitt in geometrischen Gärten

Gehölze lassen sich zu den verschiedensten Formen schneiden und erziehen. Man setzt sie als Blickfang ein, umrahmt Aussichten oder nutzt sie als Kulisse. Gerade in formalen Anlagen erzielen Sie damit wirkungsvolle Ergebnisse.

Abbildungen von links oben im Uhrzeigersinn

Flechthecken In einer Reihe stehende Bäume wie Linden (*Tilia*) oder Hainbuchen (*Carpinus*) lassen sich so erziehen, dass sie wie eine Hecke auf Stützen aussehen. Dazu führt man ihre Äste in seitlicher Richtung, bis sie die des Nachbarbaums berühren. Jedes Jahr werden die Zweige, die aus diesen Ästen sprießen, bis auf den Hauptast zurückgestutzt. So entsteht allmählich ein Sichtschutz mit unverwechselbarer Struktur.

Parterres Ein Parterre setzt sich aus geometrisch angeordneten Hecken und Blumenbeeten in einfachen oder auch ausgefeilten Mustern zusammen, wobei die Hecken unterschiedlich breit und hoch geschnitten werden können. Dazu brauchen Sie dicht wachsende Pflanzen, die sich für einen Formschnitt eignen, also etwa Buchsbäume (*Buxus*) und Eiben (*Taxus*).

Rosenspalier Hier wurden Rosen so geschnitten und erzogen, dass sie den Blick auf den formalen Garten im Hintergrund umrahmen. Auch Gruppenpflanzungen aus Teehybriden und Floribunda-Rosen bereichern die geometrisch gestaltete Anlage.

Elegante Krone Aus diesem schönen Runzelblättrigen Schneeball (*Viburnum rhytidophyllum*) wurde ein ansprechender Blickfang. Seine verzweigte Krone scheint elegant auf Stützen zu ruhen. Ein solcher Schnitt eignet sich vor allem für immergrüne Sträucher.

Laubdach Für diesen Baldachin aus Blättern wurden die oberen Äste mehrerer Gewöhnlicher Mehlbeeren (*Sorbus aria*) bogenförmig nach oben geführt, sodass sie sich in der Mitte treffen. Gleichzeitig werden alle Zweige, die aus dem Stamm wachsen, entfernt, da sie den Gesamteindruck stören würden. Die Triebe für das »Dach« wiederum schneidet man jährlich, um die Form der Struktur zu erhalten. Bis dieses kunstvolle Gerüst seine endgültige Gestalt hat, vergehen Jahre.

Raum schaffen

Pflanzen schneidet man oft nur, damit sie nicht zu groß werden. Doch kann man auch mit mehr Fantasie ans Werk gehen – etwa indem man den unteren Stamm von Wuchs befreit, um Raum für andere Gewächse zu schaffen.

Abbildungen von links nach rechts

Lorbeer-Hochstamm Hochstämme sind ausgesprochen nützliche Gartenelemente, denn mit ihrem Kronenbetonten Formschnitt bringen sie Abwechslung und Struktur in das Grün. Will man verhindern, dass große Sträucher zu viel Platz beanspruchen, formt man sie am besten zu einem Hochstamm und macht damit unter ihrer Krone Platz.

Glyzinen in Baumform Wenn Glyzinen (*Wisteria*) sich ungehindert ausbreiten dürfen, wachsen sie zu mächtigen Kletterern heran. Durch sorgfältigen Schnitt werden sie im Zaum gehalten. Ganz ähnlich stutzt und erzieht man Obstbäume, die auf begrenztem Raum wachsen sollen.

Langbeinige Birken Das Dekorativste an Birken (*Betula*) ist ihre weiße Borke. Entfernen Sie die unteren Äste, um den Stamm in seiner ganzen Pracht zu zeigen. Jedes Gehölz mit attraktiver Rinde lässt sich damit in Szene setzen. Obendrein schaffen Sie so Raum für Schattenliebhaber wie *Rodgersia*.

Reichere Blüte

Durch fachgerechten Schnitt entwickeln sich mehr Blütentriebe an einer Pflanze. Gerade das »Gewusst-wie« macht oft den Unterschied zwischen kümmerlichem Flor und beeindruckender Inszenierung von Farben und Düften.

Abbildung von links im Uhrzeigersinn

Kaskaden in Violett Der Chinesische Blauregen (*Wisteria sinensis*) erfreut im späten Frühjahr mit duftenden Florkaskaden. Damit er möglichst viele Blütenknospen ansetzt, muss er alljährlich im Spätwinter sorgsam erzogen und geschnitten werden (*siehe S. 173 und 204–205*). Glyzinen sind stark wüchsig, kürzen Sie deshalb ihren jährlichen Neuwuchs im Hochsommer mindestens um die Hälfte ein.

Sommerliches Sternenmeer Im Frühjahr schmückt sich *Philadelphus* 'Belle Etoile' mit zahlreichen großen, weißen Duftblüten an gebogenen Zweigen. Die Sterne öffnen sich nur am vorjährigen Wuchs, stutzen Sie daher nach dem Flor etwa ein Drittel der ältesten Blütentriebe bis fast zum Boden zurück. Dadurch begrenzen Sie die Höhe der Pflanze, bewahren ihre Form und regen sie zum Austrieb neuer Blütenzweige an.

Rosenbaldachin Die Blüten von Rosen wie 'Climbing Mrs. Sam McGredy' kommen am besten an einem Klettergerüst zur Geltung. Nehmen Sie im Spätwinter oder zeitigen Frühjahr etwa ein Drittel der ältesten Stämme fast bis zum Boden heraus. Am verbliebenen älteren Wuchs schneidet man alle Seitentriebe sowie die Blütensprosse vom letzten Jahr bis auf zwei, drei gesunde Knospen über dem Leittrieb zurück (*siehe S. 172–173*). Aus diesen »Zapfen« bilden sich im Sommer neue Blütentriebe. Binden Sie gleichzeitig kräftige neue Triebe, die sich im letzten Jahr gebildet haben, an. Sie brauchen eine Stütze, wenn sie blühen.

Weniger ist mehr Die Berg-Waldrebe (*Clematis montana*) ist ein schnell wachsender Kletterer, der oftmals Gebäude und größere Pflanzen überwuchert. Wenn man ihn im Zaum halten will, sollte man ihn nach der Blüte etwas in Form bringen. Ansonsten müssen *Clematis* nicht kräftig zurückgeschnitten zu werden. Manche blühen ohne Schnitt sogar reichlicher.

Mehr Farbe

Manche Gehölze zeichnen sich durch auffällig getönte Stämme und Zweige aus. Durch gekonnten Schnitt wird diese Färbung betont – vor allem im Winter, wenn kein Laub sie verbirgt.

Abbildungen von oben links im Uhrzeigersinn

Highlights Die Himalaja-Birke *Betula utilis* var. *jacquemontii* präsentiert sich vor immergrünem Hintergrund von ihrer besten Seite. Erleichtern Sie junge Exemplare im Frühsommer um die untersten Zweige. Sobald der Stamm die gewünschte Höhe erreicht hat, lässt man sie ungehindert wachsen und entfernt nur noch die kleinsten Seitentriebe. So bilden sich ein einfaches, auffälliges Astgerüst und ein sauberer weißer Stamm.

Getigert Die ungewöhnlichen Längsstreifen am Stamm von *Acer* 'White Tigress' entstehen durch grüne Risse in der hellen Borke. Damit sie gut sichtbar sind, werden die untersten Äste jährlich so lange abgeschnitten, bis ein nackter Stamm von 1,2–1,8 m Höhe herangewachsen ist.

Wintergrün Wer Farbe in den winterlichen Garten bringen will, ist mit *Cornus stolonifera* 'Flaviramea' bestens bedient. Die Farbpalette der Hartriegel-Sorten reicht von Grün über Orange bis zu Dunkelrot. Am besten zur Geltung kommen Gruppen aus zwei, drei Sträuchern, die ihre schönste Färbung dann zeigen, wenn man sie jährlich im März zurückschneidet.

Kupferbraun Die Zierkirsche *Prunus rufa* wird nicht so sehr wegen ihrer Blüten, sondern in erster Linie wegen ihrer kräftig kupferbraunen Rinde geschätzt. Sie eignet sich ganz besonders für kleine Gärten. Optimale Wirkung entfaltet die Borke, wenn man durch das Astgerüst hindurchsehen kann. Dazu werden alle kleinen und sich überkreuzenden Äste herausgenommen.

Gefährlich schön Die ausläufertreibende Tangutische Himbeere (*Rubus cockburnianus*) steht im Ziergarten dank ihrer dekorativen Wintertriebe in Weiß und Rot hoch im Kurs. Doch Vorsicht: Die Pflanze ist so tückisch wie attraktiv, denn ihre Triebe tragen Stacheln und bilden eine nahezu undurchdringliche Barriere. Beim Schneiden brauchen Sie Handschuhe und einen Augenschutz. Die leuchtende winterliche Färbung entwickelt der Strauch nur, wenn er jedes Jahr im Vorfrühling bis zum Boden zurückgenommen wird.

Reiche Ernte

Früchte schmecken nicht nur gut, sie bereichern den Garten mit leuchtenden Farben. Auch wenn Obstgehölze viel Schnitt brauchen – die Blüten und später die Köstlichkeiten lohnen die Mühe.

Abbildungen im Uhrzeigersinn von links

Farbenfrohe Heidelbeeren Diese Büsche sind wahre Schätze: Im Frühling blühen sie, im Sommer tragen sie schmackhafte Beeren und im Herbst bereichern sie den Garten mit ihrem dekorativen Herbstlaub. Sie fruchten am vorjährigen Holz und werden im Winter geschnitten, indem man jedes Jahr zwei bis drei der ältesten Triebe und schwaches, totes oder krankes Holz herausnimmt. Entfernen Sie außerdem die unteren Zweige, die im Sommer auf dem Boden liegen würden, wenn sie schwer mit Früchten behangen sind.

Verführerische Apfelpracht Ob in voller Blüte oder mit Fruchtbesatz: Apfelbäume sind eine Augenweide. Sie werden allerdings je nach Unterlage und Sorte unterschiedlich groß. Pflanzen Sie daher stets eine Züchtung, die in Ihren Garten passt. Ausgelichtet werden Apfelbäume im Winter (*siehe S. 200–203*). Ein zu kräftiger Rückschnitt regt allerdings den vegetativen Wuchs auf Kosten der Blüte und des Fruchtansatzes an.

Süße Köstlichkeiten Birnbäume mit Pyramidenkrone brauchen zwar nicht unbedingt einen Schnitt, können für einen Kleingarten aber leicht zu groß werden. Damit sie den Rahmen nicht sprengen, schneiden Sie den Leittrieb (den höchsten Trieb an der Spitze) im Winter zurück. Nehmen Sie auch zu dichten Wuchs in der kalten Jahreszeit heraus, wenn das Gerüst der Äste gut zu sehen ist. Im Spätsommer werden die Seitentriebe bis auf eine Blattknospe über dem Hauptast zurückgestutzt.

Spalierbäume Eine der schönsten und kunstvollsten Erziehungsformen für einen Apfelbaum ist das Arrangieren der Äste in Spalierform an einer Wand. Dabei werden die Triebe vom Stamm aus horizontal nach außen geführt. Apfelspaliere eignen sich vorzüglich für Kleingärten, brauchen aber viel Pflege. Schneiden Sie im Spätsommer alle Seitentriebe auf das erste Blatt vor dem horizontalen Hauptast zurück. Mit zunehmendem Alter werden die fruchttragenden Triebe immer dichter und müssen im Winter ausgelichtet werden.

Wahl des Schneidewerkzeugs

Das passende Gerät ist das A und O des Schneidens. Wählen Sie Ihr Werkzeug daher mit Bedacht aus und entscheiden Sie sich für Qualitätsprodukte, mit denen Sie sicher arbeiten und scharfe, saubere Schnitte ausführen können.

Gartenscheren gibt es in zwei Ausführungen: als Ambossschere (*oben*) und als zweischneidige bzw. Bypassschere (*rechts*). Bei der Ambossschere wird die Klinge auf einen unbeweglichen »Amboss« gedrückt, während bei der zweischneidigen Variante zwei Klingen aneinander vorbeigleiten. Gartenscheren eignen sich für Triebe bis 1,5 cm Durchmesser.

Ast- oder Baumsägen gibt es mit feststehender oder einklappbarer Klinge, die auch ausgewechselt werden kann. Sie sind ideal für ungünstig stehende Triebe.

Langstielige Baumsäge Mit ihr schneidet man Zweige über Kopfhöhe. Tragen Sie einen Augenschutz und einen Helm. Dicke Äste sollte man vom Fachmann entfernen lassen.

Bogensägen Sie kommen vor allem beim Zerkleinern bereits abgeschnittener Äste zum Einsatz. Für das Schneiden ungünstig stehender Triebe sind sie nicht geeignet.

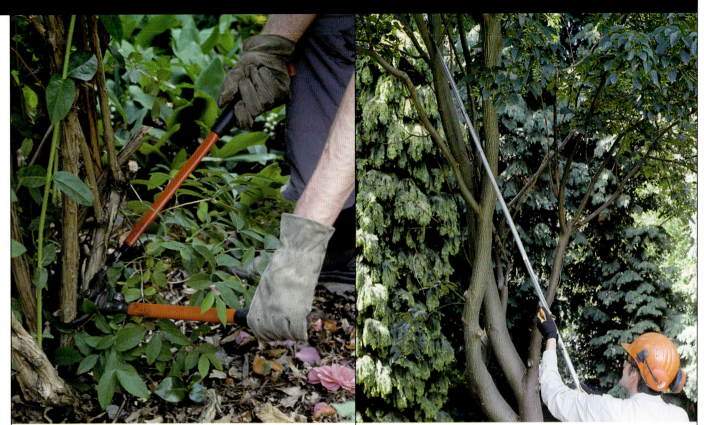

Astschere Mit ihr werden oft Triebe geschnitten, die für die Gartenschere zu dick sind. Auch zum Kürzen von Ästen wird sie verwendet. Drücken Sie ihre Arme nicht mit aller Gewalt zusammen, da Sie damit den geschnittenen Trieb verdrehen oder zerdrücken können.

Langstielige Baumschere Damit werden Äste in großer Höhe gekürzt oder dort krankes bzw. totes Holz entfernt. Rücken Sie mit ihr jedoch nie Trieben von mehr als 2,5 cm Durchmesser zu Leibe, denn diese lassen sich nur schwer kontrollieren.

Elektrische Heckenschere Für die meisten Hecken geeignet. Arbeiten Sie stets von unten nach oben und stellen Sie sicher, dass sich das Kabel immer hinter Ihnen befindet. Das Gerät sollte mit einem Schutzschalter versehen sein und nie bei Nässe verwendet werden.

Motorheckenschere Sie ist meist wesentlich schwerer als eine elektrische Heckenschere und größere Hecken zu bearbeiten kann daher recht ermüdend sein. Allerdings ist sie für die meisten Hecken leistungsfähig genug und ideal für den Schnitt dicker Seitentriebe.

Werkzeugpflege und Sicherheitstipps

Mit der richtigen Ausrüstung wird jeder Pflanzenschnitt zum sicheren Unterfangen und macht obendrein Spaß. Die gute Pflege des Werkzeugs schützt nicht nur vor Unfällen, sie verlängert auch die Lebensdauer der Geräte.

Gartenscheren reinigen

1 Beim Schneiden bleibt Pflanzensaft an den Klingen kleben und trocknet fest. Schaben Sie ihn mit einem Stück Metall mit gerader Kante ab, z. B. einem Taschenmesser.

2 Polieren Sie die Klingen mit Stahlwolle, um die letzten angetrockneten Schmutzreste sowie Rost zu entfernen. Mit Handschuhen schützen Sie sich vor Schnittverletzungen.

3 Reiben Sie anschließend etwas Schmieröl auf die gesäuberten Klingen. Es dient als Rostschutz und hält die Schere sauber und scharf, während sie gelagert wird.

Astsägen säubern

1 Nach getaner Arbeit entfernt man zwischen den Zähnen haftendes Sägemehl mit einer groben Bürste, da die Holzreste sonst hart werden und die Schärfe der Säge beeinträchtigen.

2 Als Nächstes polieren Sie beide Seiten des Sägeblatts mit Stahlwolle. Damit entfernen Sie angetrockneten Saft und Schmutz, die der Säge ebenfalls schaden.

3 Bevor die Säge sicher verstaut wird, verreibt man mit einem Tuch etwas Schmieröl auf der Klinge, um sie vor Rost zu schützen.

Handschuhe Tragen Sie stets feste Handschuhe, um Ihre Hände vor Verletzungen durch Werkzeug, Dornen oder scharfkantige Pflanzen zu bewahren.

Schutzbrillen schützen Ihre Augen vor Staub, Sägemehl und Schnittabfällen, vor allem, wenn Sie über Kopfhöhe arbeiten. Auch Dornen und Äste können ins Auge gehen.

Elektrokabel Bei der Arbeit mit einer elektrischen Heckenschere soll sich das Kabel immer hinter Ihnen befinden, damit Sie es nicht versehentlich durchtrennen.

Sicherer Stand Verwenden Sie eine Stehleiter. Die Standbeine müssen vollständig ausgeklappt sein. Lehnen Sie sich nicht zu weit hinaus und bitten Sie jemanden, die Leiter zu sichern.

Leitern und Podeste Stellen Sie diese Gerätschaften so auf, dass sie auf jeden Fall gerade stehen. Achten Sie darauf, dass Ihr Schwerpunkt auf der Leiter bleibt.

Schnitt von Nachbarpflanzen
Gewächse, die in Ihren Garten hineinragen, gelten von Rechts wegen als Eindringlinge in Ihr Hoheitsgebiet. Sie können von Ihrem Nachbarn die Beseitigung verlangen. Erst wenn er nichts unternimmt, dürfen Sie selbst zur Säge greifen. Die Schnittabfälle sowie Früchte, die eventuell noch daran hängen, müssen Sie dem Besitzer der Pflanze zurückgeben – außer, sie fallen auf Ihr Grundstück. Das Nachbargrundstück betreten oder sich über den Zaun lehnen, um Ihre Hecke zu schneiden, dürfen Sie nur mit Erlaubnis. Grundsätzlich gilt: Reden Sie mit Ihrem Nachbarn – so lässt sich am ehesten eine Lösung finden.

Kettensägen Große Äste oder ganze Bäume, für die der Einsatz einer Kettensäge erforderlich ist, sollten nur von qualifizierten Gärtnern oder Baumpflegern entfernt werden.

Grundlegende Schneidearbeiten

Geschnitten wird meistens einmal im Jahr. Mitunter aber muss man auch zwischendurch zur Schere greifen. Hier einige Arbeiten, die nicht aufgeschoben werden sollten.

Überkreuzte und scheuernde Zweige Wenn Zweige zu nah nebeneinanderwachsen und aneinanderreiben, sollte man einen von ihnen sogleich herausnehmen – am besten den schwächeren oder den, der die stärksten Verletzungen aufweist. Über die aufgescheuerten Stellen können sonst Krankheitserreger in die Pflanze eindringen und ernsthafte Probleme verursachen.

Wildtriebe abreißen

Ein Wildtrieb ist ein wüchsiger Spross, der sich an einem veredelten Gewächs wie einer Rose im unteren Bereich nahe dem Wurzelsystem bildet. Lässt man ihn wachsen, erdrückt er irgendwann die Pflanze oder beeinträchtigt ihre Wuchskraft. Das Aussehen eines Wildtriebs unterscheidet sich vom restlichen Wuchs. Entfernen Sie ihn, sobald Sie ihn erspähen – entweder durch Abreißen von Hand oder bereits stärkere Triebe mit der Gartenschere.

Zurückgeschlagene Blätter entfernen

Bilden sich an einer panaschierten Pflanze einfarbig grüne Blätter, sagt man, sie »schlägt zurück«. Weil Triebe mit grünem Laub wüchsiger sind als mehrfarbige, erobern sie über kurz oder lang die gesamte Pflanze. Sobald sie sich zeigen, werden sie deshalb bis zu einem panaschierten Trieb herausgenommen. Diese Arbeit können Sie sich für jede Jahreszeit vornehmen.

Hier sprießt unter der Veredelungsstelle einer Rose ein Wildtrieb.

Grüne Triebe an panaschierten Pflanzen werden sofort entfernt.

Konkurrenztriebe

Wenn an der Spitze eines Baums zwei Sprosse ähnlicher Wuchskraft dicht an dicht stehen, bilden sich zwei Leittriebe. Sie wachsen voneinander weg, sodass sich eine Schwachstelle bildet und einer der Triebe irgendwann abbricht. Dieses Problem erspart man sich, wenn man einen von ihnen frühzeitig herausnimmt. Am besten schneiden Sie den schwächeren der beiden ab.

Den schwächeren Trieb kappen. Ein einzelner Trieb ist kräftiger.

Frostschäden

Spätfröste können Knospen und frische Triebe schädigen. Der erfrorene Wuchs wird bis auf gesunde Knospen zurückgeschnitten, um Infektionen zu verhindern. Die meisten Pflanzen treiben dann weiter unten wieder aus. Bisweilen können allerdings auch sämtliche neuen Blütenknospen am letztjährigen Wuchs erfrieren, etwa an *Hydrangea macrophylla*. Dann wird in der folgenden Saison ihre Farbenpracht im Garten fehlen (*siehe S. 175*).

Hydrangea macrophylla 'Libelle' mit Frostschäden

Totes und krankes Holz

Entfernen Sie tote und kranke Triebe an Bäumen oder Sträuchern sofort, sonst dringen Krankheitserreger über sie in die Pflanze ein und befallen auch gesunde Teile. Zudem sind sie unansehnlich. Als natürliche Abwehrstrategie entwickeln Bäume und Sträucher zwischen lebendem und totem Holz manchmal eine leichte Schwellung. Der abgestorbene Zweig wird über dieser verdickten Stelle abgeschnitten.

Totes Holz an einer Hainbuche Rotpustelkrankheit

Abzwicken welker Blüten

Das Ausputzen von verwelktem Flor regt viele mehrmals im Jahr blühende Pflanzen wie Rosen zum Austrieb weiterer Blüten an. Brechen Sie das Verblühte mit den Fingern ab oder entfernen Sie es mit der Gartenschere. Manche Sträucher wie z. B. Rhododendren bilden dann auch noch neue Triebe, da die Pflanze ihre Energie nicht mehr in die Samenreifung stecken muss. Dadurch blüht sie im nächsten Frühjahr noch üppiger.

Eine welkende Rosenblüte lässt sich einfach abbrechen.

Schnitte ansetzen

Bäume, Sträucher und Kletterer sind eine äußerst vielfältige Pflanzengruppe, entsprechend unterschiedlich sind ihre Triebe und Knospen. Machen Sie sie erst an der Pflanze ausfindig, bevor Sie mit dem Schneiden beginnen.

Sprossknospen Knospen haben alle möglichen Formen, Größen und Farben und bilden sich stets dort, wo Blätter wachsen bzw. wo sie einmal am Trieb standen. Manche sind nur als leichte Verdickungen erkennbar, andere heben sich durch ihre Färbung vom restlichen Holz ab, etwa Rosenknospen *(siehe Abb. rechts)*. Setzen Sie einen Schnitt immer direkt über einer Knospe an, denn das regt die Hormonproduktion der Pflanze an, sodass sie aus der Knospe einen neuen Trieb bildet.

Zurückschneiden zu einem frischen Trieb Junge Triebe sind normalerweise hellgrün und heben sich wie hier bei einer *Clematis* deutlich vom Rest der Pflanze ab. Weil sie sehr weich und dünn sind, brechen sie leicht, wenn man älteren Wuchs zurückschneidet.

Zurückschneiden zu jungem Wuchs Neuer Wuchs sieht frischer aus als altes Holz. Nehmen Sie ältere Triebe bis knapp über dem jungen Holz zurück. Dabei muss der Schnitt schräg angesetzt werden, sodass die Feuchtigkeit, die aus der Wunde sickert, vom frischen Holz wegläuft.

Schnitt gegenständiger Knospen An Hartriegel (*Cornus*), Hortensien (*Hydrangea*) und anderen Gehölzen stehen je zwei Knospen auf gleicher Höhe. In diesem Fall wird der Schnitt direkt über ihnen gerade angesetzt. Aus beiden Knospen entwickeln sich Triebe.

Schnitt wechselständiger Knospen An Pflanzen wie Rosen und Glyzinen (*Wisteria*) entwickeln sich die Knospen versetzt entlang der Triebe. Man setzt die Schere über einer von der Pflanzenmitte weggerichteten Knospe schräg an, sodass der Saft nicht zur Knospe hin läuft.

Sägen Allzu viele Pflanzen werden durch Verwendung unpassender Schneidewerkzeuge verdorben. Ist der Trieb dicker als ein Finger, verwendet man eine Säge. Mit ihr lässt sich ein wesentlich sauberer Schnitt durchführen als mit einer Astschere. Tragen Sie stets Schutzhandschuhe.

Heckenschere Sträucher mit dichtem Wuchs, z. B. Eiben (*Taxus*) oder Buchsbaum (*Buxus*), werden am besten mit einer Heckenschere zurückgestutzt. Auch beim Schneiden von Heidekräutern und Lavendel leistet sie hervorragende Dienste. Die Klingen müssen scharf und sauber sein.

Äste entfernen

Der fachgerechte Schnitt von Ästen ist sehr wichtig. Zerfranste Schnittflächen beeinträchtigen die Selbstheilungskräfte, sodass Krankheitserreger eindringen können, die Fäulnis verursachen und das Leben des Gehölzes verkürzen.

Schwer zu erreichende Äste Ist ein Ast nur schwer zu erreichen, versucht es mancher mit Tricks. Gerade dann aber passieren Fehler. Kommen Sie auch mit einer Leiter nicht an einen zu entfernenden Trieb heran, können Sie ihn eventuell mit einer langstieligen Baumschere oder einer Astsäge kappen. Ansonsten muss ein erfahrener Baumpfleger ans Werk. Gehen Sie wie auf der nächsten Seite beschrieben vor.

Gesplitterte Äste Ein schwerer Ast kann beim Schneiden splittern, da er durch sein Eigengewicht abbricht, bevor der Schnitt zu Ende geführt ist. Haben Sie niemanden, der ihn während des Sägens hält, kürzen Sie ihn in mehreren Abschnitten. Außerdem wird zunächst ein Unterschnitt (*siehe Schritt 1, nächste Seite*) durchgeführt. Er verhindert das Einreißen des Holzes beim Oberschnitt.

Falscher Schnitt Schneiden Sie einen Ast nie direkt am Stamm ab, denn damit entfernen Sie auch das Gewebe, das die Wunde heilt. Ein stammparalleler Schnitt sieht zwar gut aus, doch kann sich die Wunde nicht verschließen, sodass Krankheitserreger eindringen. Zu nah am Stamm durchgeführte Schnitte sind eine der Hauptursachen für kränkelnde und absterbende Bäume.

So entfernt man einen Ast

1 Reduzieren Sie zunächst das Gewicht des Astes, indem Sie ihn Stück für Stück abschneiden, bis nur noch ein 15 cm langer Stumpf übrig bleibt. Führen Sie dann einen Unterschnitt ca. 3 cm vor dem Stamm aus.

2 Der Unterschnitt wird beendet, sobald der Ast zur Hälfte durchtrennt ist. Setzen Sie anschließend einen leicht schrägen Oberschnitt kurz nach Astbeginn an. Ober- und Unterschnitt sollen zusammenlaufen.

Tipp

3 Das Ergebnis ist ein sauberer Schnitt, bei dem die Schutzzone intakt bleibt. Die Schnittfläche wird bald kleiner, wenn der Baum ein schützendes Wundgewebe entwickelt, das sie verschließt.

Beim Abschneiden eines größeren Astes bitten Sie am besten jemanden, den Ast zu halten, damit die Schnittfläche nicht reißt. Damit vermeiden Sie außerdem, dass das schwere Stück auf andere Pflanzen fällt – oder gar Sie selbst trifft.

Zapfenschnitt

Ein Zapfenschnitt fördert die Knospenbildung von Bäumen und Sträuchern. Diese Rose hat hinter der Schnittstelle drei Neutriebe entwickelt, die alle blühen werden.

Zapfenschnitt einer Rose

Suchen Sie gesunde Seitentriebe, die aus einem der Haupttriebe wachsen, und schneiden Sie sie 2–3 Knospen über diesem ab. Der Schnitt wird unmittelbar über der zweiten oder dritten Knospe schräg angesetzt, sodass die Fläche von ihr wegzeigt.

Nach dem Schnitt stehen kurze »Zapfen« entlang des Haupttriebs. Aus ihren Knospen wachsen Blütentriebe – wie viele, das hängt von der Zahl der Knospen ab, die am Zapfen verblieben sind.

Zapfenschnitt von Glyzinen

Glyzinen (*Wisteria*) werden im Vorfrühling geschnitten. Man stutzt jeden neuen Vorjahrestrieb bis auf 2–3 gesunde Knospen zurück. Setzen Sie den Schnitt direkt über der äußersten Knospe so an, dass er schräg von ihr weggerichtet ist.

So sieht der fertig geschnittene Trieb aus. Die Knospen an den kurzen Zapfen werden bald austreiben und im späten Frühjahr bzw. Frühsommer Blüten oder Blütentriebe entwickeln.

Hortensien

Die Rispen-Hortensie (*Hydrangea paniculata*) blüht im Spätsommer am neuen Wuchs. Durch einen Schnitt im zeitigen Frühjahr halten Sie die Pflanze kompakt und fördern die Entwicklung neuer Blütentriebe sowie größerer Rispen.

Rispen-Hortensien sind elegante Gewächse mit kegelförmigen Blütenständen. Sie tragen meist weißen Flor, doch gibt es auch Sorten mit rosa getönten Blüten. Als Ziersträucher für den Spätsommergarten sind sie unschlagbar.

1 Im zeitigen Frühjahr werden die letztjährigen Triebe bis auf ein oder zwei Knospen über der Basis zurückgenommen. Holen Sie auch totes, krankes, überkreuztes und schwaches Holz heraus.

2 Kränkelnde Triebe kürzt man mit einer Säge bis zum gesunden Holz oder sogar zur Basis zurück. Das verhindert, dass Krankheiten sich auf die ganze Pflanze ausbreiten, und fördert die Bildung von neuem, kräftigem Wuchs.

3 Nach dem Schnitt bleibt ein offenes Astgerüst zurück. Es setzt im Lauf des Sommers reichlich neuen Wuchs und eine Fülle attraktiver weißer Blüten an.

Die Garten-Hortensie (*Hydrangea macrophylla*) öffnet im Sommer ihre Blüten aus Knospen, die sich bereits im Vorjahr gebildet haben und anfällig sind für Spätfröste. Ein gekonnter Schnitt tut diesen Pflanzen gut.

Garten-Hortensien begeistern im Sommer noch vor den Rispen-Hortensien mit üppigen großen Blütenständen in Blau, Rosa oder Weiß. Allerdings brauchen die Knospen den Winter über etwas Schutz.

1 Die alten Blütenstände schützen die empfindlichen neuen Knospen vor Frost, deshalb lässt man sie den Winter über an der Pflanze. Zudem bringen die getrockneten Blüten Abwechslung in den winterlichen Garten.

2 Besteht zum Frühjahrsende keine Frostgefahr mehr, entfernen Sie die Blütenstände, indem Sie die Stängel wie hier gezeigt auf ein gesundes Knospenpaar zurückstutzen.

3 Schneiden Sie nicht zu stark, denn damit entfernen Sie auch viele der Blütenknospen, die sich im Vorjahr an den Trieben gebildet haben. Der darauffolgende Neuaustrieb wird erst im nächsten Sommer blühen.

Perückensträucher

Perückensträucher (*Cotinus*) werden wegen ihres Sommer- und Herbstlaubs sowie ihrer Wolken aus Blüten kultiviert. Man schneidet sie im Frühjahr.

Ebenso geschnitten werden

- *Catalpa bignonioides*
- *Cotinus coggygria*
- *Rhus chinensis*
- *Rhus typhina*
- *Sambucus nigra*
- *Weigela* 'Praecox Variegata'
- *Weigela* Wine and Roses

Laubschmuck

Kräftiges Zurückschneiden regt die Pflanze zum Austrieb größerer, dekorativerer Blätter an, beeinträchtigt aber die Blüte.

1 Ältere Perückensträucher werden leicht zu groß für ihren Standort, zudem beginnen Äste abzusterben. Gegen beide Probleme gibt es ein probates Mittel: Schneiden Sie die Pflanze im Frühjahr vor dem Laubaustrieb radikal zurück.

2 Als Erstes wird alles tote, kranke Holz bis zum gesunden Wuchs entfernt. Sägen Sie große Äste Stück für Stück ab, damit die Schnittfläche nicht einreißt (*siehe S. 170–171*).

3 Wenn der Strauch klein und kompakt bleiben soll, kürzt man höhere Triebe auf 60 cm ein. Schneiden Sie bis auf gesundes Holz zurück, erkennbar an der grünen Färbung unter der Borke. Setzen Sie die Schnitte schräg an.

4 Am Schluss bleibt nur noch ein Astgerüst von etwa 60 cm Höhe übrig, doch bald sprießt neuer Wuchs. Er trägt reichlich frisches Laub, das im Herbst durch seine leuchtende Farbe begeistert.

Zaubernüsse

Mit ihren duftenden, spinnenförmigen Blüten sind *Hamamelis* unübertroffene Wintersträucher. Setzt man ihnen aber keine Grenzen, werden sie für Kleingärten oft zu groß.

Tipp

Zaubernüsse werden nach der Blüte, aber vor dem Laubaustrieb gestutzt. Man schneidet bis auf einen jungen Seitentrieb zurück.

1 Um ein zu großes Exemplar zu verkleinern, kürzen Sie die höheren Äste im zeitigen Frühjahr um 30–50 cm ein. Behalten Sie dabei aber immer die angestrebte Form im Auge.

2 Treten Sie beim Schneiden zwischendurch immer wieder zurück und sehen Sie sich an, was noch zu tun ist. Alte Äste werden entfernt, während man gesunden jungen Wuchs unbehelligt lässt.

Tipp

3 Gelegentlich sind schwierig zu erreichende, sich überkreuzende Äste in der Mitte des Strauchs herauszunehmen. Wenn Sie an einen Trieb nur schwer herankommen, sägen Sie gegebenenfalls von unten nach oben.

Sie sind nicht sicher, um wie viel ein Trieb zurückgestutzt werden soll? Dann schneiden Sie ihn Stück für Stück heraus. Treten Sie immer wieder zurück und sehen Sie sich das Ergebnis an, bis Sie mit dem Gesamteindruck zufrieden sind.

Strauchige Heckenkirschen

Winterblühende Sträucher wie *Lonicera* x *purpusii* 'Winter Beauty' werden im Frühsommer geschnitten. Entfernen Sie die ältesten Blütentriebe, um das Wachstum neuer Sprosse aus der Basis anzuregen.

Tipp

Ist ein Trieb zu dick für die Garten- oder Astschere, kappen Sie ihn mit der Säge.

1 Entfernen Sie ein Drittel der ältesten Triebe. Dazu kürzt man sie zunächst mit einer Astschere um die Hälfte, um ihr Gewicht zu verringern, damit das Holz beim endgültigen Schnitt nicht splittert.

2 Anschließend werden die bereits gestutzten Triebe bis auf 30 cm über der Basis zurückgenommen. Setzen Sie knapp über einem Seitentrieb einen schrägen Schnitt an, damit Regenwasser von der Wunde ablaufen kann.

3 Kürzen Sie mit einer Gartenschere die höchsten jungen Triebe um einige Zentimeter. Das regt Knospen weiter unten zum Austrieb an, was einen buschigeren Wuchs und reichere Blüte zur Folge hat.

4 Der kräftige junge Austrieb aus der Basis hat nun mehr Platz, um sich zu entfalten, wie hier gut zu sehen ist. Einige ältere Triebe sollten stehen bleiben, an ihnen entwickeln sich die Blütenknospen für den nächsten Winter.

Kamelien

Werden immergrüne Sträucher wie Kamelien (*Camellia*) zu groß, kann man sie im späten Frühjahr oder Frühsommer nach der Blüte kräftig zurückschneiden.

Ebenso geschnitten werden

- *Aucuba japonica*
- *Elaeagnus pungens*
- *Erica arborea*
- *Escallonia*
- *Fatsia japonica*
- *Prunus laurocerasus*
- *Prunus lusitanica*
- *Viburnum tinus*

Neuaustrieb

Ein Jahr nach dem Rückschnitt haben sich unzählige Neutriebe gebildet. Bis zur ersten Blüte vergehen aber noch 2–3 Jahre.

1 Dieses Exemplar ist zu groß geworden für seinen Standort und muss zurückgestutzt werden. Kamelien reagieren gut auf radikalen Rückschnitt, den man am besten nach der Blüte im späten Frühjahr oder Frühsommer durchführt.

2 Verringern Sie mit einer Baumsäge zunächst die Höhe der Kamelie. Kürzen Sie große Äste dabei Stück für Stück, damit die Schnittflächen nicht splittern (*siehe S. 170–171*).

3 Eine Astschere ist das ideale Werkzeug, wenn ungünstig stehende Seitentriebe entfernt werden sollen. Der letzte Schnitt direkt vor dem Haupttrieb indes sollte mit der Säge erfolgen, da die Schnittfläche damit am saubersten gerät.

4 Empfehlenswert ist eine Reduzierung der Höhe auf etwa 60 cm. Nach getaner Arbeit bleibt nur noch der nackte Stamm übrig, aber schon bald werden sich viele neue Triebe bilden (*siehe gegenüberliegende Seite*).

Säckelblumen und Pfeifensträucher

Die meisten Säckelblumen (*Ceanothus*) zeigen sich im Frühsommer mit lebhaft blauen Blüten. Wenn man sie nicht zurückstutzt, werden sie oft zu groß und unansehnlich. Schneidet man sie jedoch zu kräftig, erholen sie sich nicht mehr.

1 Hier kann man eine immergrüne Säckelblume in voller Pracht bestaunen. Damit sie ihre kompakte Form bewahrt, stutzt man sie gleich nach der Blüte.

2 Nach der Blüte ist das Astgerüst der Pflanze besser zu sehen. Nutzen Sie diese Zeit und schneiden Sie lange, unschöne Triebe um 20–30 cm zurück. Kürzere Zweige können Sie stehen lassen.

3 Stutzen Sie die Triebe mit einer Gartenschere und schneiden Sie jeweils direkt über einer Blattknospe. So regen Sie die Pflanze zum Neuaustrieb unterhalb des Schnitts an und fördern ihren kompakten, verzweigten Wuchs.

4 Nach dem Schnitt sieht die Säckelblume merklich kleiner aus, obwohl sie nur geringfügig zurückgenommen wurde. Wenn man sie alljährlich leicht zurückschneidet, bleibt sie ansehnlich und buschig – genau richtig für kleine Gärten.

Pfeifensträucher (*Philadelphus*) tragen im Frühsommer ein duftendes weißes Blütenkleid. Werden sie nach dem Flor geschnitten, regt man sie zum Austrieb neuer Blütenzweige an. Mit einem jährlichen Schnitt begrenzen Sie ihre Größe.

1 Im Frühsommer ist der Pfeifenstrauch über und über mit weißen Blüten bedeckt. Schneiden Sie gleich nach dem Flor etwa ein Viertel der ältesten Blütentriebe bis 15 cm über der Basis zurück.

2 Durch den radikalen Rückschnitt einiger der ältesten Triebe wird die Pflanze zur Bildung von neuem Wuchs angeregt. Aber Vorsicht: Entfernen Sie das gesamte alte Holz, fällt die Blüte im nächsten Sommer spärlich aus.

3 Sehen Sie die verbliebenen Triebe nach frischem Wuchs durch. Er wird am besten nur leicht gekürzt, indem man das obere Drittel bis zu neuem Holz zurücknimmt (*siehe auch S. 168*).

4 Kappen Sie zuletzt die Spitzen aller kräftigen jungen Triebe, manche können bis zu 2,5 m aufragen. Dadurch regen Sie sie zur Bildung von Seitentrieben weiter unten an – und damit zu reicherer Blüte.

Patio-Rosen

Patio-Rosen sind kleine remontierende Gehölze für Rabatten oder Gefäße. Nach einem Schnitt im zeitigen Frühjahr bringen sie zahlreiche neue Triebe hervor, die im Sommer Blüten tragen.

Tipp

Zwicken Sie welke Blüten sofort ab – so verlängern Sie die Blühdauer Ihrer Rose.

1 Mit dem Schnitt soll die Höhe des Strauchs bis um die Hälfte reduziert werden. Kürzen Sie zunächst die äußeren Triebe und entfernen Sie dann totes und krankes Holz sowie schwachen oder überkreuzten Wuchs.

2 Setzen Sie den Schnitt immer über einer kräftigen, nach außen gerichteten Knospe an. Er soll schräg verlaufen, damit Wasser von der Knospe wegrinnt. Dadurch verringert sich das Fäulnisrisiko.

3 Dieser starke Trieb wird um die Hälfte eingekürzt. Das regt ihn zur Bildung vieler kräftiger Blütentriebe im kommenden Sommer an.

4 Ein solches Gerüst bringt nicht nur mehr Blütentriebe hervor, es sorgt auch für gute Luftzirkulation, was die Gefahr einer Pilzinfektion verringert. Düngen und Mulchen nach dem Schnitt fördern ebenfalls gesunden Wuchs.

Strauchrosen

Die meisten Strauchrosen sind remontierend und müssen nicht so stark geschnitten werden wie andere Rosen, da sie an älteren Trieben blühen. Stutzen Sie sie im zeitigen Frühjahr.

1 Ziel des Schnitts ist es, eine kräftige Struktur zu schaffen und zu dicht wachsende Triebe vom Vorjahr auszulichten. Dadurch verbessert sich die Luftzirkulation, was Pilzinfektionen vorbeugt.

2 Nehmen Sie totes, beschädigtes und krankes Holz heraus und entfernen Sie dann Triebe, die zu schwach sind, um neue Blüten zu tragen. Ein paar der ältesten Sprosse werden bis zur Basis zurückgeschnitten.

3 Kürzen Sie gesunde Haupttriebe um ein Viertel, einige der Seitentriebe um wenige Zentimeter. Der Schnitt soll immer über einer gesunden, idealerweise nach außen gerichteten Knospe angesetzt werden.

4 Insgesamt sollte die geschnittene Strauchrose zum Schluss etwa um ein Viertel niedriger sein und eine kräftige, offene Struktur aufweisen. Im Hochsommer dankt sie die Behandlung mit üppigen Blüten.

Weitere Rosengruppen

Für jede Rosengruppe gibt es eine Schnitttechnik. Finden Sie heraus, welcher Typ in Ihrem Garten wächst, und schneiden Sie ihn wie hier beschrieben.

Alte Gartenrosen

Sie blühen meist nur einmal im Jahr. Man schneidet sie im zeitigen Frühjahr und entfernt totes oder verletztes, krankes, schwaches und überkreuztes Holz. Ein starker Rückschnitt ist nicht erforderlich – es reicht, den Strauch um ein Drittel zu reduzieren. Schnitte werden über einer nach außen gerichteten Knospe schräg angesetzt. Kürzen Sie im Herbst die Triebe um ein Drittel ein, damit Böen die Wurzeln nicht lockern.

Beispiele für alte Gartenrosen

- *Rosa* 'Blanche Double de Coubert'
- *Rosa* 'Boule de Neige'
- *Rosa* 'Charles de Mills'
- *Rosa* 'De Rescht'
- *Rosa* 'Fantin-Latour'
- *Rosa* 'Frau Dagmar Hartopp'
- *Rosa* 'Louise Odier'
- *Rosa* 'Madame Isaac Pereire'
- *Rosa* 'Madame Pierre Oger'
- *Rosa* 'Maiden's Blush'
- *Rosa mundi*
- *Rosa rugosa*
- *Rosa rugosa* 'Alba'
- *Rosa* 'Souvenir de la Malmaison'
- *Rosa* 'William Lobb'

Teehybriden

Vertreter dieser Gruppe blühen in der Regel während der Sommermonate mehrmals und reagieren gut auf kräftigen Rückschnitt im zeitigen Frühjahr. Holen Sie zunächst alle toten oder beschädigten, kranken, schwachen und überkreuzten Triebe heraus. Schneiden Sie dann von den übrigen die ältesten bis zum Boden zurück, wobei Sie 3–5 junge, kräftige Triebe stehen lassen – sie werden bis 15 cm über dem Boden eingekürzt, was etwa der Länge einer Gartenschere entspricht, die Sie als Maß nehmen können. Setzen Sie stets einen abgeschrägten Schnitt über einer nach außen zeigenden Knospe an. Im Spätherbst oder Frühwinter reduziert man die Höhe des Strauchs um ein Drittel. So wird die Gefahr verringert, dass die Wurzeln bei starken Winden Schaden nehmen.

Beispiele für Teehybriden

- *Rosa* 'Blessings'
- *Rosa* Dawn Chorus
- *Rosa* 'Deep Secret'
- *Rosa* Elina
- *Rosa* Freedom
- *Rosa* Ingrid Bergman
- *Rosa* 'Just Joey'
- *Rosa* Lovely Lady
- *Rosa* Paul Shirville
- *Rosa* Peace (syn. Gloria Dei)
- *Rosa* Remember Me
- *Rosa* Savoy Hotel
- *Rosa* 'Silver Jubilee'
- *Rosa* Tequila Sunrise
- *Rosa* Troika
- *Rosa* Warm Wishes

Floribunda-Rosen

Floribunda-Rosen sind remontierende, also mehrmals im Jahr blühende Rosen, die während der Sommermonate farbenfrohe Blütenbüschel tragen. Geschnitten werden sie ähnlich wie die Teehybriden, jedoch nicht ganz so stark. Zunächst werden alle toten oder schadhaften, kranken, schwächlichen und überkreuzten Triebe herausgenommen. Ziel des Schnitts ist ein 20–30 cm hohes Gerüst aus 6–8 kräftigen, jungen Ästen. Geschnitten wird nach Möglichkeit schräg über einer nach außen gerichteten Knospe. Kürzen Sie außerdem im Herbst oder Frühwinter die Triebe um ein Drittel ein. So reduzieren Sie die Angriffsfläche, wenn kräftige Winde an der Pflanze rütteln und das Wurzelsystem in Mitleidenschaft ziehen.

Beispiele für Floribunda-Rosen

- *Rosa* 'Arthur Bell'
- *Rosa* 'English Miss'
- *Rosa* Fascination
- *Rosa* Fellowship
- *Rosa* 'Fragrant Delight'
- *Rosa* Iceberg
- *Rosa* Pretty Lady
- *Rosa* 'Princess of Wales'
- *Rosa* Queen Elizabeth
- *Rosa* Remembrance
- *Rosa* Sexy Rexy
- *Rosa* Sunset Boulevard
- *Rosa* Tall Story
- *Rosa* The Times Rose
- *Rosa* Trumpeter

Verlängerung der Blühdauer

Das Entfernen welker Blüten während des Sommers regt remontierende Formen zu längerer Blütezeit an. Die Pflanze verbraucht dann keine Energie für die Bildung von Samen und kann stattdessen weitere Blüten ansetzen. Biegen Sie einfach den Stängel unterhalb der verblühten Rose so lange, bis er bricht. Nach einiger Zeit treiben neue Blütenknospen aus. Oder schneiden Sie mit einer Gartenschere die Blüte mitsamt 15 cm Wuchs ab. Dabei entstehen mehr Knospen als beim Abbrechen des Stängels knapp unter der Blüte, doch dauert es länger, bis der Flor erscheint.

Lavendel

Lavendel (*Lavandula*) ist ein dekorativer, duftender Strauch, der als Einzelpflanze ebenso wirkt wie als niedrige Hecke. Damit er seine Form bewahrt, schneidet man ihn zweimal jährlich.

Tipp

Entfernen Sie nach der Blüte den welken Flor. Das verhindert, dass die Pflanze Energie für die Entwicklung von Samen verbraucht.

1 Damit Ihr Lavendel buschig und gesund bleibt und immer wieder jungen Wuchs ansetzt, schneiden Sie ihn im Frühjahr bei Austriebsbeginn mit einer sauberen, scharfen Heckenschere zurück.

2 Stutzen Sie die jungen Triebe kräftig, ohne jedoch bis ins alte Holz zu schneiden. Das ist sehr wichtig, denn alter Wuchs treibt nicht mehr aus.

3 Hier wurden die jungen Lavendelzweige bis knapp vor ihrem Ansatz am alten, braunen Holz zurückgestutzt. Schneiden Sie so die gesamte Hecke – sowohl oben als auch seitlich.

4 Auf diese Weise werden die Lavendelsträucher sehr buschig und tragen zahlreiche Blüten. Nach dem Flor im Sommer braucht die Lavendelhecke einen weiteren Schnitt (*siehe Tipp auf der gegenüberliegenden Seite*).

Wandsträucher

Der Kletternde Spindelstrauch (*Euonymus fortunei*) wächst als runder Busch, kann aber auch in die Höhe streben.

Panaschierte Formen eignen sich vorzüglich als Wand- und Zaunbegrünung. Schneiden Sie ihn im späten Frühjahr.

1 Wie bei allen panaschierten Formen werden zurückgeschlagene, also rein grüne Triebe (*siehe S. 166*) entfernt. Schneiden Sie sie mit einer Gartenschere bis zum mehrfarbigen Laub zurück.

2 Auch überlange Triebe, die aus dem grünen Wall herausragen und die saubere Form stören, werden mit einer Gartenschere zurückgestutzt.

3 Sorgen Sie mit einer Heckenschere dafür, dass der Strauch seinen gleichmäßigen, buschigen Wuchs bewahrt. Behalten Sie dabei auch immer den Gesamteindruck im Auge, damit keine unschönen Löcher entstehen.

4 Entfernen Sie auch Triebe, die sich in Rinnen sowie über Türen und Fenster ziehen. Nach dem Schnitt sollte die Pflanze einer gestutzten Hecke ähneln, die an ihrer sie stützenden Wand oder dem Zaun wächst.

Das Becherkätzchen (*Garrya elliptica*) ist ein immergrüner Strauch, der sich im Winter mit langen Kätzchen schmückt.

Er gedeiht im Schutz einer Mauer, die ihm zugleich als Stütze dient. Schneiden Sie ihn im Frühjahr nach der Blüte.

1 Von Zeit zu Zeit braucht jedes Exemplar einen Schnitt, da es sonst zu ausladend wird. An einer Wand kletternde Sträucher können überdies zu schwer werden, sich von der Stütze lösen und umkippen.

2 Kürzen Sie als Erstes die längsten waagrechten Äste, damit die Pflanze schmaler wird. Setzen Sie dabei jeden Schnitt über einer Blattknospe oder einem frischen Trieb an, um einen buschigen Wuchs zu fördern.

3 Nun sind die hohen, senkrecht wachsenden Triebe an der Reihe. Stutzen Sie sie bis auf die für ihren Standort angemessene Höhe zurück.

4 Bei sorgfältigem Schnitt wird der Strauch seine natürliche Form bewahren und im kommenden Winter am neuen Wuchs viele dekorative Kätzchen präsentieren.

Mahonien

Wachsen immergrüne Gewächse wie diese Mahonie über ihren angestammten Platz hinaus, werden sie im Spätwinter oder Frühjahr nach der Blüte zurückgeschnitten.

Tipp

Mahonien bleiben niedrig, buschig und blühfreudig, wenn man welke Blütenstände sofort entfernt.

1 Schneiden Sie hohe Äste Stück für Stück zurück (*siehe S. 170–171*), zunächst bis auf ungefähr 60 cm Höhe.

2 Ist der hohe Wuchs entfernt, überprüfen Sie, wo die letzten Schnitte angesetzt werden können. Auch beschädigtes, krankes, altes und überkreuztes Holz soll weg. Zum Schluss stehen noch 5–6 kräftige Triebe.

3 Die übrig gebliebenen kräftigen, jungen Triebe werden bis auf 30–40 cm über dem Boden eingekürzt. Setzen Sie die Schnitte nach Möglichkeit schräg an, so kann Regenwasser von der Wunde ablaufen.

4 Im Lauf des Jahres treiben aus den zurückgestutzten Stämmen zahlreiche neue Triebe aus. Nach einem radikalen Rückschnitt wie diesem kann es allerdings zwei Jahre dauern, bis eine Mahonie wieder blüht.

Stechpalmen

Stechpalmen (*Ilex*) geben in einem Garten ein hervorragendes Strukturelement ab und bleiben ganzjährig attraktiv. Mit einem Schnitt im Frühjahr bewahren Sie ihre Form.

Hecken

Stechpalmen wachsen kompakt und dicht. Bringen Sie daher ihre Hecken im Spätsommer mit einer Heckenschere in Form.

1 Damit diese junge Stechpalme ihr dekoratives Aussehen bewahrt, muss sie jährlich geschnitten werden. Beim ersten Mal bringt man sie in eine Kegelform, die durch jährliches Stutzen erhalten wird.

2 Entfernen Sie ein paar untere Zweige, um unter der Krone Platz zu schaffen und einen kurzen nackten Stamm zu zeigen. Ohne bodennahe Zweige erhält die Stechpalme ein markanteres Aussehen.

3 Stehen zwei Äste im oberen Kronenbereich zu nah beieinander und beeinträchtigen die Kegelform, nehmen Sie den schwächeren oder horizontal stehenden heraus, sodass die Silhouette erhalten bleibt.

4 Schneiden Sie rund um die Pflanze sämtliche überlangen Triebe ab, bis die Stechpalme eine symmetrische, ansprechende Kegelform aufweist.

Apfelbäume

Mit ihren Frühjahrsblüten und den leuchtenden Früchten im Herbst sind Apfelbäume ausgesprochen dekorative Gartenelemente. Man schneidet sie im Sommer oder Winter.

1 Nehmen Sie als Erstes zu dichten Wuchs aus der Baummitte heraus. Das verbessert die Luftzirkulation und mindert das Risiko eines Pilzbefalls im Sommer. Auch totes, krankes und beschädigtes Holz soll weg.

2 Entfernen Sie die Zweige bis zum Astring (*siehe S. 170–171*). Saubere Schnitte verringern die Infektionsgefahr. Schneiden Sie nicht zu kräftig, da Sie sonst die Bildung von Wassertrieben anstelle von Fruchtholz fördern.

3 Verringern Sie die Höhe des Baums nur, wenn Sie die obersten Zweige gefahrlos erreichen. Lange Äste werden um die Hälfte bzw. bis zu einem passenden, nach außen gerichteten Seitentrieb zurückgestutzt.

4 Wenn Sie bis auf einen Seitenast zurückkürzen, so sägen Sie zunächst mit einem Unterschnitt durch den halben Ast. Das verhindert das Einreißen der Schnittfläche beim endgültigen Schnitt von oben.

Apfelbäume *Fortsetzung*

5 An der abgeschrägten Schnittfläche (*oben*) kann Feuchtigkeit ablaufen, was die Fäulnisgefahr reduziert. Auch der verbliebene Seitenast sollte nach außen zeigen.

6 Schneiden Sie lange, dünne Triebe mit einer Gartenschere bis auf kurze Zweige bzw. Zapfen zurück. Das fördert die Bildung von Blütenknospen an diesen Zweigen (*siehe S. 172–173*).

7 Um alte Schnittwunden herum haben sich oft kurze, schwache oder zu dicht stehende Triebe gebildet. Sie werden entfernt, da sie für den Baum nutzlos sind und ihm nur Kraft entziehen.

8 Nehmen Sie alle Zweige heraus, die sich überkreuzen oder von außen zur Baummitte hin wachsen. So wird verhindert, dass später einmal Holz auf Holz reibt und Krankheiten entstehen.

9 Bearbeiten Sie nach und nach den gesamten Baum. Nehmen Sie ungünstig wachsende Zweige heraus und führen Sie saubere Schnitte durch. Wichtig ist ein ausgewogenes, einfaches Gerüst mit offener Mitte.

Glyzinen

Glyzinen (*Wisteria*) eignen sich bestens zur Begrünung von Hauswänden und Ähnlichem. Schneiden Sie sie zweimal jährlich: einmal im Sommer, um sie zu begrenzen, und ein zweites Mal im Winter, damit sie reicher blühen.

Sommerschnitt

1 Glyzinen sind ausgesprochen wuchsfreudig und bilden im Sommer nach der Blüte lange schlingende Triebe, die Fenster und Wege, ja, ganze Gebäude zuwuchern können.

2 Sie halten Glyzinen im Zaum, wenn Sie Triebe wie diese nach der Blüte um zwei Drittel zurückschneiden. Das können Sie je nach Bedarf während der Sommermonate mehrmals wiederholen.

Winterschnitt

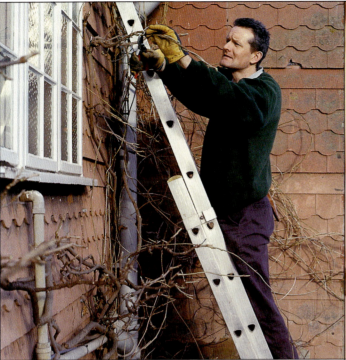

1 Wenn im Winter das Laub abgefallen ist, können Sie die Ergebnisse des Sommerschnitts in Augenschein nehmen. Gestutzte Triebe sollten neuen Wuchs entwickelt haben, der sich vom alten Holz durch seine helle Farbe abhebt.

2 Alle im Sommer gestutzten Triebe werden auf zwei bis drei gesunde Knospen zurückgeschnitten (*siehe S. 172–173*). Aus ihnen sprießen im Frühjahr die prächtigen Blütentrauben.

3 Entfernen Sie alle Triebe, die in Hohlräume, unter Dachziegel oder um Dachrinnen wachsen. Wenn sie ungehindert wuchern, können sie beträchtliche Schäden anrichten.

4 Alle Triebe werden an kräftigen Drähten oder Pflanzen entlanggezogen, da Glyzinen sich nicht selbstständig festhalten können. Im späten Frühjahr und Frühsommer bilden sie ein duftendes Blütenmeer.

Clematis

Diese Kletterer bieten fast ganzjährig eine beeindruckende Blütenschau. Sie werden in drei Gruppen eingeteilt, die man unterschiedlich schneidet. Daher lohnt es sich herauszufinden, zu welcher Gruppe Ihre *Clematis* gehört.

Gruppe 1

Clematis der Gruppe 1, wie *C. montana*, *C. alpina* und *C. armandii*, sind wüchsige Kletterer. Sie blühen im Frühjahr am letztjährigen Wuchs und müssen kaum geschnitten werden. Man stutzt sie nach der Blüte leicht, um sie etwas zu begrenzen. Auch toter, kranker und verletzter Wuchs wird entfernt (*Näheres auf S. 207*).

Gruppe 2

Diese *Clematis* öffnen im Frühsommer große Blüten am letztjährigen Wuchs. Viele belohnen die gärtnerische Mühe auch mit einem zweiten Flor im Spätsommer. Ratsam ist ein leichter Schnitt im zeitigen Frühjahr. Nehmen Sie die Triebe bis zu einem Paar gesunder Knospen zurück (*mehr dazu auf S. 207*).

Gruppe 3

Dazu rechnet man die kleinblumigen Viticella- und Texensis-Formen, außerdem *C. tangutica* und ihre Sorten sowie einige großblumige Hybriden. Sie blühen vom Hochsommer bis in den Herbst am gleichjährigen Wuchs. Schneiden Sie sie im zeitigen Frühjahr – radikal (*siehe S. 208*) oder etwas zurückhaltender (*siehe S. 209*).

Clematis montana (Gruppe 1)

Clematis 'Nelly Moser' (Gruppe 2)

Clematis 'Etoile Violette' (Gruppe 3)

Clematis 'Frances Rivis' (Gruppe 1)

Clematis 'H. F. Young' (Gruppe 2)

Clematis tangutica (Gruppe 3)

Schnitt nach dem Pflanzen

Sie verhelfen den Arten und Sorten jeder Gruppe zu einem guten Start, wenn Sie sie nach dem Einpflanzen im Frühjahr oder im ersten Jahr gleich nach der Blüte schneiden. Stutzen Sie Ihren Kletterer um die Hälfte bis auf ein Paar gesunder Knospen zurück. Das regt den Austrieb von gesundem Wuchs aus allen Knospen am Spross unterhalb der Schnittstelle an, was die gesamte Pflanze kräftigt und die Wurzelbildung fördert. Generell sollte man aber beim Umgang mit *Clematis* vorsichtig sein, denn die Triebe brechen sehr leicht ab.

Schnitt der Gruppe 1

Clematis der Gruppe 1 nimmt man nach der Blüte leicht zurück, damit sie nicht zu groß werden und sauber aussehen. Kürzen Sie überlange darauffolgende Triebe bis zu einem gesunden Knospenpaar, um die bauschigen Samenstände hervorzuheben. Vorsicht: Entfernen Sie nicht zu viel, sonst trägt die Pflanze überhaupt keine hübschen Wuschelköpfchen mehr. Wird ein Exemplar zu groß, schneiden Sie im Frühjahr alle Triebe bis auf 15 cm über dem Boden ab. *C. montana* erholt sich davon mitunter allerdings überhaupt nicht mehr.

Schnitt der Gruppe 2

Clematis der Gruppe 2 werden im Frühjahr geschnitten, wenn die frischen Triebe bereits sichtbar sind. Arbeiten Sie sich von oben nach unten vor und kürzen Sie jeden Trieb bis zum ersten gesunden Knospenpaar oder zu kräftigem Wuchs zurück. Nehmen Sie auch totes, krankes und beschädigtes Holz heraus. Bald wird neuer Wuchs erscheinen und Blüten tragen. Ist ein Exemplar zu groß geworden, nimmt man alle Triebe im Frühjahr bis auf 15 cm über dem Boden zurück. Die Pflanze blüht dann aber im kommenden Sommer erst spät oder gar nicht.

Über einem Knospenpaar schneiden

Nehmen Sie dichten Wuchs heraus.

Schneiden Sie zu neuem Holz zurück.

Bald bilden sich frische Triebe.

Ein Schnitt betont die Samenstände.

Die Knospen treiben aus.

Clematis der Gruppe 3

Die spätblühende, ausgesprochen wüchsige *Clematis x jouiniana* eignet sich zur Begrünung großer Objekte, rankt sich aber auch an Sträuchern und Bäumen empor. Sie braucht im Frühjahr einen kräftigen Rückschnitt.

1 Diese Clematis wurde an einem großen Stangenzelt aus Birkenzweigen gezogen. Bevor man mit dem Schneiden beginnt, zieht man zunächst den gesamten lockeren Wuchs von der Stütze weg.

2 Wenn Sie sämtliche Triebe von der Stütze entfernt haben, gelangen Sie besser an die Basis der Pflanze. Nehmen Sie den langen Wuchs bis auf einen Horst aus kurzen Trieben zurück, bevor Sie die endgültigen Schnitte ansetzen.

3 Schneiden Sie alle Triebe wie hier gezeigt bis auf ein, zwei Knospen über dem Boden zurück. Setzen Sie die Schere immer knapp über einem Paar gesunder Knospen an und führen Sie einen geraden Schnitt durch.

4 Zum Schluss bleibt nur noch etwa 15 cm hoher Wuchs übrig. Mit etwas Dünger und Mulch fördern Sie gesunden Neuaustrieb. Bis zum Spätsommer legt die Clematis 2–3 m zu und setzt zahlreiche Blüten an.

Schneiden Sie *Clematis* der Gruppe 3 wie diese *C. tangutica* nur leicht zurück, so erreichen Sie eine frühere Blüte.

Die folgenden Arbeitsschritte werden belohnt mit einer Fülle gelber, nickender Blüten während des Sommers.

1 Schneiden Sie im zeitigen Frühjahr von oben beginnend die Haupttriebe so zurück, dass die Pflanze an die Form der Stütze angepasst bleibt. Bei dieser Gelegenheit entfernen Sie auch totes, krankes oder beschädigtes Holz.

2 Dann werden die Seitentriebe bis zur Stütze zurückgenommen. Das bewahrt die Form der Clematis und regt den Austrieb von neuem Wuchs an, der im Sommer blüht. Alle Schnitte werden über einem Knospenpaar angesetzt.

3 Hat sich an der Basis der Pflanze kräftiger neuer Wuchs gebildet, bindet man ihn an die restlichen Triebe, damit der Wind nicht an ihnen zerren und sie verletzen kann, denn sie brechen leicht.

4 Die Clematis wurde auf die Form des Stützgerüsts zurückgeschnitten. Nach getaner Arbeit sollte sie so aussehen, als hätte sie einen leichten Haarschnitt bekommen.

Geißblätter und Efeu

Kletternde Geißblätter (*Lonicera*) werden wegen ihrer einnehmend duftenden Blüten gezogen. Lassen Sie sie über Sträucher und Bäume im Garten wachsen oder an Kletterhilfen wie Zäunen oder Gittern hochranken.

Kletternde Geißblätter sind unkomplizierte Gewächse, die sommers mit vielen süß duftenden Blüten aufwarten. Mit zunehmendem Alter verholzen sie aber an der Basis, werden struppig und zu dicht. Durch regelmäßigen Schnitt bleiben sie klein und blühfreudiger.

1 Gelegentlich muss eine Geißblatt-Pflanze in ihre Schranken gewiesen werden. Dazu entfernt man im Frühjahr aus der Reihe tanzende Triebe und reduziert die Gesamthöhe der Pflanze um 30–50 cm.

2 Entfernen Sie alten und kranken Wuchs. Besteht Ihre Pflanze nur noch aus undurchdringlichem Gewirr, so schneiden Sie alle Triebe ca. 15 cm über dem Boden zurück. Allerdings wird sie dann erst in der nächsten Saison blühen.

3 Falls Sie die Pflanze nicht radikal geschnitten haben, wird sie im Spätsommer gleichmäßig blühen. Hat sie reichlich zugelegt und sieht unordentlich aus, stutzen Sie sie nach der Blüte gleich noch einmal zurück.

Efeu ist ein vielseitiger immergrüner Kletterer, der Sonne und Schatten gleichermaßen verträgt und sich nahezu überall festhält. Im späten Frühjahr und Sommer bremst man ihn gegebenenfalls in seinem Ausbreitungsdrang.

1 Dieser Efeu hier soll geschnitten werden, damit er Zaun und Baumstamm nicht noch stärker überwuchert. Tragen Sie beim Schneiden am besten eine Staubmaske, denn in dem dichten Grün kann sich allerlei Schmutz ansammeln.

2 Beginnen Sie oben und ziehen Sie lange Efeutriebe von der Stütze weg. Wenn Sie genügend Wuchs gelockert haben, schneiden Sie die Triebe ab. Auch Efeu an Baumstämmen oder anderen Pflanzen wird entfernt.

3 Holen Sie Efeu von Wänden und aus Dachrinnen. Oft bleiben an einer Mauer Reste der Haftwurzeln kleben, mit denen sich die Triebe festhalten. Sie können mit einer steifborstigen Bürste abgekratzt werden.

4 Der Efeu wurde bis 50 cm unter der Zaunoberkante abgeschnitten und hat nun wieder Platz, hinaufzuwachsen. Auch der Baumstamm ist von ihm befreit und alles wirkt leichter, heller und weniger überfrachtet.

Rosen an einem Stangenzelt

Kletterrosen wie R. 'White Cockade' können an einem Dreifuß gezogen werden, der einen hübschen Blickfang abgibt. Man schneidet im Herbst oder zeitigen Frühjahr.

Vor dem Schnitt

Die Pflanze ist nur noch ein Gewirr aus Trieben. Manche sind alt und müssen entfernt, die jüngeren festgebunden werden.

1 Lösen Sie als Erstes die Rosentriebe von der Stütze. Entfernen Sie alle Schnüre und Drähte, mit denen die Rose festgebunden ist, und ziehen Sie die Triebe vorsichtig ab. Arbeiten Sie von oben nach unten.

2 Schneiden Sie totes, verletztes und krankes Holz ab und nehmen Sie anschließend ungefähr ein Drittel der ältesten Sprosse bis zum Ansatz heraus. Der Dreifuß soll allerdings noch gut mit Trieben bedeckt werden können.

3 Kürzen Sie die im Vorjahr gebildeten Blütentriebe am verbliebenen Holz mit einem Zapfenschnitt (*siehe S. 172–173*) und binden Sie das Ganze an der Stütze fest. Aus den Zapfen entspringen im Sommer wieder neue Blütentriebe.

4 Den biegsamen neuen Wuchs fixiert man mit einer Gartenschnur an der Stütze. Damit der Dreifuß optimal bedeckt ist, führen Sie einige Triebe im und andere gegen den Uhrzeigersinn um die Pfosten.

Schling- und Kletterrosen

Über ein Blütenmeer darf sich freuen, wer Schling- und Kletterrosen im Herbst schneidet, während ihre Triebe noch biegsam sind. Wenn Sie im Herbst keine Zeit haben, kann der Schnitt auch im Februar oder März erfolgen.

1 Nehmen Sie ein Drittel der ältesten Blütentriebe heraus. Sie können schon ziemlich kräftig sein und sollten mit einer Astschere oder einer Säge bis zum Boden zurückgeschnitten werden.

2 Die Blütentriebe vom Vorsommer werden mit einem Zapfenschnitt (*siehe S. 172–173*) bis auf 2–3 gesunde Knospen eingekürzt. Aus ihnen entwickeln sich in den kommenden Sommermonaten neue Blütentriebe.

3 Fixieren Sie sämtliche Triebe mit Schnüren oder speziellen Rosenbindern. Biegsamer Wuchs kann an horizontale Stützen oder Drähte gebunden werden, was die Bildung weiterer Blütentriebe fördert.

Pflege im Sommer

Schlingrosen dürfen nicht im Sommer geschnitten werden. Binden Sie lediglich ihren langen, kräftigen Neuaustrieb fest oder stützen Sie ihn, damit er nicht bricht. Erst im Herbst wird der frische Wuchs gekürzt und angebunden.

Diese Kletterrose wurde sorgfältig geschnitten und an waagrechten, verzinkten Drähten entlanggeführt, die alle 30 cm durch Ringschrauben gezogen werden. Das Drahtgerüst bringt man vor dem Pflanzen der Rose an.

1 Schneiden Sie alle Schnüre und Binder ab, mit denen die Rose befestigt wurde und ziehen Sie die Triebe von der Wand. Entfernen Sie ein Drittel der ältesten Blütentriebe. Kräftiger Neuwuchs an der Basis darf nicht gestutzt werden.

2 Die im letzten Jahr entstandenen Blütentriebe werden mit einem Zapfenschnitt (*siehe S. 172–173*) auf 2–3 gesunde Augen zurückgeschnitten. Das regt die Pflanze zur Bildung neuer Blütentriebe in den kommenden Monaten an.

3 Binden Sie die übrigen Triebe wieder an die Drähte und verteilen Sie sie möglichst gleichmäßig über die Wand. Einige Äste werden sich dabei überkreuzen, was aber nicht schadet, solange sie nicht aneinanderreiben.

4 Betrachten Sie Ihr Werk von Zeit zu Zeit aus der Entfernung, um sicherzugehen, dass die Triebe fächerförmig an der Wand fixiert sind. Bis zum Sommer werden viele neue mit Blüten und Laub bedeckte Zweige die Wand schmücken.

Der Standort

Vor allem in kleineren Gärten findet sich der perfekte Standort für Gemüse nicht immer leicht. Empfehlenswert ist, auf drei unverzichtbare Dinge zu achten: Genug Sonne, etwas Windschutz und Gießwasser in der Nähe.

Geschützte und besonnte Mauern

Eine sonnige Mauer sorgt für einen gewissen Windschutz. Außerdem reflektiert sie tagsüber die Wärme und speichert sie sogar. Sie kann sie nachts, wenn die Lufttemperatur sinkt, wieder abstrahlen. Ein solcher Platz ist ideal für Wärme liebende Pflanzen wie Tomaten, Auberginen und Paprika. Daher sollte man ihn optimal nutzen, indem man den Boden aufbessert, ein Hochbeet anlegt oder am Fuß der Mauer ein paar Töpfe aufstellt. Ganz wichtig bei guter Wärmezufuhr ist ausreichendes Gießen.

Tipps für besonnte Mauern

- Ein an der Mauer montiertes Spaliergitter dient zum Anbinden hoher oder kletternder Pflanzen.
- Vor einer besonnten Mauer lassen sich hervorragend Tomaten im Pflanzsack vorziehen.
- Wagen Sie hier Neues. Experimentieren Sie mit ungewöhnlicheren Sorten wie Zuckermais und Chili.

Kleine Gemüsebeete

Um aus einer kleinen Fläche das Beste zu machen, sollte man die Bepflanzung sorgfältig planen, sodass möglichst viele verschiedene Arten und Sorten Platz finden. Zwar wirkt eine ganze Gemüse-Reihe an sich schon attraktiv, doch machen ein paar zusätzliche Blütenpflanzen das Arrangement noch interessanter und locken darüber hinaus bestäubende Insekten an. Eine dichte Bepflanzung lässt zudem Unkräutern kaum eine Chance. Ein kleiner Nachteil: Die Erträge fallen nicht ganz so reichlich aus.

Tipps für kleine Gemüsebeete

- Um bei hoher Pflanzdichte die Nährstoffversorgung zu sichern, im Herbst viel organische Substanz einarbeiten.
- Sorten mit auffälligen Farben und Formen machen ein Beet zu einem echten Blickfang.
- Meiden Sie die Nähe zu hohen Hecken, sie werfen Schatten und entziehen dem Boden viel Feuchtigkeit.

Ein Erfolgskonzept: Gemüsevielfalt vor einer sonnigen Mauer.

Bei dichter Bepflanzung bleibt kaum Platz für Unkraut.

Anbau unter besonderem Schutz

Gewächshaus, Frühbeete und andere Abdeckungen erlauben die Pflanzenanzucht bereits im zeitigen Frühjahr, verlängern die Wachstumsperiode bis in den späten Herbst und ermöglichen den Anbau von Gemüse und Kräutern, die ohne Schutz in unseren Breiten nicht gut zurechtkämen. Bevor man aber einkauft, ist zu prüfen, ob ein geeigneter Standort vorhanden ist: viel Sonne und genügend Abstand zu schattigen und nährstoffraubenden Gewächsen wie Bäumen oder Hecken sollte möglich sein. Bedenken Sie darüber hinaus, dass die Kultur unter Glas oder Folie zusätzliche Zeit kostet. Man muss regelmäßig gießen und die Temperatur regulieren.

Tipps zum Anbau unter Glas und Folie

- Regelmäßige Belüftung führt übermäßige Feuchtigkeit ab, die die Ausbreitung von Krankheiten begünstigen würde. Praktisch ist ein automatisches Belüftungssystem.
- Ein Wasseranschluss oder eine Regentonne neben dem Gewächshaus macht das Gärtnerleben leichter.
- Nutzen Sie Frühbeete und mobile Abdeckungen als »Kinderstube« für zarte Sämlinge und Jungpflanzen.
- Auch hinter einem sonnigen Fenster kann die Kultur wärmehungriger Pflanzen gelingen.

In Töpfen und Kübeln

Wer nur einen kleinen oder gar keinen Garten zur Verfügung hat, aber trotzdem eigenes Gemüse ernten möchte, kann auf Töpfe, Tröge oder Blumenkästen ausweichen. Tomaten, Salate, kleinwüchsige Bohnen, Kräuter, manches Wurzelgemüse und anderes mehr gedeiht gut in Gefäßen, die auf Terrassen, Treppenstufen und Fensterbänken zudem sehr hübsch aussehen. Die Kultur in Gefäßen empfiehlt sich auch in Gärten, deren Böden extrem nährstoffarm oder mit Schädlingen bzw. Krankheitserregern infiziert sind. Pflanzgefäße und Erde guter Qualität haben allerdings ihren Preis und die Pflanzen darin brauchen für eine reiche Ernte natürlich regelmäßige Pflege wie Gießen und Düngen.

Tipps zum Anbau in Töpfen und Kübeln

- Um Kosten zu sparen, kann man z. B. verzinkte Eimer oder Plastikgefäße kreativ als Töpfe zweckentfremden.
- Damit keine Staunässe entsteht, müssen Pflanzgefäße am Boden Abzugslöcher haben.
- Wählen Sie möglichst große Töpfe, die entsprechend länger Feuchtigkeit speichern.
- Wählen Sie Sorten, die tatsächlich für Pflanzgefäße geeignet sind, etwa kleine, runde Möhren.

Gewächshäuser brauchen einen vollsonnigen Standort.

Farbenfrohes Gemüse wie dieser Mangold setzt reizvolle Akzente.

Kompost herstellen

Jeder Hobbygärtner sollte Platz für einen kleinen Komposthaufen finden. Richtig kompostiert, ergeben Küchen- und Gartenabfälle wertvolles Substrat, das jeden Boden erheblich verbessert.

Ausgereifter Kompost Er hat eine dunkelbraune Farbe, ist krümelig und riecht angenehm erdig. Der Verrottungsprozess funktioniert mit Sauerstoff, Feuchtigkeit und einem ausgewogenen Verhältnis von stickstoff- sowie kohlenstoffreichen Abfällen (*siehe rechts*). Trotzdem ist die Herstellung von eigenem Kompost keine Hexerei.

Geeignete Komposter-Typen Die Wahl richtet sich nach der Größe des Gartens und der Menge an organischen Abfällen, die dieser abwirft. Optik und Preis spielen natürlich auch eine Rolle, Beispiele sehen Sie unten. Setzen Sie den Komposter auf die nackte Erde, füllen Sie geeignetes Material ein und überlassen Sie der Natur den Rest. Denken sie an eine lockere Abdeckung gegen Nässe. Am allerbesten wären zwei Komposter. So kann man immer wieder umsetzen – Durchlüftung beschleunigt den Reifeprozess – und hat immer einsatzbereiten Kompost.

Holzkomposter mit abnehmbaren Frontbrettern, die das Wenden des Inhalts erleichtern, kann man kaufen oder auch selbst zimmern.

Solche tonnenförmigen Modelle aus Plastik sind relativ preiswert, aber das Wenden des Komposts gestaltet sich schwierig.

Drahtbehälter eignen sich besonders zur Bereitung von Laubhumus und sind im Nu selbst gemacht.

Was darf auf den Kompost?

Nahezu alle organischen Gartenabfälle lassen sich kompostieren. Tabu
sind infiziertes Pflanzenmaterial und
Unkräuter und, da sie Ungeziefer
anlocken, Essensreste.

Und so klappt es:

Stickstoffreiche (grüne) Abfälle
fördern die Zersetzung, sind aber zur
besseren Durchlüftung der Masse
durch gleichviel kohlenstoffreiche
(braune) Abfälle zu ergänzen.
- Kohlenstoffreich: Gehölz- und
  Heckenschnitt (muss meist gehäckselt werden), Zweige, Herbstlaub,
  zerrissene Zeitungen und Pappen.
- Stickstoffreich: Grasschnitt, krau-
  tige Pflanzenteile, Gemüse, Obst-
  und Gemüseabfälle aus der Küche,
  Teebeutel, Kaffeesatz, Eierschalen.

Gehölzschnitt: ab in den Kompost. | Vorher sperriges Material zerkleinern.

Einen Kompostgraben anlegen

Die zuvor genanten Küchenabfälle
lassen sich auch in einem Graben
kompostieren. Man legt ihn am besten
im Herbst an, denn dann liegen weite
Teile des Gartens brach und das
Abfallmaterial kann bis zur nächsten
Pflanzperiode im Frühjahr in aller Ruhe
vor sich hin rotten. Der äußerst nährstoffreiche Kompost, der sich dabei
ergibt, behagt vor allem Prunkbohnen,
Kürbissen und anderen wuchskräf-
tigen Pflanzen.
Einen etwa 30 cm breiten Graben
spatentief ausheben und mit abwech-
selnden Lagen aus Abfällen und Erde
füllen. Mit einer Erdschicht abdecken
und vor dem Bepflanzen mindestens
2 Monate ruhen lassen. Gekochte
Speisereste und Fleisch, die ungebe-
tene Gäste anlocken, sind auch in
diesem Fall zu vermeiden.

Küchenabfälle im Graben verteilen.

Darauf kommt eine Schicht Erde.

Kluges Wassermanagement

Wasser ist ein kostbares Gut – in extrem heißen, trockenen Witterungsperioden umso mehr. Man sollte es daher effizient nutzen und möglichst sogar ein eigenes Reservoir anlegen.

Gesunde Pflanzen Bei Trockenheit beginnen Pflanzen zu kränkeln. Aber statt täglich oberflächlich zu gießen, wässert man besser seltener und dafür gründlich. Die Erde sollte tief durchfeuchtet werden, am besten abends oder morgens, um die Verdunstung gering zu halten.

Regenwasser Vom Haus-, Garagen-, Schuppen- oder Gewächshausdach ablaufendes Regenwasser kann man gut in einer Tonne auffangen und zum Wässern des Gartens nutzen – eine sinnvolle Strategie, die Geld und wertvolles Trinkwasser spart. In heißen Sommern reicht die Menge natürlich nicht immer aus.

Dort, wo man viel Wasser im Garten braucht, etwa bei einem Gewächshaus, eigens einen Wasseranschluss zu installieren, ist meist aufwendiger als das Aufstellen einer Regentonne. Damit eine Gießkanne unter ihren Auslass passt, braucht die Tonne ein höheres Fundament oder einen Ziegelsockel. Zum Verhüllen genügen einige Zierpflanzen wie Gräser und Bambus (*siehe rechts*) oder hohe Reihen von Prunkbohnen.

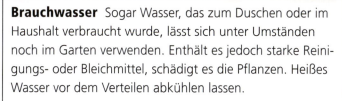

Brauchwasser Sogar Wasser, das zum Duschen oder im Haushalt verbraucht wurde, lässt sich unter Umständen noch im Garten verwenden. Enthält es jedoch starke Reinigungs- oder Bleichmittel, schädigt es die Pflanzen. Heißes Wasser vor dem Verteilen abkühlen lassen.

Gezielt gießen Indem man nicht großflächig von oben, sondern gezielt den Wurzelbereich gießt, gelangt das Wasser direkt dorthin, wo es sein soll. Zudem verdunstet im Schatten des Laubes weniger von dem kostbaren Nass, und benachbarte Unkräuter gehen leer aus.

Wärme und Schutz für Sensibelchen

Unter Glas, Kunststoff oder in Frühbeetkästen sind Pflanzen vor Schädlingen
besser geschützt und gedeihen selbst
bei kühler Witterung.

Flaschen-Recycling Viele Pflanzen schätzen
es, wenn man sie gegen kühle Temperaturen
abschirmt. Statt teurer, gekaufter Hauben eignen
sich auch Kunststoff-Flaschen, von denen der
untere Teil abgeschnitten wurde.

Wellen-Tunnel Große Pflanzenreihen finden unter solchen Kunststofftunneln Platz. Für eine gute Belüftung lässt man, so oft es geht, die Enden offen. Für maximalen Schutz bei Kälte verschließt man sie. Da kein Regen an die Pflanzen gelangt, muss man regelmäßig gießen.

Rundum-Kunststoff Ideal für die Anzucht von Jungpflanzen in Reihen und für Gemüsearten wie Zucchini oder Frühkartoffeln, die mehr Raum einnehmen. Auch zum Trocknen frisch geernteter Zwiebeln geeignet. Solche »Leichtgewichte« müssen fest verankert werden.

Frühbeet An einem geschützten, sonnigen Standort platziert und mit Ziegeln oder Holz gerahmt, ist es eine gute Alternative zu einem Gewächshaus, gerade bei wenig Platz. Da die Fenster schräg aufliegen, läuft das Regenwasser ab. Bei Sonnenschein fällt viel Licht ein. Solch ein Frühbeet, das sogar über einen festen Boden verfügen kann, eignet sich gut zum Akklimatisieren von drinnen gezogenen Jungpflanzen. Man kann auch aufgebesserte Erde einfüllen und schon vor Beginn der richtigen Freilandsaison Salate oder Zucchini vorziehen. Tagsüber, sofern das Wetter es erlaubt, die Fenster aufklappen, damit die Pflanzen frische Luft bekommen. Und natürlich regelmäßig und reichlich gießen.

Wurzelgemüse

Anbau

Wo Ideal ist meist ein gut drainierter, leicht saurer Grund, der mit Kompost angereichert wurde. Kartoffeln schätzen jedoch eher mit Stallmist aufgebesserte Erde. Nicht aufgekalkter, saurer Boden begünstigt bei Radieschen und Rüben die Ausbreitung der gefürchteten Kohlhernie. Langes Wurzelgemüse wächst in steinigen Böden nicht ebenmäßig.

Wann Ab dem zeitigen Frühjahr kann man die meisten Arten an Ort und Stelle aussäen. Mit Erde bedecken und gut wässern. Möhren, Rote Bete, Speiserüben und Radieschen für eine kontinuierliche Ernte in Abständen von einigen Wochen mehrmals in Folge aussäen. Saatkartoffeln – an einem kühlen, hellen Ort vorgekeimte Knollen – legt man in tiefe Rillen oder Pflanzlöcher.

Pflege Die Sämlinge auf den empfohlenen Abstand ausdünnen. Regelmäßig jäten, in Trockenperioden gießen. Kartoffeln brauchen Frostschutz und müssen im Verlauf des Wachstums regelmäßig angehäufelt werden. Bei feuchter Witterung droht Kraut- und Braunfäule. Auch bei Möhren, Pastinaken und Kohlgemüse besteht Anfälligkeit für bestimmte Schädlinge und Krankheiten (*siehe Seite 268–271*). Wählen Sie daher möglichst resistente Sorten und betreiben Sie Prophylaxe.

Ernte und Lagerung Die meisten Wurzeln können im Boden verbleiben, bis sie gebraucht werden, sollten aber gegen Frost geschützt werden. Kartoffeln im Frühherbst ausgraben, einige Stunden abtrocknen lassen und in Papiersäcken kühl und trocken lagern.

Beliebte Gruppenvertreter

Kartoffeln Für Kleingärten ideal sind frühe Sorten, die im Juni/Juli reif sind. Späte Sorten besetzen dagegen bis Herbstmitte den raren Platz.

Rote Bete Es gibt sie nicht nur in klassischem Rot, sondern auch in herrlich ungewöhnlichen, für Ihren Garten dekorativen Farben.

Pastinaken Unter dickem Stroh halten es die Wurzeln in einem milden Winter sogar unbeschadet im Boden aus.

Radieschen Fortlaufende Ernte gibt es durch Folgesaaten. Manch neue, bedingt winterharte Sorten werden erst im August gesät.

Kohlgewächse

Anbau

Wo Da den meisten Arten ein feuchter, gut durchlässiger Boden behagt, geraume Zeit vor dem Pflanzen reichlich organische Substanz (Kompost, Mist) einarbeiten. Um Kohlhernie vorzubeugen, bei einem pH-Wert unter 6,8 entsprechend aufkalken und, damit sich der Pilzerreger nicht im Boden anreichert, Fruchtwechsel praktizieren. Festes Erdreich gibt den Pflanzen im Winter besseren Halt, daher das Beet vor der Pflanzung nicht zu tief umgraben. Kohlgewächse lieben volle Sonne, vertragen aber auch Halbschatten. Rosenkohl eventuell stützen.

Wann Die meisten Arten werden am besten in Frühbeeten oder Multitopfplatten (beim Gärtner) unter Glas vorkultiviert, bevor man die Jungpflanzen an ihren endgültigen Standort setzt. Im Sommer können Brokkoli und Kohlrabi direkt an Ort und Stelle gesät werden.

Pflege Kohlgewächse sind auf kühles Klima eingestellt, bei Hitze und Trockenheit neigen sie zum Schossen. In Trockenperioden frisch umgesiedelte Setzlinge daher täglich, ausgereifte Pflanzen wöchentlich wässern. Die Weibchen der Kohlfliege legen ihre Eier an der Basis der Jungpflanzen ab. Um ihr Vorhaben zu durchkreuzen, deckt man die Erde rings um die Setzlinge ab. Dafür z. B. aus Karton 15 cm große Quadrate ausschneiden, bis zur Mitte einschneiden und wie einen dicht schließenden Kragen um den Stängelgrund legen. Um den Kohlweißling an der Eiablage zu hindern, die Pflanzen mit Vlies abdecken. Weitere Bedrohungen für Kohlkulturen stellen die Kohlhernie sowie Schnecken, Blattläuse, Weiße Fliegen und Tauben dar.

Ernte und Lagerung Winterharte Sorten können eventuell bis Winterende geerntet werden, die anderen vor dem Schossen.

Beliebte Gruppenvertreter

Blumenkohl Er liebt schwere, fette Böden. Die Außenblätter kann man zum Schutz gegen Sonne über den Kohlkopf knicken.

Grünkohl Verträgt karge Böden, winterhart. Reizvoll gefärbte bzw. strukturierte Sorten beleben den Garten daher auch im Winter.

Rosenkohl Man erntet das klassische Wintergemüse, indem man die Röschen einzeln von unten nach oben vom Strunk abbricht.

Kohlrabi Die schnell wüchsigen Knollen ernten, solange sie nicht größer wie ein Tennisball sind. Auch roh schmecken sie vorzüglich.

Hülsenfrüchte

Bohnen und Erbsen brauchen weniger Dünger als anderes Gemüse, denn ihre Wurzeln beherbergen Bakterien, die Stickstoff aus der Luft aufnehmen und binden. Nach der Ernte die nährstoffreichen Wurzeln im Boden lassen.

Die Zuckererbsen warten darauf, gepflückt zu werden.

Anbau

Wo Optimal für Hülsenfrüchte: volle Sonne und fruchtbare, leicht alkalische Böden. Wegen ihrer Anfälligkeit für ähnliche Schädlinge und Krankheiten empfiehlt es sich, Fruchtwechsel zu praktizieren. Dicke Bohnen lieben tonhaltigen Grund, andere Sorten sowie Erbsen dagegen leichtere Böden.

Wann Da die Samen zum Keimen Bodenwärme brauchen, erst ab spätem Frühjahr direkt ins Freie säen. Alternativ unter Abdeckungen oder in Töpfen im Haus vorziehen. Denken Sie an Folgesaaten, wenn Sie eine fortlaufende Ernte wollen. Um Jungpflanzen nicht zu verletzen, geeignete Stützen schon vor der Aussaat installieren.

Pflege Bohnen werden meist an Stangenzelten oder an Schnurreihen gezogen und müssen angebunden werden, während Erbsen mittels Ranken selbst klettern. Ideal ist Maschendraht, zwischen Bambusstäbe oder dünne Zweige gespannt. Zwischen den Pflanzen sorgfältig jäten und möglichst mulchen. Vor der Blüte nur gießen, falls die Pflanzen sichtlich welken. Ab der Blüte reichlich wässern, um den Fruchtansatz zu fördern. Für buschigen Wuchs die Trieb-Enden abzwicken, wenn sie die Spitze der Stütze erreichen. Gegen Nagetiere, die Samen von Leguminosen lieben, hilft nur die Aussaat unter Glas, gegen den Erbsenwickler eine Vliesabdeckung. Häufig treten auch Blattläuse auf.

Ernte und Lagerung Am besten schmecken Bohnen und Erbsen, wenn sie jung und zart sind. Bohnen und Erbsen daher möglichst bald nach der Ernte verwerten oder aber einfrieren. Durch frühes und häufiges Pflücken steigert man übrigens den Ertrag. Borlotto-Bohnen kann man an der Pflanze ausreifen lassen, um sie dann zu trocknen und an einem kühlen, dunklen Ort zu lagern.

Saattiefe und Abstände

GEMÜSESORTE	SAATTIEFE	ABSTÄNDE ZWISCHEN	
		Pflanzen	Reihen
Dicke Bohnen	8 cm	25 cm	30 cm
Buschbohnen	5 cm	10 cm	45 cm
Stangenbohnen	5 cm	15 cm	45 cm
Erbsen	4 cm	10 cm	45–60 cm

Nützliche Kulturtipps

Schwarze Bohnenblattlaus Da sie gern die saftigen Triebspitzen von Dicken Bohnen besiedelt, sollte man diese vorbeugend abzwicken, sobald die Pflanzen reichlich Blüten und die ersten Früchte angesetzt haben.

Stützen für Stangen- und Prunkbohnen Diese Kletterer brauchen, da sie üppiges Grün bilden, stabile Stangen (möglichst mindestens 2,2 m lang). Aufbauten aus 6–8 oben zusammengebundenen Stangen sind schnell gebaut.

Beliebte Gruppenvertreter

Farbenfrohe Buschbohnen Die violetten Hülsen der Buschbohne 'Purple Teepee' schmecken sehr fein und beleben den Nutzgarten.

Dicke Bohnen Frisch werden sie, obwohl sehr delikat, selten angeboten. Die einfache und befriedigende Lösung: selbst säen und ernten.

Stangenbohnen Diese ertragreichen grünen Bohnen eignen sich bestens für kleine Gärten und gedeihen mit Stütze fast überall.

Borlotto-Bohnen Rosa gefleckte Hülsen zieren diese wie Stangenbohnen wachsende italienische Varietät. Man isst die Samen frisch oder getrocknet.

Zwiebelgewächse

Anbau

Wo Wegen ihrer Anfälligkeit für Pilzerkrankungen Zwiebelgewächse an einem sonnigen, offenen Standort in durchlässiger Erde ziehen und an Fruchtwechsel denken. Den Boden bei einem pH-Wert von unter 6,5 kalken. Bereits einige Monate vor dem Pflanzen Stallmist einarbeiten, kurzfristige Düngung verweichlicht die Knollen.

Wann Zwiebelgemüse (außer Knoblauch) im zeitigen Frühjahr unter Glas in Multitopfplatten oder, wenn erst später geerntet werden soll, gleich an Ort und Stelle aussäen. Unterglaskulturen vor dem Auspflanzen abhärten, im Freien ausgesäten Nachwuchs ausdünnen – der Abstand bestimmt die spätere Größe der Zwiebeln. Lauch setzt man, wenn er bleistiftgroß ist, in 15 cm tiefe und etwa 3 cm breite Löcher. Nicht auffüllen, nur gründlich wässern. Bei Lauchzwiebeln mehrere Folgesaaten vornehmen. Knoblauch kann nur aus Zehen,

Zwiebeln und Schalotten können alternativ aus Steckzwiebeln gezogen werden. In dem Fall sind sie früher reif und weniger anfällig für die Zwiebelfliege.

Pflege Zwiebeln und Schalotten nur in extremen Trockenperioden gießen. Lauch hingegen dankt regelmäßiges Gießen und auch Mulchen. Den Boden unkrautfrei halten. Alle Zwiebelgewächse sind anfällig für verschiedene Pilzerkrankungen wie z. B. Falschen Mehltau oder Lauch-Rost. Vorbeugend gute Luftzirkulation und Drainage des Bodens sicherstellen, infizierte Pflanzen schnell entfernen und vernichten.

Ernte und Lagerung Lauch und Lauchzwiebeln erntet man grün. Zwiebeln, Schalotten und Knoblauch gräbt man dagegen erst aus, wenn das Laub vergilbt. Auf ein Drahtgitter legen und, sobald das Laub völlig eingetrocknet ist, an einem kühlen, trockenen Platz aufhängen.

Beliebte Gruppenvertreter

Zwiebeln Kleine oder wärmebehandelte Steckzwiebeln, die weniger zum Schossen neigen, sind eine gute Wahl für Neulinge.

Schalotten Mutterzwiebeln bilden ganze Nester mildaromatischer Brutzwiebeln. Eine lohnende Sache, denn sie zu kaufen ist recht teuer.

Knoblauch Pflanzen Sie keine Zehen aus dem Supermarkt. Besser: virusfreie Sorten vom Gärtner, geeignet für kühleres Klima.

Lauchzwiebeln Unkompliziert und schnell – ideal, um Lücken zwischen langsamer wachsenden Sorten zu füllen. Wie wär's mal mit Rot?

Kürbisgewächse

Anbau

Wo Als ursprüngliche Tropenbewohner mögen die Kürbisgewächse Wärme. Auf einem gut drainierten, aufkompostierten Boden wachsen sie rasant und üppig und brauchen daher viel Platz. Gurken und Zucchini gedeihen auch in Töpfen und Pflanzsäcken.

Wann Da die Pflanzen bei Kälte nicht keimen, die Samen in Torftöpfe stecken und unter Schutz vorkultivieren. Nach Abklingen der Fröste die Setzlinge ins Frühbeet pikieren und behutsam abhärten. Wenn es wärmer wird: auspflanzen. Um die Wurzeln nicht zu stören, die selbstverrottenden Töpfe nicht entfernen.

Die Pflege Kürbisse, Freiland- und Gewächshausgurken profitieren oft von Stützen, horizontal oder vertikal, auch an Drahtnetzen oder Spalieren wachsen sie gut. Die Bestäubung erfolgt bei Kürbisgewächsen durch Insekten, bei Bedarf kann man durch Handbestäubung nachhelfen (Gewächshausgurken brauchen, da sie rein weiblich sind, keine Bestäubung). Es kann Echter Mehltau auftreten. Das Gurkenmosaikvirus führt zur Bildung deformierter Früchte. Es gibt aber weitgehend resistente Sorten. Im Gewächshaus erweisen sich unter Umständen Rote Spinne und Weiße Fliege als Problem.

Ernte und Lagerung Kürbisse belässt man an der Pflanze, bis ihre Schale hart ist und der Stiel zu brechen beginnt. Stielansatz möglichst lang belassen, abtrennen und vor der Einlagerung an einem kühlen Ort mehrere Tage in einem warmen Raum nachtrocknen lassen.

Beliebte Gruppenvertreter

Zucchini Erfreulich produktiv und dabei leicht zu ziehen. Sie wachsen meist buschig und eignen sich auch für kleine Gärten.

Gurken Die glattschaligen Gewächshausgurken sind schwieriger zu kultivieren als Freilandsorten, die eine raue Oberfläche haben.

Sommerkürbisse Ihre teils seltsam geformten, weichschaligen Früchte schmecken wie Zucchini und können genauso zubereitet werden.

Speisekürbisse Sie sind ein echter Hingucker. Wollen Sie Ihren Kürbis essen, sollte auch der Geschmack die Sortenwahl mit entscheiden.

Fruchtgemüse

Oft werden diese Sonnenliebhaber in Terrassenkübeln oder auch in Töpfen auf einer warmen Fensterbank gezogen. Für alle Gartengrößen und jedes Klima findet man passende Sorten, die im Sommer aromatische Früchte liefern.

Anbau

Wo Wärme, Sonne, ein leichter, fruchtbarer Grund ohne Staunässe – damit geht es diesen Pflanzen gut. Alle außer Mais gedeihen auch in Töpfen im Gewächshaus oder vor einer sonnigen Wand. Vor dem Pflanzen den Boden eventuell mit Plastikfolie aufwärmen.

Wann Im Frühjahr bei mindestens 16 °C unter Glas aussäen. Werden nur wenige Pflanzen benötigt: mit Universalerde gefüllte Einzeltöpfe verwenden und mit gesiebter Erde bedecken. Die Sämlinge an einem hellen Platz vorziehen, eine Woche im Frühbeet bzw. im Freien unter Vlies abhärten und auspflanzen. Die Stützen sind bereits vorher installiert. Töpfe sollten mindestens 25 cm weit und tief sein, alternativ Pflanzsäcke verwenden. Mais kann in milden Gegenden ab Frühjahrsmitte direkt ins Freiland ausgesät werden.

Pflege Während der Blüte und Fruchtbildung viel gießen. Spaliertomaten müssen aufgebunden und aus den Blattachseln des Haupttriebs sprießende Seitentriebe abgezwickt werden. Um Auberginen, Paprika und Chili zu dichtem Wuchs anzuregen, die Wachstumsspitzen entfernen. Mit beginnendem Fruchtansatz wöchentlich einen Flüssigdünger verabreichen. Unter Glas stellen sich häufig Blattläuse, Rote Spinne und Weiße Fliege sowie Grauschimmel ein. Tomaten sind anfällig z. B. für Kraut- und Braunfäule und Viruskrankheiten, während Mais im Samenstadium durch Mäuse und später durch verschiedene Vogelarten oder Eichhörnchen bedroht ist.

Ernte und Lagerung Auberginen pflücken, solange die Schale glänzt. Tomaten, Paprika und Chili vor dem ersten Frost ausgraben und an einen trockenen Ort hängen, damit sie nachreifen. Ob Mais reif ist, testet man durch Anstechen eines Korns: Es muss milchiger Saft austreten.

Saattiefe und Abstände

GEMÜSESORTE	SAATTIEFE	ABSTÄNDE ZWISCHEN	
		Pflanzen	Reihen
Auberginen	1 cm	45 cm	60 cm
Paprika/Chili	1 cm	45 cm	60 cm
Buschtomaten	2 cm	60 cm	60 cm
Spaliertomaten	2 cm	45 cm	60 cm
Zuckermais	4 cm	45 cm	45 cm

Ein Zweig voll praller, reifer Tomaten.

Nützliche Kulturtipps

Wasserversorgung von Tomaten Neben jeder Pflanze einen Topf oder die mit Bodenlöchern versehene untere Hälfte einer Plastikflasche in die Erde versenken und mit Wasser füllen. So werden die Wurzeln direkt und ohne Verdunstungsverluste mit Feuchtigkeit versorgt.

Bestäubung bei Mais Bei Mais werden die Pollen durch Wind übertragen. Um eine möglichst hohe Bestäubungsrate und damit eine reiche Ernte zu erzielen, sollte man Zuckermais in dichten Blöcken pflanzen. So erhöht sich die Pollenkonzentration in der Luft.

Beliebte Gruppenvertreter

Zuckermais Mit seinem stattlichen Wuchs bereichert er sogar Blumenrabatten. Die Kolben sind erntefrisch ein echter Genuss.

Paprika Die Kultur erfordert keine großen Fachkenntnisse, und die farbenfrohen, vielseitigen Früchte sehen so gut aus wie sie schmecken.

Auberginen Durch stetes Entspitzen buschig gezogen, sind sie in warmen Gegenden auch ein origineller Terrassenschmuck.

Chili Da sie Wärme lieben, kultiviert man sie am besten unter Glas oder auf einer sonnigen Fensterbank. Den Ernteüberschuss einfrieren.

Spezialitäten

Bekommt man diese Gemüse nicht taufrisch, schmecken sie oft etwas enttäuschend. Frisch geerntet sind sie eine Delikatesse. Sie zu kultivieren ist gar nicht so schwer. Die meisten machen sich auch gut im Ziergarten.

Spargel wird im zeitigen Frühjahr gedüngt.

Anbau

Wo Gut ist ein sonniger, offener Standort mit tiefgründigem, durchlässigem Boden. Stangensellerie gedeiht nur in sehr nährstoffreicher, feuchter Erde, für karge Böden empfiehlt sich eher Knollensellerie.

Wann Bei Spargel und Artischocken ist die Samenanzucht schwierig, aber man kann im Frühjahr Setzlinge bzw. Ableger pflanzen. Für Spargel einen 20 cm tiefen Graben ausheben und darin zwei Längsfurchen ziehen, sodass in der Mitte ein Wall entsteht. Auf diesen die Setzlinge legen und mit Erde so bedecken, dass die Spitzen noch zu sehen sind. Mit gut verrottetem Mist mulchen. Artischockenableger in Reihe pflanzen, die Blattrosette liegt über der Erde. Knollen- und Stangensellerie vorziehen. Für Anfänger empfiehlt sich Bleichsellerie. Ab Frühjahrsmitte unter Abdeckung aussäen. Abhärten, wenn sie fünf, sechs Blätter haben, und auspflanzen. Neu gesetzte Pflanzen gut wässern.

Pflege Artischocken bei Trockenheit wässern und mulchen. Das Spargelbeet mit organischer Substanz mulchen, im zeitigen Frühjahr und nach der Ernte düngen. Im Herbst das welke Grün knapp über dem Grund abschneiden. Stangen- und Knollensellerie wöchentlich gießen und mit Stroh oder Kompost mulchen. Artischocken locken manchmal die Schwarze Bohnenblattlaus an. Allen genannten Gemüsesorten droht bei feuchter Witterung Befall durch Fäulnispilze.

Ernte und Lagerung Spargelstangen kurz vor dem Auftauchen an die Erdoberfläche kappen, sie sind dann etwa 15 cm lang. Artischocken schneiden, solange die Köpfe noch fest geschlossen sind. Stangensellerie vor dem ersten Frost ausgraben. Knollensellerie kann in milden Wintern in der Erde bleiben, bis man ihn braucht.

Saattiefe und Abstände

GEMÜSESORTE	SAATTIEFE	ABSTÄNDE ZWISCHEN	
		Pflanzen	Reihen
Stangensellerie	0 cm (Lichtkeimer)	25 cm	25 cm
Knollensellerie	0 cm (Lichtkeimer)	30 cm	30 cm
Grünspargel	2,5 cm	25 cm	30 cm
Artischocken	—	75 cm	90 cm

Nützliche Kulturtipps

Sellerie anhäufeln Bleichsellerie (*siehe links*) ist ein traditionelles Gartengemüse. Damit die Stangen die gewünschte helle Farbe entwickeln, entzieht man ihnen das Licht. Dafür die Pflanzen mit Schnur zusammenbinden, wenn sie 30 cm groß sind, und ringsum bis auf halbe Höhe Erde zusammenschieben. In Abständen von 3 Wochen weiter anhäufeln.

Winterschutz für Artischocken Die schmackhafte Pflanze ist leider frostgefährdet. Daher schützt man sie im Winter, indem man ringsum Erde anhäuft und die Pflanzen dann noch mit einer 15 cm hohen Mulchschicht aus Stroh oder doppelt gelegtem Gärtnervlies abdeckt.

Spargel ernten Widerstehen Sie der Versuchung, ein neu angelegtes Spargelbeet in den ersten beiden Jahren zu beernten. Ihre Geduld wird dadurch belohnt, dass die jungen Pflanzen Kraft sammeln für zukünftige reiche Ernten. In der dritten Saison kann man im Spätfrühjahr bereits 6 Wochen lang Spargel stechen und in den Folgejahren die Ernteperiode auf 8 Wochen ausdehnen.

Beliebte Gruppenvertreter

Stangensellerie Um zarte, helle Stangen zu erhalten, sollte man selbstbleichende Sorten in engen Blöcken oder im Frühbeet ziehen.

Knollensellerie Unter ihrer rauen Schale bergen die Knollen delikates Fruchtfleisch. Sehr aromatisch als Püree oder auch in Suppen.

Artischocken Die stattlichen Pflanzen wirken mit ihrem silbrigen Laub äußerst dekorativ. Die Blütenknospen sind eine echte Delikatesse.

Topinambur Meist werden die Knollen gekocht serviert, aber sie schmecken auch roh. Die hohen Pflanzen ergeben einen guten Windschutz.

Salate, Blattgemüse und Kräuter

Für einen Kräutertopf oder einen Blumenkasten mit Schnittsalat findet sich immer ein Plätzchen. Die Kultur ist kinderleicht, und wahrscheinlich werden Sie sich fragen, warum Sie nicht schon früher darauf gekommen sind.

Anbau

Wo Salate, Mangold und viele Kräuter kommen mit fast allen Böden zurecht. Nur Staunässe vertragen sie nicht. Dagegen verlangen Spinat und einige Blattgemüse fette, fruchtbare Erde. Alle gedeihen auch in Töpfen und bei Vollsonne. Nur Kopfsalat braucht im Sommer Schatten.

Wann Salate, die bei Wärme schnell keimen, aber extreme Hitze und Kälte verübeln, ab Frühjahrsbeginn unter Abdeckungen in Multitopfplatten säen. Spinat, Mangold und Pak-Choi im Freien im Halbschatten säen. Kleine Folgesaaten sichern eine fortlaufende Ernte. In Topfplatten vorgezogene Setzlinge auspflanzen, wenn ihre Wurzeln die Töpfe ausfüllen, und gut wässern. Sämlinge ausdünnen.

Winterharte Kräuter werden meist als Jungpflanzen gekauft, während man empfindliche Sorten wie Basilikum oft aus Samen zieht: Im zeitigen Frühjahr unter Schutz aussäen, nach dem letzten Frost auspflanzen.

Die Pflege Salat- und Blattgemüse unkrautfrei halten und nicht austrocknen lassen, da sie sonst leicht schossen. Bei Frostgefahr mit Abdeckungen (Vlies, Folie) schützen. Regelmäßiges Schneiden hält die Kräuter produktiv. Bei Topfkultur muss häufig gegossen werden. Schnecken sowie Kohlhernie und die Raupen des Kohlweißlings stellen die größten Bedrohungen dar. Salate neigen bei nasser Witterung zu Fäulnis, Mehltau gefährdet Spinat.

Ernte und Lagerung Salate und Blattgemüse schmecken natürlich frisch geerntet am besten. Feste Salatköpfe und Pak-Choi an der Basis abschneiden. Von losen Blattsalaten sowie Spinat und Mangold die benötigte Menge pflücken. Kräuter lassen sich einfrieren oder trocknen.

Saattiefe und Abstände

GEMÜSESORTE	SAATTIEFE	ABSTÄNDE ZWISCHEN	
		Pflanzen	Reihen
Kopfsalate	1 cm	15–30 cm	15–30 cm
Rucola	1 cm	15 cm	15 cm
Spinat	2,5 cm	8–15 cm	30 cm
Mangold	2,5 cm	20 cm	45 cm
Basilikum	0,5 cm	20 cm	20 cm
Petersilie	0,5 cm	20 cm	30 cm
Koriander	0,5 cm	20 cm	30 cm

Rotblättrige Salate sind eine Pracht.

Nützliche Kulturtipps

Schossen von Salat und Spinat verhindern Bei trockener Hitze passiert es schnell, dass Salate, Spinat und andere ins Kraut schießen (*siehe links*). Sie bilden Samen, ihre Blätter wachsen zu schnell und werden bitter. Um dies zu verhindern, sollten Sie den Boden feucht halten und eher in lichtem Schatten ziehen.

Minze in Schach halten Mit ihren unterirdischen Ausläufern kann sie schnell überhandnehmend. Die Lösung: Setzen Sie das Kraut in einem hohen Pflanzgefäß oder in einem in die Erde eingelassenen Topf, der seinen starken Ausbreitungsdrang bremst.

Ausdauernde Kräuter vermehren Zur Verjüngung verholzter Exemplare kann man diese im Spätsommer ausgraben, auseinanderschneiden und einzeln wieder einpflanzen. Bei jedem Pflanzteil sollten ausreichend Wurzeln und Blätter dabei sein. Besonders gut geeignet sind Thymian und Oregano, weniger dagegen strauchig wachsende Arten wie Salbei und Rosmarin.

Beliebte Gruppenvertreter

Spinat Ein sehr nahrhaftes Gemüse, das problemlos gedeiht. Es wird oft gedünstet, aber junge, zarte Blätter eignen sich auch für Salate.

Mangold Viele Sorten bilden farbige Stiele, die auch noch auf dem Teller gut aussehen. Mangold schmeckt gedünstet und roh.

Apfelminze Ihr mildsüßes Aroma passt gut zu Gemüse. Wenn man sie im Vorübergehen streift, ist das ein sinnliches Vergnügen.

Purpursalbei Wegen seiner dekorativen Färbung wird er oft in Rabatten gepflanzt. Auch geschmacklich ist er eine Attraktion.

Direktaussaat von Roter Bete

Sie erfordert genügend Bodenwärme.
Wer unsicher ist, wartet einfach, bis als
Anzeiger die ersten Unkräuter sprießen.
Auch sollte es nicht regnen, die Erde
aber leicht feucht sein, sodass man sie
feinkrümelig rechen kann.

Erfolgstipp

Saatbänder, die sich später in der
Erde einfach zersetzen, garantie-
ren schnurgerade Pflanzenreihen
und exakte Abstände.

1 Um eine gerade Reihe zu erzielen, eine Schnur über das Beet spannen. Entlang der Schnur am besten mit der Kante einer Hacke eine Rille ziehen. Die nötige Tiefe der Saatrille variiert: Für Rote Bete muss sie etwa 2,5 cm betragen.

2 Samen in die Handfläche schütten und mit der anderen Hand einzeln in Abständen von 5 cm in die Rille legen. Die Abstände variieren je nach Sorte. Winzige Samen sollten so dünn und gleichmäßig wie möglich gesät werden.

3 Zuletzt die Erde vorsichtig mit dem Rücken eines Rechens in die Rille schieben. Mit einem witterungsbeständigen, deutlich beschrifteten Etikett kennzeichnen. Die keimenden Samen nicht stören. Bei Kälte abdecken.

4 Regelmäßig Unkraut entfernen. Die Sämlinge, sobald sie die ersten echten Blätter gebildet haben, ausdünnen, damit sie sich richtig entfalten können: Überzählige Pflanzen samt Wurzel herausziehen oder an der Basis abzwicken.

Zucchini aus Setzlingen ziehen

1 Achten Sie beim Setzlingkauf auf dichten Wuchs und feste Ballen. Nach dem Umsetzen in größere Töpfe oder ins Freiland wässern. Wie andere kälteempfindliche Arten dürfen Zucchini erst nach Ende der Frostperiode ins Freie.

2 Die Jungpflanzen vorsichtig aus ihrer Verpackung lösen und so pflanzen, dass ihr Ballen knapp unter der Erdoberfläche abschließt. Um die zarten Blätter nicht zu verletzen, die Pflanzen möglichst nur am Ballen anfassen.

3 Die Erde ringsum vorsichtig andrücken und gründlich gießen. Eine Mulchschicht aus organischer Substanz, die jedoch nicht direkt bis an den Stängel reichen darf, hält die Feuchtigkeit im Boden und unterdrückt Unkräuter.

4 Die Jungpflanzen etikettieren und nach Bedarf mit Stützen versehen. Zum Schutz gegen Kälte und Wind empfiehlt sich eine Abdeckung mit Folie oder Hauben. Weiter regelmäßig gießen, bis die Pflanzen gut eingewöhnt sind.

Frühkartoffeln ziehen

1 Im Spätwinter Saatkartoffeln so in Eierkartons oder in eine Schale setzen, dass möglichst viele Augen nach oben weisen. An einen kühlen, hellen Platz im Haus stellen, bis nach etwa 6 Wochen kräftige, dunkle Keime sprießen.

2 Im Frühjahr, wenn diese Keime etwa 2,5 cm lang sind, in vorbereitetem Grund eine gerade Linie markieren. Im Abstand von je 30 cm ein 10 cm tiefes Loch graben. Je eine Knolle mit den Keimen nach oben hineinsetzen.

3 Die Löcher mit Erde auffüllen, die Oberfläche glatt rechen und die Reihe markieren. Nach Belieben einen Volldünger in empfohlener Dosis entweder beidseits der Pflanzenreihe ausbringen oder bereits vor der Pflanzung einarbeiten.

4 Unter Lichteinfluss färben sich die Knollen grün, sie entwickeln Giftstoffe und werden ungenießbar. Um dies zu vermeiden, rings um die sprießenden Triebe etwa 15 cm hoch Erde anhäufeln.

Prunkbohnen ziehen

Prunkbohnen wachsen am besten in nährstoffreicher Erde. Daher mindestens 2 Wochen vor dem Pflanzen reichlich Komposterde einarbeiten. Duftende Wicken in der Nähe locken bestäubende Insekten an.

1 Als Kletterer brauchen Prunkbohnen Stützen. Für diesen zeltartigen Aufbau acht Stangen (möglichst mindestens 2,2 m lang) im Abstand von etwa 30 cm kreisförmig tief in die Erde stecken. Oben und auf halber Höhe zusammenbinden.

2 Ab dem Spätfrühjahr (Bodentemperatur mindestens 12 °C) neben jeder Stange zwei Samen 5 cm tief in die Erde legen und gut wässern. Bei kühlem Klima oder schweren Böden ab Mitte Frühjahr in hohen Töpfen unter Schutz vorziehen.

3 Jeweils den schwächeren der beiden Sämlinge entfernen. Den anderen um den Stab wickeln und anbinden. Duftende Begleitpflanzen locken bestäubende Insekten an und fördern damit eine gute Ernte.

4 Prunkbohnen sollten mindestens zweimal pro Woche geerntet werden, solange die Hülsen noch schön zart sind. Regelmäßiges Pflücken regt zugleich die Bildung neuer Blüten an.

Tomaten im Pflanzsack ziehen

Pflanzsäcke trocknen recht schnell aus. Sie bleiben feuchter, wenn man Ringtöpfe ohne Boden in das Substrat einsenkt und darin pflanzt. So vergrößert sich das Speichervolumen.

Erfolgstipp

Auch andere Saaten lassen sich hervorragend im Pflanzsack ziehen. Kopfsalate sind schon nach 8–12 Wochen erntereif.

1 Oben in den Pflanzsack drei Kreise schneiden. Auf der Unterseite Abzugslöcher bohren. Plastik-Ringtöpfe, fertig gekauft oder durch Ausschneiden des Bodens selbst hergestellt, in die Löcher schieben und mit Erde füllen.

2 Wenn die Tomaten an draußen gewöhnt sind und die ersten Blütenknospen bilden, können sie in die Töpfe oder den Pflanzsack gesetzt werden. Ihr Ballen schließt knapp unter der Erdoberfläche ab. Die Erde andrücken, gut wässern.

3 Stäbe oder kräftige Drähte als Stützen vorsehen. Alle schnell wachsenden Seitentriebe ausbrechen, damit die Pflanzen ihre Kraft auf die Fruchtbildung konzentrieren. Wöchentlich einen flüssigen Tomatendünger verabreichen.

4 Durch regelmäßiges und vorsichtiges Entfernen der Wachstumsspitze (zwei Blätter über der fünften oder sechsten Rispe ist optimal) lenken Sie die Energie der Pflanze ganz in die Reifung der Früchte.

Frischer Mangold im Kübel

Das frische Grün und die bunten Stiele des Mangolds, hier die Sorte 'Bright Lights', beleben jede Terrasse. Jung gepflückt, ergeben die Blätter feine Salate. Aber sie schmecken auch gedünstet oder gebraten gut.

Erfolgstipp

Probieren Sie vor dem Einpflanzen verschiedene Arrangements aus, bis Sie mit dem Gesamtbild zufrieden sind.

1 Den noch leeren Kübel, der Abzugslöcher aufweisen muss, an einen sonnigen, geschützten Platz stellen. Eine Lage Tonscherben über dem Boden verteilen, dann bis etwa 2,5 cm unter dem Rand mit Universalerde auffüllen.

2 Die Mangoldpflänzchen gießen und vorsichtig aus ihren Töpfen lösen. Möglichst nur am Ballen anfassen, um nichts zu verletzen. Vorsichtiges Lockern der Wurzeln sorgt dafür, dass die Setzlinge schneller anwachsen.

3 In Abständen von etwa 10 cm Löcher graben und die Setzlinge so tief pflanzen, dass ihr Ballen knapp unter der Erdoberfläche abschließt. Die Erde ringsum behutsam andrücken und zuletzt gründlich wässern.

4 Vor allem bei sommerlicher Hitze machen die großen Blätter schnell schlapp. Daher regelmäßig gießen, um die Pflanzen kräftig und gesund zu halten. Unterstützend kann man einen stickstoffhaltigen Dünger geben.

Salat und Mais in Mischkultur

Langsam und schnell wachsende Arten gemeinsam kultivieren heißt, das Optimum aus dem verfügbaren Platz herauszuholen. Hier wächst Salat in Gesellschaft von Zuckermais und ist lange vor dem Mais erntebereit.

1 Mais wird durch den Wind bestäubt, die hier gezeigte Blockpflanzung erhöht die Erfolgsquote: Quadrate von etwa 45 cm Kantenlänge abmessen, die Ränder mit Latten oder Stäben, z. B. Bambus, markieren.

2 In jede Ecke des Quadrats eine junge Maispflanze setzen, die Erde ringsum gut andrücken. Da Mais kälteempfindlich ist, empfiehlt es sich in der Regel, ihn unter Abdeckung vorzuziehen.

3 Die Salatsamen mit feinem Sand mischen und zwischen den Maispflanzen dünn ausstreuen. Danach den Boden vorsichtig rechen. Die Salate werden den Raum zwischen dem Mais füllen und nach 8–12 Wochen erntereif sein.

4 Die Salatsämlinge auf 3–4 Pflanzen pro Quadrat auslichten. Mais braucht mindestens 16 Wochen, um auszureifen. Bis er im ausgewachsenen Zustand zu viel Schatten wirft, ist der lichthungrige Salat schon längst geerntet.

Ein Kräutergarten entsteht

In nur einem Tag ist ein Kräuterbeet angelegt – und schon bald danach kann man erstes Grün ernten. Ziegel dienen hier als Unterteilung. Das Zentrum bildet ein Lorbeerbaum in Topfkultur.

1 Mit Pflöcken und Schnur ein Kreuz markieren. Entlang der Schnüre Furchen graben, die etwas breiter als die Ziegel, aber nicht ganz so tief sind. Diese mit einem Hammerstiel sachte in die Erde treiben, sie setzen sich noch ein wenig.

2 Wenn alle Ziegel versenkt sind, die Erde ringsum gut andrücken. Die Steine müssen nicht eingemörtelt werden, sondern sinken allmählich tiefer und finden so festen Halt. In der Mitte eventuell Platz lassen für einen »Hingucker«.

3 Die Kräuter vor dem Pflanzen in ihren Saat-Töpfen zur Ansicht auf dem Beet verteilen. Es sollte ein harmonisches und auch lockeres Gesamtbild ergeben. Erst dann endgültig eingraben. Reichlich wässern.

4 Als zentraler Blickpunkt eignet sich ein im Topf gezogener Lorbeer, der sich auch gut in Form schneiden lässt. Die Kräuter vor allem bei heißer, trockener Witterung regelmäßig gießen, damit sie sich schnell eingewöhnen.

Vertikaler Gemüsegarten

Die Höhe ist eine oft ungenutzte Dimension, dabei kann man mit ihr gerade in kleinen Gärten wertvollen Raum schaffen. Vor einer kahlen Mauer entfaltet sich eine üppige Farbenpracht, wenn man sie mit Maschendraht bespannt und Töpfe mit Kräutern und buschigen Gemüsesorten einhängt. Der Pflegeaufwand ist gering und die Ernte sehr bequem. In großen Behältern gepflanzte Stangenbohnen, Kürbisse und Kapuzinerkresse, am Fuß der Mauer platziert und aufgebunden, begrünen die restliche Fläche.

Voraussetzungen

Größe etwa 1,8 x 2,2 m

Eignung Vor jeden sonnigen Platz mit einer Mauer oder Zaun als Hintergrund

Erde Leichte Universalerde

Lage Vollsonnig

Einkaufsliste

- 2 x Aubergine 'Mohican'
- 3 x Basilikum 'Sweet Genovase'
- 3 x Tomate 'Red Rubin'
- 1 x Gurke 'Masterpiece'
- 1 x Zucchini 'Tromboncino'
- 3 x Prunkbohne 'Wisley Magic'

Pflanzung und Pflege

An der Mauer Holzlatten und darauf kräftigen Maschendraht anbringen. In Plastiktöpfe und Blumenkästen am Rand Löcher bohren, mit Ösen aus verzinktem Draht versehen. Nach Abklingen der Fröste die Töpfe mit leichter Erde füllen und die Pflanzen einsetzen. Die Töpfe an das Drahtgeflecht hängen. Weitere Pflanzen werden am Fuß der Mauer verteilt. Denken Sie an genug Abstand, da sie sich ja noch entfalten werden. Häufig gießen – an einem so exponierten Standort trocknen die Töpfe schnell aus – und kletternde Pflanzen nach Bedarf anbinden. Wenn man häufig erntet, wachsen die Pflanzen besser nach.

Aubergine 'Mohican'

Basilikum 'Sweet Genovase'

Tomate 'Tumbling Tom Red'

Gurke 'Masterpiece'

Zuccini 'Tromboncino'

Prunkbohne 'Wisley Magic'

Hängekorb mit Kräutern und Gemüse

Meist sind Hängekörbe mit Zierpflanzen besetzt. Dabei spricht nichts dagegen, sie mit Kirschtomaten zu bepflanzen, die ihre Triebe über den Rand baumeln lassen, und ihnen farbenfrohe Kapuzinerkresse sowie köstlich duftende Kräuter zur Seite zu stellen. Regelmäßig natürlich gedüngt und gegossen, macht ein solches Arrangement schon mit seinem Anblick Appetit und liefert über einen langen Zeitraum knackig frische Zutaten für die Küche.

Voraussetzungen

Größe Ein Korb von mindestens 25 cm Durchmesser

Eignung Für einen Platz in Küchennähe

Erde leichte Universalerde

Lage Vollsonnige und vor starkem Wind geschützte Mauer oder Fensterwand

Einkaufsliste

- 1 x Schokoladenminze 'Chocolate'
- 1 x Petersilie 'Forest Green'
- 1 x Zitronenthymian 'Golden Lemon'
- 1 x Tomate 'Tumbler'
- 1 x Schnittlauch, feinröhriger
- 1 x Kapuzinerkresse 'African Queen'

Pflanzung und Pflege

Falls Sie für den Korb einen Einsatz oder Folie verwenden, sollten Sie unbedingt an ein Abzugsloch denken. Eine Schicht Erde einfüllen, die Pflanzen in ihren Töpfen hineinsetzen und herumprobieren, bis die optimale Anordnung gefunden ist. Hängepflanzen in Randnähe platzieren. Nun die Pflanzen gut wässern, aus den Töpfen lösen und in den Korb setzen. In die Lücken Erde füllen und gut andrücken. Gründlich gießen. Den Korb an einem kräftigen Haken aufhängen. Regelmäßig gießen. Sobald die Tomaten Früchte ansetzen, am besten wöchentlich einen flüssigen Tomatendünger verabreichen.

Schokoladenminze 'Chocolate'

Petersilie 'Forest Green'

Zitronenthymian 'Golden Lemon'

Tomate 'Tumbler'

Schnittlauch, feinröhriger

Kapuzinerkresse 'African Queen'

Schnittsalat von der Fensterbank

Selbst ohne Garten kann man junges, knackiges Grün aus eigener Ernte genießen. Kaum ein anderes Gemüse lässt sich so leicht aus Samen ziehen wie die sogenannten Pflück- oder Schnittsalate. Im Blumenkasten werden Pflege und Ernte zum Kinderspiel. Asia-Salate und Rucola ergeben z. B. eine herzhafte Mischung mit pfeffriger Note. Passende Kombinationen gibt es für jede Vorliebe und sie schmecken, erntefrisch in die Küche geholt, schlicht wundervoll.

Voraussetzungen

Größe Blumenkasten von 50 x 15 cm

Eignung eine leicht zugängliche Fensterbank, auf der ein Blumenkasten Platz hat

Erde Gute Universalerde

Lage Vollsonnig bis halbschattig

Einkaufsliste

- 1 x Mibuna (Samentüte)
- 1 x Mizuna (Samentüte)
- 1 x Eichblattsalat 'Smile' (Samentüte)
- 1 x Rucola 'Rocket Wild' (Samentüte)

Pflanzung und Pflege

Damit man ohne großen Aufwand gießen und ernten kann, sollte die Fensterbank leicht zugänglich sein. Denken Sie an Abzugslöcher für den Blumenkasten. Erst eine Lage Tonscherben und darüber bis 2 cm unter den Rand Erde einfüllen. Ab Frühjahrsmitte und bis Spätsommer ist Aussaat möglich: die verschiedenen Samensorten in einer Schüssel mischen, dünn ausstreuen, fein mit Erde bedecken und gut gießen. Die Samen keimen schnell, nach 3–5 Wochen kann man ernten. Die Blätter mit einer Schere 5 cm über dem Grund abschneiden. Der Stumpf treibt neu aus, so sind in der Hochsaison zwei, drei Folgeernten möglich. Für einen gesunden Wuchs regelmäßig gießen.

Mibuna

Mizuna

Eichblattsalat 'Oakleaf'

Besonderheit:

Rucola 'Rocket Wild'

Ein dekorativer »Klettergarten«

Exotische, purpurne Blüten und orange-gelbe Kürbisse – eine attraktivere Partnerschaft von Zier- und Gemüsepflanzen ist kaum vorstellbar. Wuchsfreudige Kürbisgewächse eignen sich perfekt zum Begrünen von Zäunen. Mit ihren stattlichen Blättern stehen sie in reizvollem Kontrast zum zarten Laub von Passionsblume und Glockenrebe. Alle drei lieben Wärme und gedeihen am besten in Gegenden mit langer Wachstumsperiode.

Voraussetzungen

Größe 2 x 2 m

Eignung Für den Gemüse- oder Ziergarten

Erde Fruchtbar, feucht und gut drainiert

Lage Vollsonnige Rabatte vor einem Zaun oder Spalier als Kletterhilfe

Einkaufsliste

- 1 x Kürbis 'Uchiki Kuri' oder 'Jack Be Little'
- 1 x Blaue Passionsblume
- 1 x Glockenrebe

Pflanzung und Pflege

Kürbis und Glockenrebe um die Frühjahrsmitte in einem beheizten Raum oder Anzuchtkasten vorkultivieren. Passionsblumen sind als Samen oder Jungpflanzen erhältlich. Je nach Bauart des Zauns sollten Sie ihn zusätzlich mit Drähten bespannen oder vor ihm ein Gitter oder Spalier als Kletter- bzw. Rankhilfe installieren. Nach Abklingen der Fröste die Jungpflanzen etwa 30 cm vom Zaun entfernt in Abständen von etwa 45 cm pflanzen, danach gut wässern. Die Triebe, sobald sie lang genug sind, aufbinden. Anschließend suchen sich Passionsblume und Glockenrebe selbst ihren Weg, während der Kürbis weiter angebunden werden muss. Insbesondere nach dem Fruchtansatz den Kürbis regelmäßig und gründlich wässern.

Kürbis 'Uchiki Kuri'

Blaue Passionsblume

Glockenrebe

Alternativer Pflanzvorschlag:

Kürbis 'Jack Be Little'

Mediterrane Gewächse im Hochbeet

Vor einer geschützten und sonnigen Mauer, die tagsüber die Wärme speichert und sie nachts wieder abstrahlt, herrscht ein Mikroklima, das wie geschaffen ist für Tomaten, Paprika, Auberginen und Kichererbsen. Sie teilen sich hier ein Hochbeet mit Gurken und Süßkartoffeln, die an der Mauer emporklettern. Einige dieser Sorten mögen's richtig heiß, andernfalls kümmern sie etwas vor sich hin. Trotzdem lohnt sich ein Versuch mit diesem attraktiven Gemüse.

Voraussetzungen

Größe　2 x 1 m, max. 1 m Höhe

Eignung　Für jeden Gartenstil

Erde　Fruchtbar, feucht und gut drainiert

Lage　Vor einer intensiv besonnten Mauer in einer warmen Gegend

Einkaufsliste

- 1 x Aubergine 'Moneymaker'
- 1 x Gurke 'Carmen'
- 1 x Paprika 'Gypsy'
- 1 x Tomate 'Summer Sweet'
- 1 x Kichererbse 'Principe'
- 1 x Süßkartoffel 'Beauregard'

Pflanzung und Pflege

Tomaten, Gurken, Paprika und Auberginen im Frühjahr unter Abdeckung aussäen. Nach Abklingen der Fröste die Jungpflanzen abhärten und ins Hochbeet setzen. Kichererbsensamen weicht man am besten in regelmäßig gewechseltem Wasser ein, bis sie nach einigen Tagen keimen, und legt sie erst dann an Ort und Stelle in die Erde. Süßkartoffeln pflanzt man genau wie die anderen Jungpflanzen so, dass sie etwa 5 cm aus der Erde ragen. Danach gut wässern. An der Mauer ein Gitter anbringen und die Triebe der Gurke und Süßkartoffel hindurchziehen. Sobald sich die ersten Früchte zeigen, wöchentlich einen Tomatendünger ins Gießwasser geben. Ab Spätsommer kann geerntet werden.

Aubergine 'Moneymaker'

Gurke 'Carmen'

Paprika 'Gypsy'

Tomate 'Summer Sweet'

Kichererbse 'Principe'

Süßkartoffel 'Beauregard'

Die kleine Gemüseecke

Schon eine kleine Gartenecke reicht aus, um eine interessante Auswahl an Gemüse zu ziehen. Hier wachsen Spaliertomaten und Prunkbohnen an der Wand und am Zaun in die Höhe, so werden auch diese Flächen geschickt genutzt. Dicht gesäter Schnittsalat säumt den schmalen Klinkerweg. Rotkohl und Mais verlängern die Ernteperiode bis in den frühen Herbst, die im Topf wachsende Zucchini trägt sogar bis Mitte Herbst Früchte.

Voraussetzungen

Größe Beet von 4 x 2 m

Eignung Für einen eng umschlossenen Garten, z. B. in einem Hinterhof

Erde Fruchtbar, feucht und gut drainiert

Lage Vollsonnig, durch eine Mauer oder einen Zaun geschützt

Einkaufsliste

- 3 x Tomate 'Gardener's Delight'
- 3 x Prunkbohne 'Liberty'
- 1 x Zucchini 'Burpee's Golden'
- 9 x Zuckermais 'Tasty Gold'
- 1 x Salat 'Gemischter Salat' (Samentüte)
- 3 x Rotkohl 'Marner Early Red'

Pflanzung und Pflege

Möglichst schon im Herbst den Grund mit viel organischer Substanz aufbessern. Tomaten und Bohnen, Kohl und Mais können Sie aus Samen in Töpfen unter Glas vorziehen. Es gibt aber auch Setzlinge zu kaufen. Wenn kein Frost mehr droht, die Setzlinge nach der Abhärtungsphase im Frühbeet ins Freiland pflanzen. Tomaten, die nährstoffhungrig sind, eventuell in Pflanzsäcken ziehen, mit Stützstäben versehen. Neue Seitentriebe konsequent abzwicken. Für die Prunkbohnen Drähte als Kletterhilfen spannen. Für eine fortlaufende Ernte Salatsamen in Intervallen ausstreuen. Frisch gesetzte Pflanzen gut wässern.

Tomate 'Gardener's Delight'

Prunkbohne 'Liberty'

Zucchini 'Burpee's Golden'

Zuckermais 'Tasty Gold'

Salat 'Salad Bowl Mixed'

Rotkohl 'Marner Early Red'

Reizvolle Klassiker: Küchengärten

Der klassische Küchen- oder Bauerngarten besticht durch seine geometrische Anlage und Farbenvielfalt. Gemüse, richtig in Szene gesetzt, wird auch fürs Auge zur Attraktion. Damit der Garten perfekt wirkt, stellen Sie die Pflanzen so zusammen, dass sie mit ihren Farben und Strukturen ganzjährig punkten. Hier durchbrechen Mais und über einen Bogen wachsende Prunkbohnen die in Grau und Purpur gehaltene Grundstimmung.

Voraussetzungen

Größe Beet von 6 x 8 m

Eignung Sie brauchen einen Schubkarrenzugang und Wasser in der Nähe

Erde Fruchtbar, feucht und gut drainiert

Lage Offen, vollsonnig, windgeschützt

Einkaufsliste

- 1 x Prunkbohne 'Liberty' (Samentüte)
- 1 x Zuckermais 'Tasty Gold' (Samen)
- 1 x Rotkohl 'Red Jewel' (Samen)
- 1 x Dicke Bohne 'The Sutton' (Samen)
- 1 x Grünkohl 'Red Russian' (Samen)
- 1 x Schalotte 'Golden Gourmet' (Steckzwiebeln)

Pflanzung und Pflege

Im Herbst vor der Pflanzung reichlich gut verrotteten Stallmist einarbeiten. Eventuell einen Plan des Beetes zeichnen, die Zahl der benötigten Pflanzen festlegen und notieren, wodurch sie nach deren Ernte ersetzt werden sollen. Im Frühjahr aussäen, die Sämlinge abhärten, im Frühsommer in Reihen pflanzen, die für Prunkbohnen erforderlichen Stützen gleich mit aufstellen – und gut wässern. Kletterer rechtzeitig aufbinden und die Pflanzen bei Bedarf gegen Schädlinge schützen. Um den Schmuckgarten immer hübsch aussehen zu lassen: Versorgen Sie sich rechtzeitig mit Folgepflanzen, wenn die ersten Ernten anstehen.

Prunkbohne 'Liberty'

Zuckermais 'Lark'

Rotkohl 'Red Jewel'

Dicke Bohne 'The Sutton'

Grünkohl 'Red Russian'

Schalotte 'Golden Gourmet'

Freunde im Garten

Heißen Sie nützliche Gäste in Ihrem Garten willkommen: Manche bestäuben Pflanzen, andere produzieren Humus oder vernichten Schädlinge.

Fleißige Bienen Bei Prunkbohnen und vielen weiteren Gemüsesorten erfolgt die Bestäubung durch Insekten. Besonders fleißig sind dabei die Bienen. Blühende Zierpflanzen im Gemüsegarten locken sie vermehrt herbei.

Nützliche Räuber

Längst nicht alle Insekten, die sich im Gemüsegarten tummeln, sind Ungeziefer. Viele von ihnen dezimieren ihrerseits Schadinsekten, die sonst eine ganze Ernte vernichten können. Daher sollte man sie gezielt anlocken, um so ein natürliches Gleichgewicht herzustellen. Pestizide, auch solche auf natürlicher Basis, töten oftmals nicht nur Schädlinge, sondern auch Nützlinge, und sollten nur als letztes Mittel zum Einsatz kommen.

Schwebfliegen Sie betätigen sich als Bestäuber, manchmal werden sie sogar mit Bienen verwechselt. Ihre Larven vernichten Schadinsekten.

Marienkäfer Die erwachsenen Tiere kennt jeder. Aber die nicht ganz so niedlichen Larven sind es, die nichts lieber fressen als saftige Blattläuse.

Florfliegen Das grazile Aussehen der erwachsenen Tiere lässt kaum ahnen, welche Mengen an Schädlingen ihre Larven vertilgen.

Helfer im Hintergrund

Oft unbemerkt, machen sich manche Tiere im Garten ausgesprochen nützlich. Wenn man Verstecke, Futter und eventuell Wasser anbietet, stellen sich bald freundliche Gartenhelfer ein: Vögel und Igel verzehren Insekten und sogar Schnecken, ein kleines Feuchtbiotop lädt Frösche ein, die emsige Schädlingsvertilger sind. Freuen Sie sich über Regenwürmer. Sie erzeugen Humus und verbessern damit die Bodenstruktur.

Singdrosseln Lieben alle Schnecken. Pflanzen Sie als Leckerbissen einen Beeren tragenden Strauch, dann bleiben die Vögel Ihrem Garten treu.

Kompostregenwurm Er ist bekannt dafür, in Windeseile Gemüseabfälle zu gutem Kompost zu verarbeiten. Wird auch als Mistwurm bezeichnet.

Frösche und Kröten Schon ein kleiner Teich genügt, um ein paar dieser eifrigen Schnecken-Jäger in den Garten zu locken.

Unkräuter im Überblick

Mehrjährige Unkräuter

Ackerwinde (*Convolvulus arvensis*) Weiße Blüten und ovale Blätter schmücken diese Winde, die aus dem kleinsten Wurzelabschnitt erneut austreibt und rasant wuchert.

Brombeere (*Rubus*) Kletternder Strauch, dessen lange, überhängende, stachelbesetzte Triebe an der Spitze einwurzeln. Dadurch kann er sich rasch zu einer Plage entwickeln.

Kriechender Hahnenfuß (*Ranunculus repens*) Die niedrig wachsende, gelb blühende Pflanze bildet mit ihren oberirdischen Ausläufern dichte, sehr hartnäckige Matten.

Quecke (*Agropyron repens*) Sie breitet sich in Windeseile aus. Bleibt von den Wurzeln, die man kaum intakt aus der Erde bekommt, nur ein Stück zurück, ist das Gras wieder da.

Löwenzahn (*Taraxacum officinale*) Unbedingt entfernen, bevor er sich aussät. Solange die Blätter-Rosetten noch klein sind, reicht auch die Pfahlwurzel noch nicht so tief.

Ampfer (*Rumex*) Er bildet große, längliche Blätter und hohe Blütenähren. Die fleischige Pfahlwurzel schiebt sich tief in den Grund und ist dann nur schwer zu entfernen.

Gewöhnlicher Giersch (*Aegopodium podagraria*) Zu holunderähnlichen Blättern treibt er weiße Blütendolden. Wegen unterirdischer Ausläufer kommt man ihm schwer bei.

Große Brennnessel (*Urtica dioica*) Ihre derben, gesägten Blätter sind mit Brennhaaren bedeckt. Die gelben kriechenden Wurzeln sind zwar gut zu sehen, aber schwer zu entfernen.

Schachtelhalm (*Equisetum*) Es ist fast unmöglich, ihn auszumerzen. Denn die dunkelbraunen, schnurartigen Wurzeln können sogar mehrere Meter tief in den Boden dringen.

Ein- und zweijährige Unkräuter

Einjähriges Rispengras (*Poa annua*) Selbst Pflasterritzen werden von diesem unscheinbaren, niedrigen Gras besiedelt. Ausmerzen, bevor es sich aussät und weiter um sich greift.

Jakobs-Greiskraut (*Senecio jacobeae*) Im zweiten Jahr bildet die hohe Pflanze gelbe, margeritenähnliche Blüten. Mit ihren flaumigen Samen erobert sie schnell freien Grund.

Vogelmiere (*Stellaria media*) So anmutig sie mit den weißen, sternförmigen Blütchen wirken mag, breitet sie sich durch Aussaat rasch aus und lässt Sämlingen keine Chance.

Gewöhnliches Greiskraut (*Senecio vulgaris*) Es findet sich wohl in jedem Garten, denn die Früchte segeln mit dem Wind. Die Pflanzen entfernen, bevor die winzigen Blüten reifen.

Gewöhnliches Hirtentäschel (*Capsella bursa-pastoris*) Aus Blattrosetten sprießen Trauben kleiner weißer Blüten, die schnell zu herzförmigen Samenkapseln reifen.

Schaumkraut (*Cardamine hirsuta*) Schon die Sämlinge mit ihren kresseartigen Blättern ausrupfen. Die Blütenstiele entwickeln nämlich rasch lange Samenkapseln.

Kletten-Labkraut (*Galium aparine*) Mit kleinen, hakigen Borsten klimmt das Kraut an anderen Pflanzen empor. Anstatt nur die Stängel zu entfernen, besser komplett ausreißen.

Weißer Gänsefuß (*Chenopodium album*) An den graugrünen, rautenförmigen Blättern und endständigen Blütenständen ist dieses rasch wachsende Unkraut leicht zu erkennen.

Wegerich (*Plantago*) Rosettige, fast ledrige Blätter breiten sich auf Beeten, Pflasterflächen und Rasen aus. Man sollte sie entfernen, bevor die kleinen Blütenähren sprießen.

Schädlingsbekämpfung

In jedem Garten findet man Schadinsekten, trotzdem muss man nicht gleich zur Chemiekeule greifen. Manche dienen Nützlingen als Nahrung. Gesunde Pflanzen widerstehen ihnen ohnehin.

Gesundes Gleichgewicht In fruchtbarem, durchlässigem Boden gezogen und ausreichend mit Wasser versorgt, entwickeln sich Pflanzen kräftig. Fruchtwechsel verhindert, dass sich Schaderreger an einer Stelle übermäßig konzentrieren. Vögel, Igel, Frösche, auch manche Insekten halten die Schädlinge in Schach. Von selbst, ohne Chemie, entsteht oft ein natürliches Gleichgewicht, das der Hobbygärtner nur sanft unterstützen muss.

Gegenmaßnahmen Durch regelmäßiges Inspizieren der Pflanzen können Sie Neubefall gleich entdecken und die Schädlinge absammeln. Absehbare Probleme wie die Möhrenfliege wendet man früh durch Vliesabdeckungen oder durch Begleitpflanzen ab. Sprays nur abends ausbringen, wenn Bienen und andere Nützlinge nicht mehr unterwegs sind. Im Gewächshaus haben sich Klebefallen und der gezielte Einsatz räuberischer Insekten (im Fachhandel erhältlich) bewährt.

Klebefallen helfen im Gewächshaus gegen Schadinsekten.

Abwehr größerer Schädlinge

Sie können einen Gemüsegarten über Nacht vernichten. Damit sie gar nicht erst zum Zuge kommen, sollte man im Voraus Barrieren aufbauen. Wild und Kaninchen lassen sich nur durch spezielle Zäune aufhalten. Für Schnecken, Mäuse und Tauben gibt es dagegen preiswertere und weniger aufwendige Abwehrmittel.

• Halbierte Plastikflaschen, unten mit Kupferband umwickelt, schützen Jungpflanzen vor Schnecken und Vögeln.
• Über Bügel gespannte Netze halten Vögel ab. Feines Gewebe hindert Schmetterlinge an der Eiablage.
• Tief in den Boden versenktes Netzmaterial hindert Kaninchen eine Weile, sich einen Weg zur Ernte zu graben.

Plastik und Kupferband gegen Schnecken.   Netze verhindern Vogelfraß.   Das Gärtnervlies hält Möhrenfliegen ab.

Schädlinge im Überblick

Blattläuse Sie schwächen die Pflanzen, weil sie den Saft saugen und dabei Krankheiten übertragen. Locken Sie Fressfeinde an; von Hand sammeln hilft bei kleinen Kolonien.

Kaninchen Die Fraßschäden, die sie verursachen, sind beträchtlich. Mit einem Maschendrahtzaun, der 30 cm tief in die Erde versenkt ist, kann man sie eine Weile abhalten.

Möhrenfliege Die Pflanzen mit Gärtnervlies abdecken. Dicht säen. Es gibt mittlerweile auch resistente Sorten, deren Rüben von den Maden verschont bleiben.

Kartoffelschädlinge Fadenwürmer, die zuerst die Wurzeln schädigen. Das Laub vergilbt und stirbt ab. Wo ein Befall war: Dasselbe Gemüse in Folge nicht kultivieren.

Raupen sind für viele Pflanzen enorm schädlich. Die Raupen des Erbsenwicklers fressen innerhalb der Hülsen die Samen auf. Frühzeitige Netzabdeckungen helfen.

Erdflöhe In den Blättern von Kohlarten, Speiserüben, Radieschen und Rucola hinterlassen die winzigen schwarzen Käfer runde Fraßlöcher. Gärtnervlies schützt die Sämlinge.

Weiße Fliegen Zu ihnen zählt z. B. die Gewächshaus-Mottenschildlaus, gegen die man als natürliches Gegenmittel die Schlupfwespe zum Einsatz bringt.

Rote Spinnen Gesprenkelte Blätter verraten die Spinnmilbe, die bevorzugt im Gewächshaus auftritt. Mit der Raubmilbe und durch Beregnen kann man ihrer Herr werden.

Schnecken Schützen Sie Ihre Pflanzen mit Bierfallen oder mit Nematoden als biologischer Alternative zum Schneckenkorn, das auch andere Tiere schädigt.

Krankheitsbekämpfung

Es ist wie bei den Menschen: Kräftige, gesunde Exemplare besitzen die besseren Abwehrkräfte. Hier ein paar Tipps, wie Sie Ihr Gemüse fit halten.

Vorbeugen ist besser als Heilen Eine wirksame Krankheitsbekämpfung beginnt mit einer aufmerksamen und regelmäßigen Pflege der Pflanzen. Da viele chemische Mittel äußerste Umsicht bei der Anwendung verlangen und unter Umständen auch dem Menschen schaden können, ist Prävention umso wichtiger.

Um sich gesund zu entwickeln, brauchen Pflanzen ausreichend Nährstoffe. Deshalb ist ein mit organischer Substanz angereicherter Boden so wichtig. Er speichert zudem die lebenswichtige Feuchtigkeit. Natürlich muss gerade bei heißem Wetter zusätzlich gewässert werden. Pflanzen, die unter Abdeckungen oder in Töpfen wachsen, sind besonders auf regelmäßiges Gießen und Düngen angewiesen. Da feuchte und stehende Luft Pilzinfektionen begünstigt, ist bei der Kultur unter Glas und Folie auf durchlässige Erde und gute Luftzirkulation zu achten.
Gartenhygiene hilft ebenfalls, Krankheiten vorzubeugen.
Abgestorbenes Laub, abgeerntete Pflanzen und Unkräuter sind potenzielle Nährböden und werden daher baldmöglichst entfernt. Infizierte Pflanzenteile verbrennen oder in die Mülltonne geben – nicht zum Komposthaufen.

Obwohl er sich in kleinen Gärten nicht leicht praktizieren lässt, ist Fruchtwechsel unbedingt zu empfehlen, damit sich Schaderreger nicht an einer Stelle anreichern. Ist eine bestimmte Krankheit von vornherein als Risiko bekannt, möglichst resistente Sorten kultivieren. Da frisch hinzugekaufte oder als Geschenk mitgebrachte Pflanzen Krankheiten in den Garten einschleppen könnten, sollte man sie stets genau inspizieren.

Mangelerscheinungen Oft werden Mängel wie vergilbte Blätter oder die Blütenendfäule (an Tomaten) als Krankheiten gewertet, obwohl sie eigentlich auf Nährstoff- oder Wassermangel zurückgehen. Richtig gedeutet und behandelt, lassen sich diese Störungen oft recht unkompliziert und schnell beheben.

Benutzen Sie frische Anzuchterde und neue oder sterilisierte Gefäße. Das beugt vielen Krankheiten vor.

Regelmäßiges Gießen mit Fingerspitzengefühl, also weder zu viel noch zu wenig, hilft Ihren Pflanzen, gesund zu bleiben.

Saure Böden vor dem Pflanzen von Kohlgewächsen kalken, um den pH-Wert zu erhöhen und Kohlhernie vorzubeugen.

Krankheiten im Überblick

Kraut- und Braunfäule Braune Flecken auf Kartoffeln und Tomaten und ihrem Laub. Ursache ist ein Pilz, der feuchte Wärme liebt. Mit einem Fungizid auf Kupferbasis besprühen.

Sclerotinia-Fäule Insbesondere an Stängeln und Früchten verschiedener Gemüsesorten zeigen sich Nassfäule und weißer, wolliger Pilzrasen. Befallene Pflanzen verbrennen.

Magnesiummangel Vor allem auf sauren Böden oder nach Regenfällen vergilben ältere Blätter zwischen den Adern. Bittersalz auf den Boden streuen oder als Blattdünger sprühen.

Kohlhernie Der im Boden lebende Pilz führt bei Kohlgewächsen zu Wurzelverdickungen. Das Laub welkt, die Pflanzen können eingehen. Für gute Drainage sorgen, kalken.

Blütenendfäule Trockenheit beeinträchtigt die Kalziumaufnahme und verursacht dunkle Stellen an der Spitze von Tomaten und Paprika. Regelmäßig und ausreichend gießen.

Echter Mehltau Der mehlig-weiße Blattbelag, der sich bei verschiedenen Gemüsearten als Folge von Bodentrockenheit zeigt, geht auf Pilze zurück. Den Boden gut wässern.

Mehlkrankheit der Zwiebel Der Pilz hält sich lange im Boden. An den Zwiebeln bildet sich ein wattig-weißer Bewuchs, das Laub vergilbt. Pflanzen entfernen und verbrennen.

Rost An Blättern und Stängeln verschiedener Gemüsearten entwickeln sich vor allem bei feuchter Witterung orangefarbene oder braune Stellen. Betroffene Blätter entfernen.

Grauschimmel Über Wunden oder die Blüten dringt der Pilz ein, erkennbar an einem wattig-grauen Belag. Das Verbrennen infizierter Pflanzen dämmt die Ausbreitung ein.

KLEINE GÄRTEN ANLEGEN: DIE PFLANZEN IM PORTRÄT

Hohe Pflanzen für sonnige Plätze (Ab–Cy)

Abutilon x *suntense*

Der eindrucksvolle, immergrüne Strauch gedeiht an einem sonnigen, geschützten Platz. Die graugrünen, behaarten Blätter ähneln Weinlaub. Trägt vom Frühling an über mehrere Wochen große, schalenförmige Blüten in Violett oder Weiß.

H: 4 m, **B**: 2 m
❄❄ ◌ ☀

Acacia dealbata

Diese wuchsfreudige Akazie hat farnartige, immergrüne Blätter und erreicht schnell Baumhöhe. Trägt im Spätwinter an geschützten Standorten duftige, runde Blütenstände aus gelben Blüten. Kann im Frühling zurückgeschnitten werden.

H: 15 m, **B**: 6 m
❄❄ ◌ ☀ ◐ ♈

Arbutus unedo

Der Erdbeerbaum, der als Jungpflanze strauchförmig wächst, gehört mit seinen dunkelgrün glänzenden Blättern zu den besten Immergrünen für kleine Gärten. Trägt im Spätherbst weiße oder rosafarbene Glockenblüten und später erdbeerähnliche Früchte.

H: 8 m, **B**: 8 m
❄❄❄ ◌ ☀ ♈

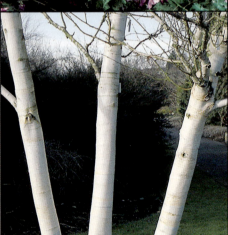

Betula utilis var. *jacquemontii*

Mit ihrem lichten Blätterdach und dem luftigen Wuchs passt diese Himalaja-Birke gut in kleine Gärten. Im Winter kommt die weiße, abschilfernde Rinde zur Geltung, im Frühling bestechen die Kätzchen und jungen Blätter. Im Herbst färbt sich das Laub gelb.

H: 18 m, **B**: 10 m
❄❄❄ ◉ ◌ ☀ ◐ ♈

Buddleja davidii 'Dartmoor'

Schmetterlinge fliegen auf den Sommerflieder, der vom Hoch- bis Spätsommer rötlich violette, kegelförmige Blütenstände an leicht überhängenden Zweigen trägt. Im Frühling beschneiden, damit er nicht zu groß wird.

H: 3 m, **B**: 2 m
❄❄❄ ◌ ☀ ♈

Cestrum parqui

Ein ungewöhnlicher Strauch für einen Platz vor einer sonnig-warmen Mauer. Die grünlich gelben Blütenstände duften abends. Sie erscheinen vom Frühling bis zum Frost. In kalten Regionen kann die Pflanze zurückfrieren, treibt aber normalerweise wieder aus.

H: 3 m, **B**: 2 m
❄❄ ◌ ☀ ♈

Clematis 'Alba Luxurians'

Diese wunderschöne Clematis trägt massenhaft kleine, weiße Blüten mit grünen Spitzen. Ältere Pflanzen begrünen Mauern oder Zäune am Spalier, können kleine Sträucher und Bäume aber erdrücken. Im Spätwinter auf 20 cm zurückschneiden.

H: 5 m, **B**: 1,5 m
❄❄❄ ◐ ☼ ♈

Clematis cirrhosa

Diese immergrüne Clematis blüht im Winter. An einem sonnigen Standort ist sie wuchsfreudig und unkompliziert. Die cremeweißen, glockenförmigen Blüten sind im Inneren manchmal rot gesprenkelt. Auch die faserigen Samenstände sind attraktiv.

H: 6 m, **B**: 3 m
❄❄ ◐ ◐ ☼

Clematis 'Perle d'Azur'

Eine großartige Clematis für kleine Gärten, die vom Hochsommer bis in den Herbst blüht. Die frisch geöffneten Blüten haben zunächst einen Violettstich, verblassen aber mit der Zeit zu Blau. Im Spätwinter die Triebe auf 20 cm zurückschneiden.

H: 3 m, **B**: 1,5 m
❄❄❄ ◐ ◐ ☼ ☼

Cornus kousa var. chinensis

Eine der besten Gartenpflanzen schlechthin. Trägt im Frühling Blüten in Weiß oder Rosa mit attraktiven Hochblättern und später erdbeerähnliche Früchte. Ältere Pflanzen entwickeln einen baumartigen Wuchs und wirken besonders dekorativ.

H: 7 m, **B**: 5 m
❄❄❄ ◐ ◐ ☼ ☼ ♈

Cotinus coggygria 'Royal Purple'

Wer farbiges Laub liebt, wird diesen großen Strauch mögen. Er bildet als Beethintergrund einen schönen Kontrast zu hell blühenden Blumen. Trägt im Sommer gelegentlich faserige, duftige Blütenstände. Im Herbst färbt sich das Laub scharlachrot.

H: 5 m, **B**: 4 m
❄❄❄ ◐ ◐ ☼ ☼ ♈

Cynara cardunculus

Die Kardone eignet sich mit ihrem stattlichen Wuchs und dem silbrig grünen Laub auch für kleine Gärten. Ideal im Beethintergrund oder als Blickfang in einer sonnigen Ecke. Die oberirdischen Teile sterben im Winter ab.

H: 1,5 m, **B**: 1,2 m
❄❄❄ ◐ ☼ ♈

Hohe Pflanzen für sonnige Plätze (Ja–Tr)

Jasminum nudiflorum
Der Winter-Jasmin, der meist als Kletterpflanze gehalten wird, blüht zuverlässig während des gesamten Winters. Die kleinen, leuchtend gelben Blüten fallen bei starkem Frost ab, doch wenn es milder wird, bilden sich neue.

H: 3 m, **B**: 3 m
❄❄❄ ◌ ◖ ☼ ☼ ☼ ☼ ⚱

Juniperus communis 'Hibernica'
Wachholder gliedert kleine Gärten. Er hat blaugrüne, spitze Nadeln und einen kompakten, im Alter säulenförmigen Wuchs. Mit den Jahren kann er mehrere Meter hoch werden und hebt sich dann schön von den rundlicheren Arten im Garten ab.

H: 5 m, **B**: 60 cm
❄❄❄ ◌ ◖ ☼ ☼ ☼ ☼ ⚱

Mahonia x media 'Buckland'
Ein anpassungsfähiger Strauch mit immergrünen, glänzenden Blättern und süß duftenden, leuchtend gelben Blüten, die im Winter in schlanken Rispen erscheinen. Die Blätter sind stachelig, darum sollte man beim Jäten unter dem Strauch Handschuhe tragen.

H: 4 m, **B**: 3 m
❄❄❄ ◌ ◖ ☼ ☼ ☼ ☼ ⚱

Malus 'John Downie'
Der Wert dieses kompakten Zierapfelbaums liegt in der reichen Fruchtbildung im Herbst. Die leuchtenden Mini-Äpfel heben sich hübsch vom sommergrünen Laub ab. Im Frühling bilden sich rosa Knospen, die sich zu schneeweißen Blüten öffnen.

H: 10 m, **B**: 6 m
❄❄❄ ◖ ☼ ☼ ☼ ⚱

Olea europaea
Um zu einem stattlichen Exemplar mit silbrig grünem Laub und grauem Stamm heranzuwachsen, braucht der Olivenbaum milde Winter, einen geschützten Standort und möglichst viel Sonne. Im Sommer trägt er kleine, weiße Blüten.

H: 6 m, **B**: 5 m
❄❄ ◌ ☼

Photinia x fraseri 'Red Robin'
Am schönsten sieht der immergrüne Strauch im Frühling aus, wenn die jungen Blätter kupferrot austreiben. Auch später behalten die großen, glatten Blätter einen Rotstich. Wächst kompakt und ist sehr schnittverträglich, zur Heckenpflanzung geeignet.

H: 5 m, **B**: 5 m
❄❄ ◌ ◖ ☼ ☼ ☼ ⚱

Prunus x subhirtella 'Autumnalis Rosea'

Ein Baum für alle, die ganzjährig Freude am Garten haben wollen. Zwischen Herbst und Frühling erscheinen zarte Sternblüten in blassem Rosa. Das Grün der jungen Blätter hat einen leichten Bronzeton.

H: 8 m, **B**: 8 m
❄❄❄ ◊ ◖ ☼ ♔

Robinia pseudoacacia 'Frisia'

Das goldgrüne Laub der Robinie bildet einen schönen Kontrast zu anderen Blattpflanzen und leuchtet vor allem in dunklen Stadtgärten. Die Pflanzen sind meist veredelt. Sie haben stachelige, spröde Stiele. Wildtriebe unterhalb der Veredelungsstelle entfernen.

H: 15 m, **B**: 8 m
❄❄❄ ◊ ◖ ☼ ♔

Romneya coulteri

Der Baummohn ist eine außergewöhnlich schöne, mehrjährige Pflanze mit hohen, aber schlanken, unverzweigten Trieben mit silbrigen Blättern. Im Hoch- bis Spätsommer erscheinen riesige, duftende Blüten mit zarten, weißen Blütenblättern.

H: 2 m, **B**: 2 m
❄❄❄ ◊ ☼ ♔

Solanum crispum 'Glasnevin'

Diese elegante Verwandte der Kartoffel wächst mit schlanken Trieben zu einem hübschen Strauch heran. Im Sommer erscheinen kleine Sternblüten in Violett mit gelbem Zentrum, die gut zu Rosen und Clematis passen. Im Frühling leicht zurückschneiden.

H: 6 m, **B**: 2 m
❄❄ ◊ ◖ ☼ ♔

Sorbus cashmiriana

Dieser attraktive Baum hat einen lockeren Wuchs, zartes Laub und im Frühsommer rosa Blütenstände. Im Herbst und frühen Winter trägt er zahlreiche Dolden mit weiß glänzenden Beeren, die länger als das Laub am Baum bleiben.

H: 8 m, **B**: 6 m
❄❄❄ ◊ ◖ ☼ ◐ ♔

Trachelospermum asiaticum

Die immergrüne Kletterpflanze ist eine gute Wahl für kleine Gärten und sollte etwas geschützt stehen. Mit den kleinen, glänzenden Blättern bedeckt sie schnell Mauern und Zäune. Trägt vom Frühsommer an Gruppen von cremeweißen, stark duftenden Sternblüten.

H: 4 m, **B**: 3 m
❄❄ ◊ ☼ ◐ ♔

Hohe Pflanzen für schattige Plätze (Ac–St)

Acer palmatum var. *dissectum*
Dissectum Atropurpureum-Gruppe
Mit dem intensiv roten Laub ist dies eine der beliebtesten Schlitz-Ahorn-Sorten. Sie wächst langsam und bildet mit der Zeit einen niedrigen, gerundeten Strauch. Starker Wind trocknet die zarten Blätter aus.

H: 2 m, **B**: 3 m
❄❄❄ ◊ ◊ ☼

Camellia sasanqua
Die meisten Kamelien blühen im Frühling, doch diese öffnet ihre Blüten im Spätherbst. Es gibt viele Zuchtformen mit einfachen oder leicht gefüllten Blüten in Weiß und Rosa. Die Triebe an einer geschützten Mauer festbinden, um sie vor Frost zu schützen.

H: 4 m, **B**: 2 m
❄❄❄ ◊ ◊ ☼ ◐

Cercis canadensis **'Forest Pansy'**
Ein bezaubernder sommergrüner Strauch mit herzförmigen, rötlich violetten Blättern und Gruppen von violetten Schmetterlingsblüten im Frühling. Im Herbst färbt sich das Laub orange, ehe es abfällt. Braucht einen geschützten Platz.

H: 10 m, **B**: 10 m
❄❄❄ ◊ ◊ ☼ ◐ ♔

Daphne bholua **'Jacqueline Postill'**
Suchen Sie für diesen immergrünen Seidelbast einen besonderen Platz aus: Im Winter trägt er wachsartige, rosa Blüten, deren schwerer Duft vom Wind verteilt wird. Ein geschützter Standort ist empfehlenswert.

H: 2–4 m, **B**: 1,5 m
❄❄ ◊ ◊ ☼ ◐ ♔

Dicksonia antarctica
Dieser Baumfarn bringt Exotik in den Garten. Schlanke »Schnecken« treiben aus der Spitze des langsam wachsenden Stamms aus und entrollen sich zu leuchtend grünen Wedeln. Die Pflanze braucht Windschutz, viel Feuchtigkeit und in kalten Wintern Frostschutz.

H: 6 m, **B**: 4 m
❄❄ ◊ ◊ ☼ ♔

Fatsia japonica
Mit ihren großen, handförmigen Blättern gehört die *Fatsia* zu den auffälligsten winterharten Pflanzen. Im Herbst entwickeln sich die weißen Blütenstände zu hängenden Dolden mit schwarzen Beeren. Bekommt mit der Zeit eine aufrechte Gestalt.

H: 1,5–4 m, **B**: 1,5–4 m
❄❄ ◊ ☼ ♔

Hydrangea quercifolia

Die meisten Hortensien werden wegen ihrer schönen Blüten kultiviert – diese ist vor allem für ihr eichenähnliches Laub bekannt. Im Herbst färbt es sich prächtig. Die cremeweißen, konischen Blütenstände halten lange. Der Strauch bleibt recht kompakt.

H: 1,5 m, **B**: 1 m
❄❄❄ ◐ ☼ ☀ ♔

Ilex aquifolium 'Silver Queen'

Die langsam wachsende Stechpalme bildet mit der Zeit einen stattlichen, konischen Strauch mit stacheligen, immergrünen Blättern mit silbrigem Rand. Sie ist anspruchslos und gedeiht auch in schattigen Beeten. Männliche Pflanzen tragen keine Beeren.

H: 12 m, **B**: 3 m oder mehr
❄❄❄ ◌◐ ☼ ☀ ♔

Lonicera periclymenum 'Graham Thomas'

Dies ist eine der schönsten Geißblattarten. Sie toleriert Schatten und trägt Blüten, die intensiv duften. Die cremefarbenen bis hellgelben Röhrenblüten erscheinen vom Frühsommer an bis zum ersten Frost.

H: 4 m, **B**: 3 m
❄❄❄ ◌◐ ☼ ☀ ♔

Phyllostachys

Gartendesigner lieben diesen Bambus, weil er dichte Horste bildet und kaum wuchert. *P. nigra* hat ebenholzdunkle Stiele, von denen sich das hellgrüne Laub schön abhebt. Damit die Farbe der Stiele gut zur Geltung kommt, untere Blätter und alte Triebe entfernen.

H: 7 m, **B**: 5 m
❄❄ ◌◐ ☼ ☀ ♔

Sambucus racemosa 'Plumosa Aurea'

Im Frühling und Sommer trägt diese Holundersorte zart gefiederte, goldgrüne Blätter und bronzefarbene junge Triebe. Im zeitigen Frühling sollte man die Triebe auf etwa 60 cm einkürzen.

H: 3 m, **B**: 2 m
❄❄❄ ◌◐ ☼ ☀

Stewartia monadelpha

Die Stewartia ist ein sommergrüner Baum mit geschecktem Stamm und spektakulärer Herbstfärbung. Diese Art ist im Handel recht häufig zu finden. Sie trägt im Sommer weiße Blüten, die an Kamelien erinnern. Benötigt einen windgeschützten Standort.

H: 10 m, **B**: 5 m
❄❄❄ ◐ ☼ ☀

Mittelhohe Pflanzen für sonnige Plätze (Ac–Co)

Acanthus mollis

Diese Staude sieht mit ihren stattlichen, glänzenden Blättern und den stacheligen Rispen mit violetten Blüten in jedem Garten gut aus. Die kräftig grünen Blätter, die schon sehr zeitig im Frühjahr austreiben, sollten vor späten Frösten geschützt werden.

H: 2 m, **B**: 2 m
❄❄ ◌ ☼ ☼

Allium hollandicum
'Purple Sensation'

Diese Zwiebelpflanze blüht nach den Frühlingsblühern, aber vor den Sommerblumen. Die kugelrunden, metallisch violetten Blütenstände erheben sich auf hohen Stielen majestätisch über niedrigere Pflanzen.

H: 1 m, **B**: 7 cm
❄❄❄ ◌ ☼ ♀

Angelica archangelica

Dies ist eine Zweijährige, die im ersten Jahr wenig beeindruckende Büschel aus großen, geteilten Blättern bildet. Im zweiten Jahr läuft sie zur Hochform auf: Auf kräftigen Stiele stehen hellgrüne Blüten in Blütenständen von der Größe eines Fußballs.

H: 2,5 m, **B**: 1,2 m
❄❄❄ ◐ ☼ ☼

Aster turbinellus

Diese Aster trägt im Herbst altrosa Strahlenblüten auf schlanken Stielen. Die zahllosen Blüten mit gelbem Zentrum sind ein reizender Anblick. Weil die bis 1 m hohen Stiele windempfindlich sind, sollte man frühzeitig Stützen oder Reiser dazwischen stecken.

H: 1 m, **B**: 1 m
❄❄❄ ◌ ◐ ☼ ♀

Berberis thunbergii f. atropurpurea
'Dart's Red Lady'

Berberitzen sind pflegeleicht und einige geben ausgezeichnete Laub- und Blühpflanzen ab. Diese Sorte hat dornige Zweige und rötliches Laub, das einen schönen Hintergrund für andere Gartenpflanzen abgibt.

H: 1,2 m, **B**: 2 m
❄❄❄ ◌ ◐ ☼ ☼

Bupleurum fruticosum

Ein schöner, rundlicher Strauch für einen sonnigen Platz. Er trägt silbriges, immergrünes Laub und bildet den gesamten Sommer über winzige, leuchtend gelbe Blüten. Gedeiht in trockenem, kalkhaltigem Boden und auch in freien, milden Küstenlagen.

H: 2 m, **B**: 2 m
❄❄ ◌ ☼

Buxus sempervirens

Buchsbaum hat im Gartenbau eine lange Tradition. Er eignet sich für Formschnittfiguren, niedrige Hecken und klassische Labyrinthpflanzungen. Die Sorte 'Marginata' (siehe Abbildung) hat gelb geränderte Blätter. Verträgt keine Staunässe.

H: 1 m **B**: 1,5 m
❄❄❄ ◌ ◐ ☼ ◐☼ ⚱

Canna 'Striata'

Die Pflanze beeindruckt durch exotische Blüten und auffällige Blätter. 'Striata' hat gelb gestreifte Blätter und trägt im Sommer orangerote Blüten. Die Rhizome im Herbst ausgraben und frostfrei überwintern oder mit einer dicken Mulchschicht schützen.

H: 2 m, **B**: 1 m
❄ ◌ ☼ ⚱

Chimonanthus praecox

Im Sommer fällt dieser Laub werfende Strauch wenig auf, doch im Winter bildet er kleine, runde Knospen, die sich zu wachsartigen, cremeweißen Glockenblüten mit violettem Zentrum entfalten. Die Blüten haben einen intensiven, würzigen Duft.

H: 3 m, **B**: 2 m
❄❄❄ ◌ ☼

Choisya ternata 'Sundance'

Der dicht wachsende Strauch ist vor allem wegen seines immergrünen, goldenen Laubs beliebt, das – wie die weißen Blüten – aromatisch duftet. Am besten kommt die goldgrüne Blattfärbung an einem Schattenplatz zur Geltung. Verträgt keine Staunässe.

H: 2,5 m, **B**: 2,5 m
❄❄ ◌ ◐ ☼ ◐☼

Cistus x hybridus

Dieser unkomplizierte, immergrüne Strauch ist im Frühsommer eine Augenweide. Zwei bis drei Wochen lang ist er von zahllosen ungefüllten Blüten in Weiß mit gelbem Auge übersät. Die Pflanze ist relativ kurzlebig, verträgt aber Trockenheit recht gut.

H: 1,2 m, **B**: 1,5 m
❄❄ ◌ ☼

Correa 'Dusky Bells'

Dieser zauberhafte Winterblüher verdient einen geschützten, sonnigen Standort. Der niedrige Strauch hat kleine, immergrüne Blätter und bildet in milden Perioden während des gesamten Winters rosarote Glockenblüten.

H: 1 m, **B**: 60 cm
❄❄ ◌ ◐ ☼ ⚱

Mittelhohe Pflanzen für sonnige Plätze (Cr–Hi)

Crocosmia x crocosmiiflora 'Venus'

Die Garten-Montbretie hat riemenförmige Blätter, über denen sich im Spätsommer Rispen mit orangefarbenen Blüten erheben. Es gibt jedoch viele Zuchtformen mit anderen Blütenfarben. Die Sorte 'Venus' ist ein Beispiel für rotgelb geflammte Blüten.

H: 50 cm, **B**: 60 cm
❄❄ ◐ ● ☼ ◑☼

Dahlia 'Bishop of Llandaff'

Eine beliebte, alte Zuchtsorte mit samtig dunkelroten, ungefüllten Blüten über violettem Laub. Sie harmoniert gut mit anderen Herbststauden, wächst kompakt und eignet sich daher für kleine Beete. Die Rhizome im Herbst ausgraben und frostfrei überwintern.

H: 1,2 m, **B**: 60 cm
❄ ◐ ☼ ♛ ♜

Deutzia x rosea 'Campanulata'

Der kompakte, sommergrüne Strauch ist anspruchslos und gut für kleine Gärten geeignet. Er hat aufrechte, verzweigte Triebe und behaarte Blätter. Die glockenförmigen Blüten sind weiß mit einem Hauch Rosa und halten sich über mehrere Wochen.

H: 1,2 m, **B**: 1,2 m
❄❄❄ ◐ ● ☼ ◑☼

Dierama pulcherrimum

Diese Art trägt im Sommer lang überhängende Stiele mit großen, hängenden Glockenblüten, die über dichten Büscheln aus immergrünen, riemenförmigen Blättern stehen. Die Blüten sind meist rosa, es gibt aber auch weiße oder violette Formen.

H: 1,5 m, **B**: 60 cm
❄❄ ◐ ☼

Echinacea purpurea

Der Sonnenhut ist eine attraktive Staude mit rosa Strahlenblüten, die in der Mitte einen großen, dunklen Kegel mit einem Hauch Orange tragen. Die Blüten stehen an kräftigen, hohen Stielen, die bis in den Herbst blühende Seitentriebe bilden können.

H: 1,2 m, **B**: 60 cm
❄❄❄ ◐ ☼

Euphorbia characias

Diese immergrüne Wolfsmilch bildet im Frühsommer kugelige Blütenstände mit unscheinbaren Blüten, die von lindgrünen Hochblättern umgeben sind. Die blaugrünen, lanzettlichen Blätter stehen auf fleischigen Stielen mit giftigem Milchsaft.

H: 1,5m, **B**: 1m
❄❄ ◐ ● ☼

Euphorbia x martinii

Diese kompakte, aufrechte Wolfsmilchart hat violette Stiele mit dunklen, immergrünen Blättern und trägt
im Frühling hohe, rundliche, lockere
Blütenstände aus grünen Blüten mit
rotem Zentrum.

H: 60 cm, **B**: 60 cm
❋❋❋ ◊ ☼ ♈

Grevillea 'Canberra Gem'

Die meiste Zeit des Jahres hält sich
der ungewöhnliche, immergrüne
Strauch mit den schmalen, nadel-
förmigen Blättern dezent im Hintergrund. Im Sommer allerdings prunkt
er mit exotischen, rosaroten Blüten.
Braucht sauren Boden.

H: 1,5 m, **B**: 1,5 m
❋❋ ◊ ☼ ♈

Hebe 'Midsummer Beauty'

Diese immergrüne Pflanze hat schon
wegen ihrer langen Blütezeit einen
Platz im Garten verdient. Vom Hochsommer bis in den Herbst und bei
mildem Wetter sogar bis in den Winter
erscheinen lange Ähren aus violetten
und weißen Blüten, die zart duften.

H: 2 m, **B**: 2 m
❋❋ ◊ ◑ ☼ ☼ ♈

Helenium 'Moerheim Beauty'

Die spät blühende Staude ist aus
gutem Grund beliebt. Vom Hoch-
oder Spätsommer bis in den frühen
Herbst trägt sie Strahlenblüten mit
zurückgebogenen Blütenblättern in
kräftigen Rot- und Orangetönen. Das
Ausknipsen welker Blüten regt die
Blütenbildung an.

H: 1,4 m, **B**: 1 m
❋❋❋ ◊ ◑ ☼ ♈

Hemerocallis 'Corky'

Im Sommer schieben sich zwischen
den riemenförmigen Blättern schlanke Triebe in die Höhe, an denen
dottergelbe Trichterblüten mit rot
überhauchter Außenseite stehen. Die
Blüten halten nur einen Tag, es werden aber neue gebildet.

H: 70 cm, **B**: 40 cm
❋❋ ◊ ☼ ☼ ♈

Hibiscus syriacus 'Oiseau Bleu'

Nur wenige Sträucher sind schöner
als ein Hibiskus in voller Blüte. Wenn
viele Blüten im Garten schon verwelken, trägt der Strauch zahlreiche 8 cm
große offene Glockenblüten in einem
intensiven Blau. Die Blüten halten sich
bis in den Frühherbst.

H: 2,5 m, **B**: 1,5 m
❋❋❋ ◊ ☼ ♈

Mittelhohe Pflanzen für sonnige Plätze (In-Ph)

Inula hookeri

Diese Horste bildende Staude mit behaarten, ovalen Blättern ist leider recht unbekannt. Vom Hochsommer an trägt sie hübsche gelbe Blüten mit schmalen Blütenblättern an den Spitzen von weichen Trieben. Im Spätherbst die Triebe über dem Boden abschneiden.

H: 60 cm, **B**: 60 cm
❄❄❄ ◊ ☼

Iris laevigata

Diese Schwertlilienart braucht einen sehr feuchten Boden und gedeiht sogar in stehendem Wasser. Sie bildet einen schönen Kontrast zu strauchigeren Gewächsen. Im Früh- und Hochsommer erscheinen die meist lavendelblauen Blüten.

H: 50 cm, **B**: 30 cm
❄❄❄ ◊◊◊ ☼ ☼ ♆

Iris sibirica 'Perry's Blue'

Die Sibirische Schwertlilie gedeiht am besten auf stets feuchten Böden. Im Frühling erscheinen Horste mit schmalen Blättern und hohen, verzweigten blühenden Trieben. Die 6 cm großen Blüten haben eine schöne Form und sind himmelblau mit weißer Zeichnung.

H: 1 m, **B**: 50 cm
❄❄❄ ◊◊◊ ☼ ☼

Lavandula stoechas

Der Schopf-Lavendel sorgt mit seinem duftenden Laub und den langlebigen Blüten für Mittelmeerstimmung. Die Blütenstände stehen an schlanken Stielen über dem schmalen, graugrünen Laub und haben auffällige violette »Ohren«. Braucht etwas Windschutz.

H: 60 cm, **B**: 60 cm
❄❄ ◊ ☼ ♆

Lilium regale

Die edle Königs-Lilie ist unkompliziert. Im Frühling schieben sich rasch fleischige Triebe mit schmalen Blättern in die Höhe. Große Knospen schwellen und entfalten sich zu silbrig weißen Trompetenblüten mit vorstehenden Staubgefäßen. Sie duften betörend.

H: 1,5 m, **B**: 30 cm
❄❄❄ ◊ ☼ ☼ ♆

Lobelia tupa

Im Frühling bildet die exotisch anmutende Pflanze fleischige, rot überhauchte Triebe mit großen, behaarten Blättern. Im Spätsommer erscheinen über mehrere Wochen feuerrote Röhrenblüten. Nach dem ersten Frost die Stiele über dem Boden abschneiden.

H: 2 m, **B**: 1 m
❄❄ ◊ ◊ ☼

Melianthus major

Mit ihren tief eingeschnittenen, silbrig blaugrünen Blättern sieht diese Pflanze in einem weißen Beet gut aus, bildet aber auch zu rötlichem Laub einen hübschen Kontrast. Im Spätherbst über dem Boden abschneiden, die Wurzel mit einer Mulchschicht schützen.

H: 2 m, **B**: 1 m
❄❄ ◊ ◐ ☼ ♉

Miscanthus sinensis 'Zebrinus'

Das Chinaschilf mit seinen hohen Stielen und den riemenartigen, schmalen Blättern ist sehr beliebt. Bemerkenswert sind die gelben Streifen auf den Blättern, die die Pflanze zu etwas Besonderem machen, vor allem wenn sie an einem vollsonnigen Standort steht.

H: 2 m , **B**: 1 m
❄❄❄ ◐ ☼ ◑

Nandina domestica

Dieser schöne Strauch zieht alle Register. Er hat einen attraktiven Wuchs mit großen, geteilten Blättern, die sich im Herbst prächtig färben. Im Frühsommer erscheinen weiße Blüten in dichten Gruppen. Die orangefarbenen Beeren halten bis in den Winter.

H: 2 m, **B**: 1,5 m
❄❄ ◊ ◐ ☼ ♉

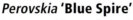

Pennisetum setaceum 'Rubrum'

Das hübsche Lampenputzergras ist frostempfindlich und gedeiht am besten im Kübel an einem sonnigen Platz. Es wird meist einjährig kultiviert. Es trägt duftige Blütenrispen in Violett, die an gebogenen Trieben über dem rötlichen Laub stehen.

H: 1 m, **B**: 60 cm
❀ ◐ ◊ ☼

Perovskia 'Blue Spire'

Die strauchig wachsende, zarte Pflanze gedeiht am besten an einem sonnigen, trockenen Standort. Sie wächst buschig aufrecht und trägt stark duftende, silbrig grüne Blätter. Vom Spätsommer bis in den Herbst erscheinen »Wolken« aus blauvioletten Blüten.

H: 1,2 m, **B**: 1 m
❄❄❄ ◊ ☼ ♉

Phlomis russeliana

Eine verlässliche, vielseitige Staude mit großen, herzförmigen Blättern, die selbst im Winter den Boden gut abdecken. Im Frühsommer erscheinen zartgelbe Blüten, deren kräftige Stiele nach dem Verwelken dem Garten im Winter Struktur verleihen können.

H: 90 cm, **B**: 75 cm
❄❄❄ ◊ ☼ ◑ ♉

Mittelhohe Pflanzen für sonnige Plätze (Ph–We)

Phormium 'Yellow Wave'

Der bewährte Neuseelandflachs hat eine elegante, kompakte Statur. Die immergrünen, breit riemenförmigen, elegant gebogenen Blätter zeigen eine ausdrucksvolle, kontrastreiche Zeichnung in Gelb auf kräftigem Grün.

H: 1,2 m, **B**: 1 m
❄❄ ◊ ◖ ☼ ☼ ♆

Pinus mugo 'Ophir'

Diese kompakte, langsam wachsende Kiefer ist ideal für den kleinen Garten und gedeiht sogar im Kübel. Die kurzen, verzweigten Triebe bilden einen fülligen Strauch. Besonders schön sieht sie im Winter aus, wenn sich die Nadeln leuchtend goldgelb färben.

H: 1,5 m, **B**: 1,5 m
❄❄❄ ◊ ☼

Pittosporum tobira

Diese Pflanze mit den immergrünen, glänzenden Blättern und den cremefarbenen, süß duftenden Sommerblüten sieht man viel zu selten. Sie ist im Mittelmeerraum heimisch und eignet sich gut für alle, die im eigenen Garten gern vom Süden träumen.

H: 2 m, **B**: 2 m
❄❄ ◊ ☼ ♆

Rosa x odorata 'Mutabilis'

Eine sehr hübsche Rose, die vom Spätfrühling bis in den Spätherbst Gruppen von zierlichen, ungefüllten Blüten trägt, die im Aufblühen einen warmen Orangeton zeigen und sich später zu einem kräftigen Rosa verfärben. Die jungen Triebe sind violett überhaucht.

H: 1 m, **B**: 1 m
❄❄ ◊ ☼ ♆

Rosa xanthina 'Canary Bird'

Diese Rose blüht bereits im ausklingenden Frühling. Sie hat hübsches, apfelgrünes Laub und trägt zahlreiche ungefüllte Blüten in sonnigem Gelb mit zartem Duft. Im Herbst remontiert sie, allerdings fällt die Nachblüte schwächer aus.

H: 2 m, **B**: 2 m
❄❄❄ ◊ ☼ ♆

Rosmarinus officinalis

Der dichte, immergrüne Rosmarin hat aromatisch duftendes Laub und hübsche, hellblaue Blüten, die im Frühling und gelegentlich nochmals im Herbst erscheinen. Das beliebte Würzkraut gedeiht gut in Kübeln, verzeiht Trockenheit und ist recht schnittverträglich.

H: 1,5 m, **B**: 1,5 m
❄❄ ◊ ☼

Salvia officinalis 'Purpurascens'

Der purpurn blühende Salbei mit den ovalen, weich behaarten Blättern eignet sich gut für kleine Gärten, denn er wächst schnell und ist anspruchslos. Die Pflanze bildet rundliche Polster und trägt im Sommer höhere Stiele mit kleinen, violetten Blüten.

H: 1 m, **B**: 1 m
❄❄ ◊ ☼ ♈

Salvia x sylvestris 'Mainacht'

Diese kompakte Salbeisorte empfiehlt sich besonders für kleine Gärten. Die straffen Stiele mit den zahlreichen kleinen Blüten erscheinen im Frühsommer und zeigen ein intensives Blauviolett, das man um diese Jahreszeit selten sieht.

H: 70 cm, **B**: 45 cm
❄❄❄ ◊ ◐ ☼ ♈

Stipa gigantea

Das mehrjährige Riesen-Federgras ist zwar stattlich, aber dennoch für jeden Garten geeignet. Es bildet lange, schmale Blätter, über denen sich im Sommer lange Triebe mit transparenten, goldenen Blüten erheben, die sich im leichtesten Windhauch bewegen.

H: 2,5 m, **B**: 1,5 m
❄❄ ◊ ☼ ♈

Trachycarpus wagnerianus

Diese winterharte Palme wächst langsam und kompakt und eignet sich perfekt für kleine Gärten. Sie bildet allmählich einen Stamm, an dem dunkle, fächerförmige, tief gefältelte Wedel von sehr exotischem, ungewöhnlichem Aussehen stehen.

H: 2 m nach 10 Jahren, **B**: 2 m
❄❄❄ ◊ ◐ ☼ ◑

Verbena bonariensis

Auf diese Pflanze sollten auch Besitzer von Mini-Gärten nicht verzichten, weil sie zwar hoch ist, aber so luftig wächst, dass man die dahinter stehenden Pflanzen gut erkennen kann. Die purpurroten oder violetten Blüten erscheinen von Sommer bis Herbst.

H: 1,8 m, **B**: 45 cm
❄ ◊ ☼ ♈

Weigela 'Eva Rathke'

Weigelien blühen in Frühling und Frühsommer. Diese Sorte hat einen besonders kompakten Wuchs. Im Spätfrühling erscheinen dunkelrote Knospen, die sich zu karminroten, trichterförmigen Blüten öffnen. Nach der Blüte die ältesten Triebe entfernen.

H: 1,5 m, **B**: 1,5 m
❄❄❄ ◊ ☼ ◑

Mittelhohe Pflanzen für Schattenplätze (Ac–De)

Acer shirasawanum 'Aureum'

Dieser niedrige, kompakt wachsende Ahorn bezaubert vor allem im Spätfrühling und Frühsommer mit seinem goldgrünen, frischen Laub, das sich wie ein asiatischer Fächer entfaltet. An einem Schattenplatz leuchtet seine Farbe besonders.

H: 1,5 m nach 10 Jahren, **B**: 1 m
❄❄❄ ◐ ◑ ☀ ☀ ♛

Anemanthele lessoniana

Dieses Gras ist besser unter dem Namen *Stipa arundinacea* bekannt. Es bildet runde Horste aus relativ breiten, immergrünen, überhängenden Blättern. Im Spätsommer blüht es, im Herbst färben sich die Blätter leuchtend rostrot.

H: 1 m, **B**: 1,2 m
❄❄ ◐ ◑ ☀ ☀ ♛

Anemone x hybrida 'Honorine Jobert'

Die Eleganz dieser Stauden ist im Spätsommer unübertroffen. Im Lauf des Sommers entwickeln sich dichte Horste. Darüber zeigen sich im ausgehenden Sommer die zarten, ungefüllten weißen Blüten.

H: 1,5 m, **B**: 60 cm
❄❄❄ ◑ ☀ ♛

Aquilegia McKana-Gruppe

Die mehrjährige Akelei ist ein alter Bauerngarten-Klassiker. Es gibt viele Sorten mit verschiedenen Blütenfarben. Im Frühling treiben die gelappten Blätter aus, über denen sich bald an schlanken Stielen die ungewöhnlich geformten, recht haltbaren Blüten zeigen.

H: 1 m, **B**: 50 cm
❄❄❄ ◐ ☀ ☀

Aruncus dioicus

Die große, unkomplizierte Staude fühlt sich fast überall wohl. Im Frühling bildet sie rasch Polster aus belaubten Trieben. Im Hochsommer trägt sie große, luftige Rispen aus cremeweißen Blüten, die sich mehrere Wochen lang halten.

H: 2 m, **B**: 1,2 m
❄❄❄ ◐ ◑ ☀ ☀

Astilboides tabularis

Das wesentliche Merkmal dieser attraktiven Pflanze sind ihre großen, schirmförmigen, nahezu runden Blätter, deren Stiel in der Mitte ansetzt. Im Frühsommer sind sie zart und hellgrün, später werden sie dunkel. Im Spätsommer erscheinen weiße Blüten.

H: 1,5 m, **B**: 1 m
❄❄❄ ◐ ◑ ☀

Aucuba japonica

Dieser immergrüne Strauch ist robust und hat rund ums Jahr etwas zu bieten. Selbst stiefmütterliche Behandlung nimmt er nicht übel. Die großen, ovalen Blätter sind gelb getupft. Im Frühling trägt er rotviolette Blüten, aus denen sich karminrote Beeren entwickeln.

H: 3 m, **B**: 3 m
❄❄ ◌ ◖ ◕ ☼ ☼ ☀

Berberis darwinii

Der dornige, immergrüne Strauch besticht durch seine schöne Frühlingsblüte und wirkt gut im Beethintergrund. Vor dem glänzenden Laub heben sich leuchtend orangefarbene Blüten, aus denen sich später bläuliche Beeren entwickeln, gut ab.

H: 2 m nach 10 Jahren, **B**: 2 m
❄❄❄ ◌ ◖ ☼ ☼ 🏆

Camellia japonica 'Bob's Tinsie'

Eine echte Lieblingspflanze mit ordentlichem, kompaktem Wuchs und ungewöhnlichen Blüten. Die glänzenden, immergrünen, ovalen Blätter bilden einen schönen Hintergrund für die kleinen, becherförmigen roten Blüten, die im Frühling in großer Zahl erscheinen.

H: 1,5 m, **B**: 1 m
❄❄❄ ◌ ◖ ☼ 🏆

Cornus sanguinea 'Winter Beauty'

Im Sommer ist dieser Strauch unscheinbar, doch wenn sich im Herbst die Blätter buttergelb färben, sorgt er auf jeden Fall für Aufsehen. Mit den leuchtend orangegelben Zweigen und den rötlichen, jungen Trieben sieht er aus wie eine Flamme.

H: 2–3 m, **B**: 2 m
❄❄❄ ◌ ◖ ◕ ☼

Cotoneaster horizontalis

Dieser Strauch hat viele Vorzüge. Im Frühling trägt er frischgrüne Blätter, zu denen sich im Sommer rosaweiße Blüten gesellen. Im Herbst färben sich die Blätter karminrot, bevor sie abfallen, und im Winter sind die Zweige übersät von leuchtend roten Beeren.

H: 2 m, **B**: 2 m
❄❄❄ ◌ ◖ ☼ ☼ 🏆

Desfontainia spinosa

Auf den ersten Blick sieht diese Pflanze mit den kleinen, dunklen, bestachelten Blättern wie ein kompakter Ilex aus. Im Sommer zieht sie allerdings ein Ass aus dem Ärmel: lange, hängende Röhrenblüten in Rot und Gelb, die vor dem dunklen Laub großartig wirken.

H: 1 m, **B**: 60 cm
❄❄ ◖ ☼ 🏆

Mittelhohe Pflanzen für schattige Plätze (Di-Le)

Dicentra spectabilis

Das Tränende Herz ist eine beliebte Staude für halbschattige Plätze. Am Ende des Winters erscheinen fleischige Triebe, die durch Spätfröste leicht Schaden nehmen. Über dem zarten Laub erscheinen für einige Wochen rosa und weiße Blüten.

H: 1 m, **B**: 60 cm
❄❄❄ ◌ ◗ ☀ ☼ ♆

Digitalis purpurea

Der Fingerhut ist unkompliziert, gedeiht im Schatten und sät sich selbst aus. Normalerweise ist er zweijährig. Im ersten Jahr bildet er eine niedrige Rosette aus großen Blättern, im zweiten erscheint der hohe Stängel mit den Blüten in Rosa, Violett oder Weiß.

H: 2 m, **B**: 60 cm
❄❄❄ ◗ ☀ ☼

Geranium x oxonianum 'Claridge Druce'

Eine robuste Staude, die auch im trockenen Schatten gedeiht. Sie bildet niedrige, rundliche Polster aus halbimmergrünen Blättern und trägt vom Frühling bis zum Spätherbst zierliche Blüten in leuchtendem Rosa.

H: 1,2 m, **B**: 1 m
❄❄❄ ◌ ◗ ● ☀ ☼

Hedychium densiflorum

Diese Art ist eine winterharte Verwandte des Ingwer. Im Sommer wachsen rasch kräftige, fleischige Triebe mit üppigem Laub heran. An den Triebspitzen bilden sich bis in den Herbst hinein Rispen aus duftenden, orangefarbenen Blüten.

H: 1,2 m, **B**: 2 m
❄❄ ◌ ◗ ☀ ☼

Helleborus argutifolius

Die immergrüne Christwurz gedeiht gut im Schatten und füllt mit ihren stattlichen, gesägten Blättern an robusten Stängeln Lücken im Beet. Im Winter bildet sie leuchtend grüne, offene Blüten. Nach der Blüte die welken, gelben Stiele abschneiden.

H: 1 m, **B**: 1 m
❄❄ ◌ ◗ ☀ ☼ ♆

Hosta 'Jade Cascade'

Das Grün dieser stattlichen Funkie erinnert an Jade. Die zugespitzten Blätter mit der ausdrucksvollen Äderung werden bis 30 cm lang und biegen sich auf ihren kräftigen Stielen elegant zum Boden. Im Frühsommer bilden sich zart fliederfarbene Blüten.

H: 1,2 m, **B**: 1,1 m
❄❄❄ ◌ ☼

Hosta sieboldiana

Das Interessante an dieser Funkie ist ihre Blattfärbung. Dicke, bläuliche Triebe erscheinen im Frühling und entfalten sich zu blaugrauen Blättern, die sich mit der Zeit grün färben. Ältere Pflanzen bilden große Rosetten aus gekräuselten Blättern.

H: 1 m, **B**: 1 m
❄❄❄ ◊ ☼

Hosta 'Sum and Substance'

Dies ist eine besonders unkomplizierte Funkiensorte. Sie treibt im Frühling leuchtend gelbgrüne Blätter, die allmählich etwas nachdunkeln. Im Sommer bilden sich hohe Triebe mit lavendelfarbenen Blüten. Schnecken scheinen andere Sorten zu bevorzugen.

H: 75 cm, **B**: 1,2 m
❄❄❄ ◊ ☼ ♈

Hydrangea macrophylla 'Lanarth White'

Diese Hortensie bildet einen rundlichen Strauch. Im Spätsommer erscheinen abgeflachte Blütenstände aus zahlreichen fertilen, blauen oder rosa Blüten, die von schneeweißen Hochblättern umstanden sind.

H: 1 m, **B**: 1 m
❄❄❄ ◊ ◊ ☼ ♈

Ilex crenata var. latifolia

Diese Stechpalme sieht dem Buchsbaum ähnlich, wächst aber schneller. Sie ist schnittverträglich und kann als niedrige Hecke gehalten werden. Auch die Sorte 'Golden Gem' mit leuchtend gelbem Laub gedeiht ausgezeichnet im Schatten.

H: bis 1,5 m, **B**: 1,5 m
❄❄❄ ◊ ◊ ☼ ☼

Iris foetidissima

Die Übelriechende Schwertlilie gedeiht sogar im Schatten unter Bäumen und Sträuchern. Die lanzettlichen Blätter bleiben auch im Winter attraktiv. Im Frühling trägt sie violette Blüten, aus denen sich dekorative, äußerst langlebige, leuchtend orange Samen bilden.

H: 1 m, **B**: 90 cm
❄❄ ◊ ☼ ☼ ♈

Leucothoe fontanesiana 'Rainbow'

Ein gedrungener, immergrüner Strauch, dessen überhängende Triebe an eine Fontäne erinnern. Die Blätter sind unregelmäßig cremefarben, rosa und orange gesprenkelt. Im Sommer erscheinen hängende, glockenförmige Blüten in Weiß.

H: 1,5 m, **B**: 1,2 m
❄❄❄ ◊ ☼

Mittelhohe Pflanzen für schattige Plätze (Le–Vi)

Leycesteria formosa

Ein unkomplizierter Strauch, der auch trockenen Schatten verträgt. Im Sommer hängen von den überhängenden Trieben mit üppiger, ovaler Belaubung Gruppen von Blüten in Rosa oder Violett herab. Später erscheinen violette Beeren. Auch im Winter attraktiv.

H: 1,5 m, **B**: 1,2 m
❄❄❄ ◌◗ ☼ ☀ ♈ ♛

Ligularia dentata 'Desdemona'

Die mehrjährige Staude braucht einen feuchten Standort. Sie bildet im Frühling Gruppen aus großen, lang gestielten Blättern in dunklem Grün mit einem Hauch Violett. Darüber erheben sich hohe Stiele mit Strahlenblüten in Orangegelb.

H: 1,2 m, **B**: 60 cm
❄❄❄ ◌◗ ☀ ♛

Osmunda regalis

Der stattliche, sommergrüne Farn gedeiht an feuchten Schattenplätzen. Im Frühling zeigen sich bräunliche Triebe, die sich zu hellgrünen Wedeln entrollen. Im Sommer geben die Pflanzen den Beeten Struktur. Im Herbst färben sie sich goldgelb.

H: 1,2 m, **B**: 1 m
❄❄❄ ◌◗ ☀ ♛

Pieris 'Forest Flame'

Der immergrüne Strauch prunkt mit leuchtend roten, frischen Trieben und Gruppen von weißen Glockenblüten, die im zeitigen Frühling noch vor den Blättern erscheinen. Die jungen Blätter färben sich erst rosa und dann grün. Braucht sauren Boden.

H: 2,5 m, **B**: 2 m
❄❄❄ ◗ ☀ ♛

Primula florindae

Die Tibet-Primel ist die größte Gartenprimel und sieht aus wie eine Riesenausgabe der Schlüsselblume. Im Frühling treibt sie Rosetten aus weichen, 30 cm langen Blättern, über denen sich hohe Stiele mit duftenden Glockenblüten in Gelb oder Orange erheben.

H: 1,2 m, **B**: 60 cm
❄❄❄ ◗ ☀ ♛

Rhododendron 'Olive'

Der immergrüne Rhododendron braucht einen windgeschützten Platz mit saurem Boden. Die kleinen, grünen, ovalen Blätter bilden einen ruhigen Hintergrund für die leuchtend rosa Trichterblüten. Sie erscheinen im Spätwinter.

H: 1,5 m, **B**: 1 m
❄❄❄ ◗ ☀

Rhododendron 'Persil'

Dieser Rhododendron sieht im späten Frühling hinreißend aus. Gleichzeitig mit den frischen, weich behaarten Blättern erscheinen große, duftende Kugeln aus weißen Blüten mit gelbem Schlund. Die leuchtenden Blüten halten mehrere Wochen.

H: bis 2 m, **B**: 2 m
❄❄❄ ◊ ☼ ☼ ♈

Ribes sanguineum 'Brocklebankii'

Diese kompakt wachsende Sorte der Blut-Johannisbeere sieht im Frühling hübsch aus, wenn gleichzeitig mit den gelbgrünen Blättern die rosa Blüten erscheinen. Sehr starke Sonne kann die Blätter versengen, darum ist ein Schattenplatz empfehlenswert.

H: 1,5 m, **B**: 1 m
❄❄❄ ◊ ☼

Sarcococca hookeriana var. digyna

Immergrün, kompakt und schattenverträglich: ein idealer Winterblüher für kleine Gärten. Er bildet rundliche Polster aus schmalen, glänzenden Blättern. Im Winter erscheinen die kleinen, weißen Blüten und verströmen ihren angenehm würzigen Duft.

H: 1,5 m, **B**: 2 m
❄❄ ◊ ◊ ☼ ☼ ♈

Skimmia x confusa 'Kew Green'

Die Pflanze mit den glänzenden Blättern sieht immer gut aus. Im zeitigen Frühling trägt sie konische Blütenstände mit cremefarbenen, duftenden Blüten. Abgebildet ist eine männliche Pflanze, Beeren tragen nur die weiblichen oder zwittrigen.

H: 1 m, **B**: 1,5 m
❄❄❄ ◊ ☼ ♈

Viburnum davidii

Die immergrünen, ovalen, gefältelten Blätter haben ein sattes Grün. Im Sommer trägt dieser Schneeball große Kugeln aus kleinen, weißen Blüten, aus denen sich – sofern männliche und weibliche Pflanzen vorhanden sind – leuchtend blaue Beeren bilden.

H: 1 m, **B**: 1,5 m
❄❄ ◊ ◊ ☼ ☼ ♈

Viburnum tinus 'Eve Price'

Ein kompakter, üppig blühender, immergrüner Strauch, der sich gut für den Beethintergrund eignet. Zwischen den dichten, ovalen Blättern in dunklem Grün zeigen sich im Winter und Frühling rundliche Blütenstände aus weißen, rosa überhauchten Blüten.

H: 3 m, **B**: 3 m
❄❄ ◊ ◊ ☼ ☼ ♈

Niedrige Pflanzen für sonnige Plätze (Al–Di)

Allium schoenoprasum

Schnittlauch ist nicht nur köstlich, sondern auch eine unkomplizierte Pflanze für den Blumengarten oder als Einfassung von Beeten. Die Blätter sehen besonders hübsch aus, wenn sich darüber die pinkfarbenen Blüten erheben, die einige Wochen halten.

H: 30 cm, **B**: 5 cm
❄❄❄ ◌ ◐ ☼ ◑

Artemisia alba 'Canescens'

Eine interessante Staude, die mit ihrem silbrigen, feinen Laub gut in den Beetvordergrund passt. Sie breitet sich kriechend aus und kann auch als Bodendecker verwendet werden. Vor dem Winter über dem Boden abschneiden, dann treibt sie im Frühling neu aus.

H: 30 cm, **B**: 30 cm
❄❄ ◌ ☼ ⚌

Aster 'Coombe Fishacre'

Im Frühherbst sind Astern die Stars im Garten. Diese attraktive Sorte mit besonders langer Blütezeit eignet sich gut für kleine Gärten. Die zahlreichen Strahlenblüten in Rosa mit dunklerem Auge halten sich bis zum ersten Frost.

H: 60 cm, **B**: 60 cm
❄❄❄ ◌ ☼ ⚌

Astrantia major

Diese schöne Staude mit ihren neuen Zuchtformen findet immer mehr Anhänger. Im Frühling bildet sie Blattrosetten, über denen schlanke blühende Triebe aufragen. Die Blüten selbst sind unscheinbar, doch die weißen oder rosa Hochblätter sehen dekorativ aus.

H: 45 cm, **B**: 30 cm
❄❄❄ ◐ ☼ ◑

Bergenia purpurascens

Die winterharte Staude hat attraktives Laub und auffällige Blüten. Diese Art bleibt kompakter als andere Bergenien und eignet sich darum gut für kleine Gärten. Die Blätter färben sich im Winter rötlich. Im Frühling trägt sie Blüten in kräftigem Rosa.

H: 30 cm, **B**: 60 cm
❄❄❄ ◌ ☼ ◑ ⚌

Calluna vulgaris 'Silver Knight'

Das strauchige, immergrüne Heidekraut trägt reizvolles, silbriges Laub. Ausgewachsene Pflanzen decken den Boden gut ab und wirken dabei mit ihren aufrechten Trieben wie eine duftige, silbrige Wolke. Pflegeleicht, gedeiht aber nur auf saurem Boden.

H: 30 cm, **B**: 60 cm
❄❄❄ ◌ ◐ ☼

Campanula glomerata

Die niedrige Knäuel-Glockenblume ist anspruchslos und breitet sich durch Ausläufer und Samen rasch aus, sodass sie im Sommer den Boden bedeckt. Vom Frühsommer bis in den Herbst trägt sie runde Blütenstände mit Glockenblüten in Blau oder Weiß.

H: 30 cm, **B**: 1 m
❄❄❄ ◐◖ ☼ ◑

Catananche caerulea

Die sonnenhungrige Staude trägt im Sommer und Herbst lavendelblaue Blüten, die kleinen Kornblumenblüten ähneln und auf drahtigen Stängeln über Polstern aus silbrigem Laub stehen. Die Pflanze harmoniert gut mit anderen pastellfarbig blühenden Arten.

H: 60 cm, **B**: 30 cm
❄❄ ◐ ☼

Ceratostigma plumbaginoides

Der niedrige, unkomplizierte Strauch blüht, wenn die meisten Pflanzen schon zur Ruhe gehen. Er breitet sich aus und bildet bei guten Bedingungen große Büsche. Die blauen Blüten stehen in kleinen Gruppen. Die Blätter färben sich im Herbst leuchtend rot.

H: 45 cm, **B**: 30 cm
❄❄ ◐◖ ☼ ♟

Cerinthe major

Die einjährige Große Wachsblume mit dem niedrig buschigen Wuchs und den silbrig blauen Blättern lässt sich leicht aus Samen ziehen. Im Spätfrühling trägt sie langlebige, glockenförmige Blüten, die bläulich violett schillern. Sie sät sich selbst aus.

H: 45 cm, **B**: 30 cm
❄❄❄ ◐ ☼

Convolvulus cneorum

Der immergrüne, niedrige Strauch ist sowohl wegen seines silbrigen Laubs beliebt, als auch wegen der zahlreichen, weißen Becherblüten, die im Sommer erscheinen. Die Blüten halten oft nur einen Tag lang, doch es werden ständig neue gebildet.

H: 60 cm, **B**: 90 cm
❄ ◐ ☼ ♟

Diascia barberae 'Blackthorn Apricot'

Diese Pflanze wird oft einjährig kultiviert, ist aber am richtigen Standort mehrjährig. Im Winter wird sie über dem Boden abgeschnitten. Im Frühling treibt sie neu aus. Den Sommer über trägt sie pfirsichfarbene Blüten.

H: 25 cm, **B**: 50 cm
❄❄ ◖ ☼ ♟

Niedrige Pflanzen für sonnige Plätze (Er–Ge)

Erica carnea 'Foxhollow'

Es gibt mehrere Heidekrautsorten, die im Winter blühen, doch diese mit den kleinen, hellrosa Glockenblüten trotzt dem härtesten Frost. Die nadelfeinen, hellgrünen Blätter färben sich im Winter rötlich. Eine sehr schöne, niedrige Pflanze.

H: 20 cm, **B**: 60 cm
❄❄❄ ◌ ◗ ☼ ♛

Erigeron karvinskianus

Das Berufkraut aus Mexiko ist eine beliebte Gartenpflanze, die man oft in Pflasterfugen und Trockenmauern sieht – dort, wo es heiß und trocken ist. Die niedrige, kriechende Pflanze trägt von Frühsommer bis Winter kleine Strahlenblüten in Rosa oder Weiß.

H: 15–30 cm, **B**: 1 m
❄❄ ◌ ☼ ♛

Erysimum 'Bowles' Mauve'

Eine großartige Pflanze, um in einem Garten im ländlichen Stil im Frühling und Sommer Farbakzente zu setzen. Der immergrüne Goldlack mit den graugrünen Blättern wächst strauchig und trägt vom Frühling an zahllose Blüten in Rosa oder Purpurrot.

H: 60 cm, **B**: 60 cm
❄❄ ◌ ☼ ♛

Euphorbia cyparissias 'Fens Ruby'

Diese niedrige Wolfsmilch ist mehrjährig und wird wegen ihrer Blätter und der Frühlingsblüten geschätzt, obwohl sie zum Wuchern neigt. Im Frühling erscheinen rötlich grüne Triebe mit zarten Blättern, denen bald kleine, lindgrüne Blüten folgen.

H: 30 cm, **B**: 2 m
❄❄❄ ◌ ◗ ☼

Euphorbia rigida

Diese Wolfsmilchart fühlt sich im sonnigen Steingarten wohl. Sie bildet Büschel aus fleischigen Trieben mit schmal dreieckigen, silbrig blauen Blättern. Sie winden sich wie Schlangen in alle Richtungen. Im Frühsommer trägt sie hellgrüne Blüten.

H: 20 cm, **B**: 60 cm
❄❄ ◌ ☼

Francoa sonchifolia

Diese Staude ist ein guter Bodendecker und geeignet für warme, sonnige Plätze. Die kriechenden Triebe tragen fleischige Blätter und bilden im Hoch- bis Spätsommer hohe Stängel mit zahlreichen rosa Blüten mit dunkleren Sprenkeln.

H: 60 cm, **B**: 60 cm
❄❄ ◌ ☼ ◗

Fuchsia 'Genii'

Dies ist eine verlässliche, kompakte, winterharte Fuchsiensorte. Vom Spätsommer an bis zum ersten Frost bildet sie immer neue Hängeblüten in Rot und Violett, die zum leuchtend gelben Laub einen interessanten Kontrast bilden.

H: 60 cm, **B**: 60 cm
❄❄ ○ ☼ ◑ ♕

Gaura lindheimeri

Eine zarte Staude für den Beetvordergrund. Vom Hochsommer bis in den mittleren Herbst trägt sie offene, weiße Blüten an schlanken Stielen. Im Winter friert das Laub zurück, sie treibt aber im Frühling wieder aus, wenn für Frostschutz gesorgt wird.

H: bis 1 m, **B**: 1 m
❄❄ ○ ☼ ♕

Geranium 'Ann Folkard'

Der winterharte Storchschnabel hat attraktive, handförmige Blätter, die anfangs hell und goldgrün sind und später nachdunkeln. Den ganzen Sommer über erscheinen über dem Laub große, offene Blüten in leuchtendem Magentarot mit dunklerem Auge.

H: 60 cm, **B**: 1 m
❄❄❄ ○ ◑ ☼ ◑ ♕

Geranium 'Rozanne' ('Gerwat')

Diese wunderschöne, winterharte Sorte ist breitwüchsig, ihre Triebe bedecken den Boden vom Spätfrühling an, wurzeln aber nicht. Bis in den Herbst hinein trägt sie zahllose offene Blüten in leuchtendem Blau. Im Spätherbst über dem Boden abschneiden.

H: 45 cm, **B**: 60 cm
❄❄❄ ○ ☼ ◑

Geum coccineum

Die Rote Nelkenwurz ist eine Staude mit einer Rosette aus gezähnten, grünen Blättern. Darüber erscheinen im Sommer mehrere Wochen lang schalenförmige Blüten in Orangerot mit gelben Staubgefäßen. Braucht Sonne, verträgt aber keinen trockenen Boden.

H: 50 cm, **B**: 30 cm
❄❄❄ ○ ◑ ☼ ◑

Geum rivale

Die in Europa heimische Bach-Nelkenwurz braucht feuchten Boden und passt gut in einen etwas wilderen Gartenbereich. Die büschelige Staude trägt im Frühsommer mehrere Wochen lang glockenförmige Blüten in mattem Rot oder Altrosa.

H: 50 cm, **B**: 30 cm
❄❄❄ ○ ◑ ☼

Niedrige Pflanzen für sonnige Plätze (Ha–Pe)

Hakonechloa macra 'Aureola'

Das hübsche Japangras bildet einen niedrigen Horst aus grün-golden gestreiften Blättern. Durch kriechende Rhizome breitet es sich langsam aus. Es gedeiht an verschiedenen Standorten. Sofern der Boden feucht genug ist, verträgt es auch volle Sonne.

H: 35 cm, **B**: 40 cm

❄❄ ◌ ◍ ☀ ◑ ♉

Helianthemum 'Rhodanthe Carneum' ('Wisley Pink')

Das niedrige Sonnenröschen ist eine gute Wahl für den sonnigen Steingarten. Es ist immergrün und hat kleine ovale silbrige Blätter. Im Frühsommer trägt es silbrig rosa Blüten mit hellgelbem Auge, die nur einen Tag halten.

H: 30 cm, **B**: 50 cm

❄❄❄ ◌ ☀ ♉

Hemerocallis 'Golden Chimes'

Wegen ihres kompakten Wuchses und der reichen Blüte ist dies eine ideale Taglilie für kleine Gärten. Sie bildet Horste aus schmalen, überhängenden Blättern und im Sommer aufragende Stängel mit offenen Trompetenblüten in Gelb.

H: bis 1 m, **B**: 50 cm

❄❄❄ ◌ ☀ ◑ ♉

Hypericum olympicum

Das Olymp-Johanniskraut ist ein niedriger Strauch für offene, sonnige Plätze, der im Sommer hübsch aussieht. Die graugrünen Blätter bilden einen guten Hintergrund für die offenen, goldgelben Sternblüten, die in Gruppen an den Triebspitzen sitzen.

H: 30 cm, **B**: 50 cm

❄❄❄ ◌ ☀ ♉

Iris unguicularis

Nur wenige Stauden sind im Winter attraktiv – eine davon ist diese immergrüne Iris. Die meiste Zeit fällt sie kaum auf, doch in milden Winterperioden bildet sie zahlreiche Blüten in Lavendel und Mauve mit gelbem Schlund, die mehrere Tage lang halten.

H: 30 cm, **B**: 60 cm

❄❄❄ ◌ ☀ ♉

Lychnis flos-cuculi

Die Kuckucks-Lichtnelke ist eine einheimische, kurzlebige Staude, die im Frühsommer hohe Stiele mit offenen, sternförmigen Blüten mit schmalen Blütenblättern bildet. Die Blüten sind hellrosa oder seltener weiß. Die Pflanze gedeiht auch im feuchten Schatten.

H: 75 cm, **B**: 30 cm

❄❄❄ ◌ ◍ ☀ ◑

Narcissus 'Jetfire'

Es gibt viele Narzissensorten, doch diese mit ihren eleganten, kräftig gefärbten Blüten ist besonders attraktiv. Die äußeren Blütenblätter sind goldgelb und zurückgebogen, der mittlere Kelch in kräftigem Rotorange bildet dazu einen schönen Kontrast.

H: 22 cm, **B**: 10 cm
❄❄❄ ◊ ☀ ◐ ♔

Nepeta x faassenii

Die Katzenminze mit ausladenden Trieben und weichen, blaugrünen Blättern hat einen aromatischen Duft, den Katzen unwiderstehlich finden. Im Sommer trägt sie Ähren mit hellblauen Blüten. Nach der Blüte zurückschneiden, dann blüht sie meist noch einmal.

H: 50 cm, **B**: 50 cm
❄❄❄ ◊ ☀ ♔

Oenothera speciosa

Diese niedrige, sonnenhungrige Pflanze breitet sich vor allem in lockerem Boden schnell aus. Aus den spitzen Knospen entfalten sich offene rosa Schalenblüten, die zwar kurzlebig sind, aber während des gesamten Sommers laufend neu gebildet werden.

H: 30 cm, **B**: 50 cm
❄❄❄ ◊ ☀

Osteospermum 'Sunny Serena'

Eine frostempfindliche Staude mit hübschen Sommerblüten, die meist einjährig kultiviert wird. Sie gedeiht gut in Kübeln, kann aber auch Lücken im Beet füllen. Im Kübel regelmäßig düngen. Verwelkte Blüten ausputzen, um die Knospenbildung anzuregen.

H: 60 cm, **B**: 30 cm
❄ ◊ ☀

Penstemon 'Alice Hindley'

Mit den rosaviolett schimmernden Blüten an aufrechten Trieben ist dies eine der schönsten Bartfadensorten. Die holzigen Zweige mit den ovalen Blättern erst zurückschneiden, wenn sich im Frühling neue Triebe an der Basis der Pflanze zeigen.

H: 75 cm, **B**: 50 cm
❄❄ ◊ ☀ ♔

Penstemon 'Andenken an Friedrich Hahn'

Diese beliebte Bartfadensorte ist auch unter dem Namen Penstemon 'Garnet' bekannt. Vom Hochsommer bis zum ersten Frost bildet sie immer neue aufrechte Triebe, die locker mit leuchtend roten Röhrenblüten besetzt sind.

H: 75 cm, **B**: 60 cm
❄❄ ◊ ☀ ♔

Niedrige Pflanzen für sonnige Plätze (Pe–Za)

Persicaria affinis 'Superba'

Diese Staude ist einer der schönsten Bodendecker. Besonders schön ist sie im Spätsommer und Herbst, wenn sich die Blüten hellrosa öffnen und allmählich karminrot werden, sodass mehrere Blütenfarben gleichzeitig zu sehen sind. Rostbraune Herbstfärbung.

H: 30 cm, **B**: 60 cm
✳✳✳ ◊ ◊ ☼ ☼ ♉

Phlox 'Chattahoochee'

Eine niedrige Staude, die sich ideal für den Beetvordergrund oder den Steingarten eignet. Im Frühsommer sind die Pflanzen mit kleinen, kräftig fliederfarbenen Blüten mit rötlich violettem Auge übersät.

H: 30 cm, **B**: 60 cm
✳✳✳ ◊ ☼ ☼

Pittosporum tenuifolium 'Tom Thumb'

Dieser kompakte, immergrüne Klebsame mit seinem mahagoniroten Laub ist eine Bereicherung für den kleinen Garten. Besonders reizvoll sieht er im Frühling aus, wenn die neuen frischgrünen Blätter erscheinen.

H: bis 1 m, **B**: 60 cm
✳✳ ◊ ☼ ♉

Pulsatilla vulgaris

Die Küchenschelle ist eine der hübschesten Frühlingsblumen. Aus der Mitte des buschigen, farnartigen Laubs wachsen die stattlichen, sternförmigen Blüten in Violett (seltener Rot oder Weiß) mit goldgelben Staubgefäßen empor. Bevorzugt kalkhaltigen Boden.

H: 30 cm, **B**: 20 cm
✳✳✳ ◊ ☼ ♉

Rudbeckia fulgida var. sullivantii 'Goldsturm'

Stauden, die im Herbst blühen, sind besonders wertvoll. Diese Pflanze ist obendrein schön kompakt. Die Strahlenblüten haben schmale, goldgelbe Blütenblätter und ein dunkleres, kegelförmiges Auge.

H: 60 cm, **B**: 60 cm
✳✳✳ ◊ ◊ ☼ ♉

Sedum 'Herbstfreude'

Die Fetthenne mit den fleischigen, graugrünen Stielen und Blättern verträgt pralle Sonne und Trockenheit. Im Spätsommer trägt sie flache Blütenstände aus vielen kleinen, rostroten Blüten, die sich lange halten und auch im Winter noch interessant aussehen.

H: 60 cm, **B**: 60 cm
✳✳✳ ◊ ☼ ♉

Sisyrinchium striatum 'Aunt May'

Diese reizvolle Pflanze mit ihren schwertförmigen, graugrünen, längsgestreiften Blättern sieht ganzjährig gut aus und bildet einen schönen Kontrast zu rundblättrigen Gewächsen. Im Frühsommer öffnen sich nach und nach Rispen mit sattgelben Blüten.

H: 90 cm, **B**: 25 cm
❄❄ ◌ ☼

Stachys byzantina 'Big Ears'

Diese niedrige Zuchtform des Woll-Ziest hat große, ovale Blätter mit silbrig weißem Flaum. Sie sieht besonders schön im Vordergrund eines Beets mit hellen Blütenfarben aus. Im Sommer erscheinen Rispen mit altrosa oder blass fliederfarbenen Blüten.

H: 60 cm, **B**: 1 m
❄❄❄ ◌ ☼

Stipa tenuissima

Dieses mehrjährige Federgras ist eine gute Wahl, weil es fast das ganze Jahr attraktiv aussieht. Im Frühling leuchten die Halme hellgrün, im Sommer erscheinen die duftigen Blütenstände und während sie Samen bildet, färbt sich die gesamte Pflanze strohgelb.

H: 60 cm, **B**: 30 cm
❄❄ ◌ ☼

Veronica gentianoides 'Tissington White'

Dieser niedrige Ehrenpreis bildet schnell einen Teppich auf dem Boden. Im Spätfrühling schiebt die mehrjährige Staude zahlreiche Stiele mit grauweißen Blüten in die Höhe, die mehrere Wochen lang attraktiv bleiben.

H: 60 cm, **B**: 60 cm
❄❄❄ ◌ ◐ ☼ ☼ ♈

Vinca difformis

Immergrün ist als Bodendecker beliebt, doch diese Art mit den ungewöhnlichen Blüten ist besonders reizvoll. Die propellerförmigen Blüten erscheinen fast während des gesamten Winters und bis ins Frühjahr hinein. Sie sind blassblau bis nahezu weiß.

H: 60 cm, **B**: 1,2 m
❄❄ ◌ ☼ ◐ ♈

Zauschneria californica

Diese Pflanze mit den eindrucksvollen Blüten und graugrünen Blättern braucht am besten einen sehr warmen Standort in praller Sonne, um optimal zu gedeihen. Sie bleibt recht niedrig. Ihre spätsommerlichen Blüten in feurigem Rotorange erinnern an Fuchsien.

H: 60 cm, **B**: 60 cm
❄❄ ◌ ☼

Niedrige Pflanzen für schattige Plätze (Al–He)

Alchemilla mollis

Der bekannte Frauenmantel fühlt sich im Schatten am wohlsten. Die weichen, grünen Blätter, auf denen morgens kleine Wassertropfen stehen, bilden füllige Rosetten. Im Sommer erscheinen duftige Blütenstände aus winzigen, lindgrünen Blüten.

H: 30 cm, **B**: 60 cm
❄❄❄ ◐ ☀ ♈

Arum italicum subsp. *italicum* 'Marmoratum'

Die ledrigen, wintergrünen Blätter mit der ausdrucksvollen silbrig weißen Äderung erscheinen erst im Spätherbst. Im Sommer trägt die Staude unscheinbare, grüne Blüten, aus denen sich attraktive, aber giftige rote Beeren entwickeln.

H: 30 cm, **B**: 15 cm
❄❄❄ ◌ ◐ ☀ ◑ ☀ ♈

Brunnera macrophylla 'Dawson's White'

Die kompakte Staude braucht einen kühlen, feuchten Standort. Sie hat behaarte, herzförmige Blätter mit einem weißen Rand, die besonders hübsch aussehen, wenn darüber die zierlichen Blüten erscheinen.

H: 30 cm, **B**: 30 cm
❄❄❄ ◌ ◐ ☀

Carex elata 'Aurea'

Die Steife Segge bildet Horste aus leuchtend goldgrünen Blättern. Sie ist sommergrün und liebt es feucht oder gar nass und schattig. Vor allem im Frühling, wenn die frischen Blätter austreiben, hebt sie sich sehr gut gegenüber anderen, dunkleren Pflanzen ab.

H: 70 cm, **B**: 45 cm
❄❄❄ ◐ ◑ ☀ ♈

Cornus canadensis

Der Kanadische Hartriegel ist ein Bodendecker, der sich mit Rhizomen in saurem Boden ausbreitet. Vier weiße Hochblätter umgeben die unscheinbaren, sommerlichen Blüten und sorgen so für Attraktivität. Später reifen gelegentlich rote Beeren heran.

H: 20 cm, **B**: 1 m
❄❄❄ ◐ ☀ ♈

Corydalis flexuosa

Der hübsche Lerchensporn gedeiht problemlos in schattigen Ecken. Früh im Jahr treiben aus fleischigen Trieben die farnartigen Blätter aus. Die Gruppen aus leuchtend blauen Blüten gleichen kleinen Fischschwärmen. Nach der Blüte stirbt das Laub rasch ab.

H: 20 cm, **B**: 60 cm
❄❄❄ ◐ ☀ ♈

Cyclamen hederifolium

Das bezaubernde Herbst-Alpenveil-chen wächst aus einer Knolle, die knapp unter der Erdoberfläche liegt. Es bildet zahlreiche Blüten in Weiß oder Rosa. Erst danach erscheinen die hübschen Blätter mit der silbrigen oder dunkler grünen Zeichnung.

H: 13 cm, **B**: 15 cm
✻✻✻ ◊ ● ☼ ♈

Daphne laureola subsp. *philippi*

Der buschige, immergrüne Seidelbast wächst langsam und passt auch in kleinere Beete. Die glänzenden Blätter stehen hauptsächlich an den Trieb-spitzen. Dort erscheinen im Spätwin-ter auch die duftenden, grünlichen Glockenblüten.

H: 60 cm, **B**: 1 m
✻✻✻ ◊ ● ☼

Epimedium x *versicolor*

Die ausdauernde Elfenblume fühlt sich im Schatten unter Sträuchern wohl. Die zierlichen, geteilten Blätter sind manchmal bronzefarben über-haucht. Zusammen mit den Blättern erscheinen Blüten in Gelb, Orange oder Rosa.

H: 20 cm, **B**: 30 cm
✻✻✻ ◊ ● ☼ ♈

Galanthus nivalis

Als einer der ersten Frühblüher des Jahres zeigt das Schneeglöckchen dem Gärtner an, dass der Frühling unterwegs ist. Die Pflanzen wachsen gut im Schatten und bilden bald große Horste, die regelmäßig geteilt werden müssen, damit sie zuverlässig blühen.

H: 10 cm, **B**: 20 cm
✻✻✻ ◊ ● ☼ ♈

Geranium macrorrhizum

Dieser niedrige, mehrjährige Storchschnabel gedeiht gut unter Sträuchern, wo er mit seinen weichen, duftenden Blättern bald den Boden dicht bedeckt. Im Frühling bildet er kurz gestielte Gruppen von Blüten in Rosa, Mauve oder Weiß.

H: 30 cm, **B**: 60 cm
✻✻✻ ◊ ● ☼

Helleborus x *hybridus*

Christrosen sind ausgesprochen be-liebte Stauden, die zeitig im Frühling blühen. Im Spätwinter bilden sich neue Triebe. Zuerst erscheinen die ni-ckenden Blüten, danach die Blätter. Es gibt Sorten mit Blüten in vielen Farben. Sie halten sich über mehrere Wochen.

H: 45 cm, **B**: 45 cm
✻✻✻ ◊ ☼

Niedrige Pflanzen für schattige Plätze (He–Uv)

Heuchera 'Plum Pudding'

Das Purpurglöckchen ist eine attraktive, immergrüne Blattpflanze für ein Schattenbeet. Die rundlichen Blätter mit den gewellten Rändern sind rötlich violett mit einer silbrig metallischen Zeichnung. Im Sommer stehen zarte Blüten hoch über dem Laub.

H: 60 cm, **B**: 30 cm
❄❄❄ ◊ ◖ ◖ ☼

Lysimachia nummularia 'Aurea'

Das Pfennigkraut mit dem leuchtend goldgrünen Laub ist ein hübscher Bodendecker. Die Triebe mit den ovalen Blättern liegen flach auf dem Boden und bilden eine dichte Matte. Im Sommer ist die Pflanze mit kleinen, dottergelben Blüten übersät.

H: 3 cm, **B**: 1 m
❄❄❄ ◊ ◖ ◖ ☼ ☼ ♛

Meconopsis cambrica

Der zauberhafte Scheinmohn ist eine beliebte Gartenpflanze. Mit seinem frischgrünen Laub und den leuchtend gelben oder orangefarbenen Blüten, die auf schlanken Stielen über den Blättern stehen, kommt er im Schatten besonders gut zur Geltung.

H: 50 cm, **B**: 30 cm
❄❄❄ ◊ ◖ ◖ ☼ ♛

Omphalodes cappadocica 'Cherry Ingram'

Die zierliche Staude ist im Frühling besonders schön. Die kleinen Blätter treiben früh aus und bilden kompakte Polster. Darüber stehen kleine Gruppen sternförmiger Blüten in bläulichem Rosa, die sich mehrere Wochen halten.

H: 20 cm, **B**: 30 cm
❄❄❄ ◊ ◖ ☼ ☼ ♛

Ophiopogon planiscapus 'Nigrescens'

Der Schwarze Schlangenbart ist eine großartige Staude zum Kombinieren mit anderen Pflanzen. Er bildet Horste aus fast schwarzen, grasartig schmalen Halmen und trägt im Sommer kleine, mauvefarbige Blüten.

H: 20 cm, **B**: 30 cm
❄❄ ◊ ◖ ◖ ☼ ☼ ♛

Pachysandra terminalis

Diese immergrüne, bodendeckende Pflanze gedeiht sogar im trockenen Schatten unter Sträuchern, wo sie dichte Matten bildet und so Unkraut unterdrückt. Sie breitet sich durch unterirdische Ausläufer aus und trägt im Sommer kleine, weiße Blüten.

H: 20 cm, **B**: 60 cm
❄❄❄ ◊ ◖ ◖ ☼

Primula pulverulenta

Die Szetschuan-Primel ist eine Staude, die feuchten, nahrhaften Boden braucht. Die Blätter erscheinen im Frühling vor den Blüten. Die stattlichen Triebe mit ihrem kalkig-weißen Belag bilden einen schönen Kontrast zu den kleinen, rötlich violetten Blüten.

H: 60 cm, **B**: 30 cm

❄❄❄ ◊ ◖ ☀ ♈

Primula vulgaris

Die Schlüsselblume ist eine wertvolle Gartenpflanze, die sich im Schatten wohl fühlt. Sie gedeiht auch im Steingarten und kann im hohen Gras verwildern. Im zeitigen Frühling bildet sie über einige Wochen gelbe, manchmal auch weiße oder rosa Blüten.

H: 15 cm, **B**: 20 cm

❄❄❄ ◊ ☀ ♈

Pulmonaria 'Sissinghurst White'

Das mehrjährige Lungenkraut mit dem silbrig grünen Laub ist eine ausgezeichnete Gartenpflanze. Diese verlässliche Züchtung hat dekorative, glockenförmige Blüten in Weiß, die über mehrere Wochen erscheinen und im Schatten besonders schön leuchten.

H: 25 cm, **B**: 30 cm

❄❄❄ ◊ ☀ ♈

Saxifraga fortunei

Diese Steinbrechart ist wegen ihrer späten Blüte bemerkenswert. Einige Sorten blühen aber schon im Sommer. Die Staude bildet Polster aus glänzenden, handförmigen Blättern. Vor dem Frost bilden sich dekorative Blütenstände mit weißen Blüten.

H: 50 cm, **B**: 30 cm

❄❄❄ ◊ ◖ ☀

Tiarella cordifolia

Diese Staude breitet sich durch Ausläufer rasch aus und bedeckt kleinere Bodenflächen. Die handförmigen Blätter sind weich und meist violett überhaucht. Im Frühling bildet die Pflanze kurz gestielte Rispen mit kleinen Blüten in Weiß und einem Hauch Rosa.

H: 20 cm, **B**: 60 cm

❄❄❄ ◊ ◖ ☀ ♈

Uvularia grandiflora

Diese elegante Staude trägt im mittleren Frühling gelbe Glockenblüten mit langen, gedrehten Blütenblättern. Die Pflanze ist nicht ganz unkompliziert und braucht kühlen, feuchten Boden, der mit reichlich organischer Substanz angereichert sein muss.

H: 60 cm, **B**: 30 cm

❄❄❄ ◊ ◖ ☀ ♈

CLEVER & ENTSPANNT GÄRTNERN: DIE PFLANZEN IM PORTRÄT

Bäume, große Sträucher und Heckenpflanzen

Acer palmatum **'Sango-kaku'**

Im Herbst setzt sich dieser elegante Japanische Fächer-Ahorn mit leuchtend gelben, gelappten Blättern in Szene, im Winter leuchten die kahlen, lackroten Zweige. Er verlangt Windschutz und einen nährstoffreichen Boden.

H: 6 m; **B**: 5 m

Amelanchier x *grandiflora* **'Ballerina'**

Die Felsenbirne gedeiht in lehmigen Böden. Im Frühjahr sind die Zweige dicht mit weißen Blüten bedeckt. Auf sie folgen schwarze Früchte. Ihre ovalen, anfangs bronzebraunen Blätter färben sich im Herbst rot.

H: 6 m; **B**: 8 m

Arbutus unedo

In geschützten Gärten wächst der immergrüne Erdbeerbaum zu einem großen Strauch heran. Im Frühwinter trägt er maiglöckchenartige Blüten, später rundliche Früchte, die im Herbst rot wie Erdbeeren aussehen. Abblätternde rotbraune Borke.

H: 8 m; **B**: 8 m

Betula utilis var. *jacquemontii*

Insbesondere in Dreiergruppen sieht die Weiße Himalaya-Birke im Winter gut aus. Im zeitigen Frühjahr schmückt sie sich mit lang herabhängenden Kätzchen. 'Jermyns' und 'Grayswood Ghost' fallen durch eine besonders helle Borke auf.

H: 18 m; **B**: 10 m

Camellia x *williamsii*

Der immergrüne Strauch liebt Schatten und wächst in großen Kübeln oder an Mauern. Die einfachen bis dicht gefüllten Blüten in Weiß bis hin zu tiefem Rosa erscheinen im Frühling. Kamelien brauchen saure Böden.

H: 2–5 m; **B**: 1–3 m

Cornus controversa **'Variegata'**

Mit seinem markanten, etagenförmig angeordneten Geäst, den hellgrünen, weiß gerandeten Blättern und den weißen Blüten im Frühsommer bereichert dieser markante Pagoden-Hartriegel jeden Garten. Er braucht neutrale bis saure Böden.

H: 7 m; **B**: 7 m

Cornus kousa var. *chinensis* 'China Girl'

Neutrale bis saure Böden behagen dem kegelförmigen Chinesischen Blumen-Hartriegel am meisten. Er öffnet im Juni seine grünen Blütenstände, eingerahmt von cremeweißen Hochblättern. Dunkelrote Herbstfärbung.

H: 7 m; **B**: 5 m
❄❄❄ ◐ ☀ ◐

Crataegus laevigata 'Paul's Scarlet'

Der Zweigrifflige Weißdorn eignet sich gut für exponierte Standorte. 'Paul's Scarlet' trägt im Juni Unmengen himbeerroter Blüten. Sie werden von roten Beeren abgelöst, die besonders Vögeln schmecken.

H: 8 m; **B**: 8 m
❄❄❄ ◐◑ ☀ ◐ 🏆

Cupressus sempervirens Stricta-Gruppe

Die schmalen Säulen der Echten Zypresse stehen wie Ausrufezeichen in der Landschaft. Zwanglos gruppiert machen sie sich gut in mediterranen Gärten. Jungpflanzen lässt man nur einen einzigen Leittrieb.

H: 20 m; **B**: 3 m
❄❄ ◐ ☀ 🏆

Fagus sylvatica

Rot-Buchen ergeben ausgezeichnete Hecken, auch auf kalkhaltigen Böden. Sie behalten ihr kupferbraunes Laub im Winter und treiben frischgrün aus. Wurzelnackte Pflanzen setzt man in der kalten Jahreszeit. Geschnitten wird im Spätsommer.

H: 1,2–6 m; **B**: 1,2–2 m
❄❄❄ ◐◑ ☀ ◐ 🏆

Fatsia japonica

Die Zimmeraralie gedeiht im Schatten. Sie bringt mit ihren glänzenden, fingerförmigen Blättern und den Blütendolden im Herbst einen tropischen, aber auch modernen Touch in jeden Garten. Die Topfpflanze kommt im Winter ins Haus.

H: 1,5–4 m; **B**: 1,5–4 m
❄❄ ◐ ◐ 🏆

Ilex x *altaclerensis* 'Golden King'

Kaum Schnitt braucht diese kegelförmige Stechpalme. Das glänzende, fast stachellose, gelb gerandete Laub leuchtet vor allem im Winter. Es handelt sich um weibliche Pflanzen. Mit einem männlichen Partner bilden sie rote Beeren.

H: 6 m; **B**: 4 m
❄❄❄ ◐ ☀ ◐ 🏆

Bäume, große Sträucher und Heckenpflanzen

Magnolia x *loebneri* **'Leonard Messel'**

Der große Strauch öffnet im April und Mai an noch kahlen Zweigen zahlreiche Prachtblüten in Lilarosa. Er verträgt Kalk, braucht aber nährstoffreiche, frische Böden und Windschutz.

H: 8 m; **B**: 6 m
❄❄❄ ○ ◐ ☼ ◑ ♔

Mahonia x *media* **'Charity'**

Diese Mahonie trägt nicht nur aufrechte Blütentrauben und blauschwarze Beeren, die Vögel lieben. Attraktiv sind auch der architektonische Wuchs und die großen, immergrünen, spitz gesägten gefiederten Blätter, die in Quirlen stehen.

H: 5 m; **B**: 4 m
❄❄❄ ○ ◐ ☼ ◑ ☀

Malus x *robusta* **'Red Sentinel'**

Zier-Äpfel sind Bäume für zwei Jahreszeiten: Sie haben in Frühling Blüten und im Herbst hübsche Früchte zu bieten. Diese winterharte Sorte trägt im Juni weiße Blüten, auf die kleine glänzende gelb-rote, später dunkelrote Äpfel folgen.

H: 7 m; **B**: 7 m
❄❄❄ ◐ ☼ ♔

Photinia x *fraseri* **'Red Robin'**

Diese immergrüne Glanzmispel bleibt durch einen Schnitt im Frühjahr und Sommer kompakt. Sie bewährt sich als Hintergrund für Rabatten oder in ungeschnittenen Hecken. Der Neuaustrieb ist kupferrot. Im Juni öffnen sich weiße Blütenrispen.

H: 5 m; **B**: 5 m
❄❄ ○ ◐ ☼ ◑ ♔

Phyllostachys nigra

Dieser Bambus bildet schlanke, übergeneigte Halme, die sich im Alter schwarz färben – ein reizvoller Kontrast zu dem hellgrünen Laub. Man kombiniert den Exot mit anderen Strukturpflanzen oder zieht ihn im Topf. Schwache Halme entfernen.

H: 3–5 m; **B**: 2–3 m
❄❄ ○ ◐ ☼ ◑ ♔

Prunus subhirtella **'Autumnalis Rosea'**

Die Higan-Kirsche ist das ideale Gehölz für kleine Gärten, die sie im Frühling mit ihren Büscheln aus gefüllten, zarten, blassrosa Blüten belebt. Die schmalen Blätter sind im Austrieb rotbraun.

H: 8 m; **B**: 6 m
❄❄❄ ○ ◐ ☼ ♔

Rhamnus alaternus 'Argenteovariegata'

Die weiß panaschierte Form des Immergrünen Kreuzdorns wächst gern an Mauern, kann aber auch frei stehen. Das dichte Gehölz lässt sich gut in Kegel- oder Kugelform schneiden. Man zieht es am besten im Topf.

H: 5 m; **B**: 4 m
❄ ◌ ☼ ♛

Sorbus aria 'Lutescens'

Die kalkverträgliche Mehlbeere besitzt eine kompakte, ovale Krone. Ihr anfangs filzig behaartes Laub färbt sich mit der Zeit graugrün. Im Mai erscheinen weiße Blüten, denen dunkelrote Beeren folgen. Schön als Solitär in Rasenflächen.

H: 10 m; **B**: 8 m
❄❄❄ ◌ ◐ ☼ ◑ ♛

Sorbus vilmorinii

Mit der Zeit wächst diese zarte Eberesche zu einem kleinen Baum heran. Ihr dunkelgrünes, gefiedertes Laub färbt sich im Herbst purpurrot. Aus den Blüten entwickeln sich karminrote, hängende Beerenbüschel, die allmählich verblassen.

H: 5 m; **B**: 5 m
❄❄❄ ◐ ☼ ◑ ♛

Taxus baccata

Als Hecke bildet die Schatten liebende Europäische Eibe eine glatte, dichte grüne Wand. Man schneidet sie im Spätsommer. Wurzelnackte Pflanzen setzt man im Winter, Containerware zu jeder Jahreszeit. Die ganze Pflanze ist giftig.

H: 2–4 m; **B**: 1–1,5 m
❄❄❄ ◌ ☼ ◑ ☀

Viburnum x bodnantense 'Dawn'

In milden Wintermonaten begeistert dieser laubabwerfende Schneeball durch seine rosa Blütenbüschel mit ausgeprägtem Mandelduft. Der aufrechte Strauch gedeiht in schweren Böden und braucht kaum jemals einen Schnitt.

H: 3 m; **B**: 2 m
❄❄ ◌ ☼ ♛

Viburnum tinus 'Eve Price'

Der kompakte, immergrüne Schneeball verträgt verschiedenste Böden. Er blüht zwischen Frühwinter und Frühjahrsmitte. Seine rosa Knospen öffnen sich zu weißen, nach Honig duftenden Blütenständen. Vögel lieben die blauschwarzen Beeren.

H: 3 m; **B**: 3 m
❄❄ ◌ ◐ ☼ ◑ ♛

Kletterpflanzen

Clematis 'Bill MacKenzie'

Diese wüchsige Züchtung trägt vom Hochsommer bis in den Spätherbst gelbe Blüten mit dunkelroter Mitte. Hübsch sind ebenso die flauschigen Samenstände und das hellgrüne, gefiederte Laub. Im März bis fast zum Boden zurückschneiden.

H: 7 m
❄❄❄ ◌ ☀ ◐ ☀ ♔

Clematis 'Etoile Violette'

Vom Spätsommer bis Oktober trägt diese Sorte rotviolette, nickende Blüten an diesjährigen Trieben. Sie wird wie alle Waldreben der Viticella-Gruppe im März bis auf ein kräftiges Knospenpaar etwa 30 cm über dem Boden zurückgeschnitten.

H: 3–5 m
❄❄❄ ◌ ◐ ☀ ◐ ☀ ♔

Clematis 'Markham's Pink'

Diese zarte Clematis trägt vom Frühjahr bis zum Hochsommer gefüllte, rosarote Blüten, gefolgt von silbrigen Samenständen. Als Stütze bieten sich Rankgitter, niedrige Mauern oder Gehölze an. Nur abgestorbene Triebe entfernen.

H: 2,5 m
❄❄❄ ◌ ☀ ◐ ☀ ♔

Clematis 'Perle d'Azur'

Von Hochsommer bis Herbst bildet diese Waldrebe eine Vielzahl kleiner blauer Blüten, selbst vor einer schattigen Mauer. Im Frühjahr wird sie auf kräftige Knospen 30 cm über der Basis zurückgestutzt. 'Prince Charles' bleibt kompakter.

H: 3 m
❄❄❄ ◌ ◐ ☀ ◐

Euonymus fortunei 'Silver Queen'

Spindelsträucher kann man an Mauern und Zäunen hochranken lassen, denn sie halten sich mit Haftwurzeln selbst fest. 'Silver Queen' begrünt Mauern, wächst dicht und bringt eine helle Farbe in schattige Winkel.

H: 1 m
❄ ◌ ◐ ☀ ☀

Hedera helix 'Glacier'

Die graugrünen, 3–5-fach gelappten Blätter dieses Efeus haben einen weißen Rand, der bei viel Licht besonders breit ausfällt. Die selbstkletternden Triebe bilden eine dichte grüne Wand. Man kann sie jederzeit schneiden.

H: 2 m
❄❄❄ ◌ ◐ ☀ ◐ ☀ ♔

Hydrangea anomala subsp. petiolaris

Die sommergrüne Kletter-Hortensie beginnt erst nach ein paar Jahren ernsthaft zu klettern und zu blühen. An einer schattigen Mauer sehen die weißen Blüten im Hochsommer hübsch aus. Gelbe Herbstfärbung.

H: 8–12 m
❄❄❄ ◐ ☼ ☀ ♀

Parthenocissus henryana

Die Chinesische Jungfernrebe entwickelt auch im Halbschatten silbrige Blattadern, die hochrote Herbstfärbung ist in voller Sonne am eindrucksvollsten. Die Kletterpflanze hält sich mit Haftscheiben fest. Sie verträgt jeden Schnitt.

H: 4 m
❄❄ ◐ ☼ ☀ ♀

Pileostegia viburnoides

Für geschützte Standorte ist diese immergrüne, selbstkletternde Pflanze ideal. Ihre langen, ledrigen, zugespitzten Blätter bilden eine grüne Wand, die im Spätsommer und Herbst von fiedrigen weißen Blütenständen durchsetzt ist.

H: 3 m
❄ ◐ ☼ ☀ ♀

Schizophragma molle

Die selbstkletternde, sommergrüne Spalthortensie trägt im Hochsommer Blütenstände aus winzigen Einzelblüten und auffälligen sterilen Randblüten. *S. hydrangeoides* 'Roseum' ♀ hat rosa Randblüten. Wurzeln beschatten, anfangs stützen.

H: 7 m
❄ ◐ ☼ ☀ ♀

Trachelospermum jasminoides

Der Sternjasmin schmückt im Hochsommer mit duftenden weißen Blüten, die kleinen Windrädern ähneln. Die Kletterpflanze gedeiht an warmen, geschützten Plätzen. Sie wächst anfangs recht langsam. *T. asiaticum* ♀ ist ähnlich.

H: 9 m
❄ ◐ ☼ ♀

Vitis vinifera 'Purpurea'

Die geteilten Blätter dieser Rebensorte sind auffallend rot gefärbt. Sie wird im Herbst, wenn die ungenießbaren kleinen, violetten Trauben heranreifen, dunkler. In nährstoffreichen Boden pflanzen und eine Kletterhilfe anbieten.

H: 5 m
❄❄ ◐ ◐ ☼ ♀

Mittelgroße Sträucher

Acer palmatum **Dissectum-Atropurpureum-Gruppe**

Rotviolettes, fein geschlitztes, im Herbst leuchtend rotes Laub bedeckt die gebogenen Triebe dieses sommergrünen Strauchs. Er bevorzugt nährstoffreiche, frische Böden und einen geschützten Standort.

H: 2 m; **B**: 3 m
❄❄❄ ◐ ☼ ◑

Aucuba japonica **'Variegata'**

Diese Schatten liebende immergrüne Japanische Aukube belebt mit ihren goldgelb gesprenkelten Blättern düstere Ecken. Sie kommt mit Abgasen zurecht und eignet sich daher gut für Stadtgärten. Weibliche Sorten wie diese tragen rote Beeren.

H: 3 m; **B**: 3 m
❄ ◌ ◐ ☼

Buddleja **'Lochinch'**

Dieser Sommerflieder hat silbrig weiße Triebe mit graugrünem Laub. Davor machen sich die helllila Blütenstände im August besonders hübsch. Jede Einzelblüte hat ein orangefarbenes Auge. Im zeitigen Frühjahr wird kräftig gestutzt.

H: 2,5 m; **B**: 3 m
❄❄❄ ◌ ☼ 🏆

Ceanothus x *delileanus* **'Gloire de Versailles'**

Mit Blüten geizt diese Sorte der sommergrünen Säckelblume nicht. Der zartrosa Flor öffnet sich von August bis Oktober und ziert jede Rabatte. Im April wird der Strauch stark zurückgeschnitten.

H: 1,5 m; **B**: 1,5 m
❄❄❄ ◌ ☼ 🏆

Choisya **'Aztec Pearl'**

Duftig wirkt diese Züchtung der Orangenblume mit ihren glänzenden, schmalen, immergrünen Blättern und rundlichem Wuchs. Sie blüht üppig im Juni und ein zweites Mal zum Sommerende. Ihre duftenden weißen Sternblüten sind rosa überlaufen.

H: 2,5 m; **B**: 2,5 m
❄ ◌ ◐ ☼ ◑ 🏆

Choisya ternata **'Sundance'**

Diese immergrüne Mexikanische Orangenblume hellt schattige Stellen auf, sie blüht aber selten. In trockeneren Böden oder an vollsonnigen Plätzen färben sich die Blätter goldgelb. Ungeeignet für karge Böden und ungeschützte Standorte.

H: 2,5 m; **B**: 2,5 m
❄❄ ◌ ◐ ☼ ◑

Cornus alba 'Sibirica'
Rotes Herbstlaub und rote Triebe im Winter sind die auffälligsten Merkmale dieses Tatarischen Hartriegels. Am besten pflanzt man ihn in Gruppen und schneidet ihn im März kräftig zurück, damit er gut durchtreibt. Er verträgt Staunässe.

H: 3 m; **B**: 3 m
❄❄❄ ◐◑ ☼ ◑ ♛

Cornus alba 'Spaethii'
Panaschierte Hartriegel sorgen für Laubkontraste und beleben immergrüne Pflanzungen mit dem hellen Laub. Im März ein Drittel der ältesten Triebe herausnehmen, damit sich frische kirschrote Triebe bilden. Grüne Zweige werden entfernt.

H: 3 m; **B**: 3 m
❄❄❄ ◐◑ ☼ ◑ ♛

Daphne bholua 'Jacqueline Postill'
Im Spätwinter begeistert dieser immergrüne Seidelbast durch seinen vortrefflichen Duft, vor allem wenn er an einem windgeschützten Platz wächst. Die violettrosa Blüten mit weißer Mitte sind klein, erscheinen aber zahlreich. Mulchen.

H: 2–4 m; **B**: 1,5 m
❄❄ ◐◑ ☼ ◑ ♛

Escallonia laevis 'Gold Brian'
Diese kompakte Form des Andenstrauchs hat lindgrüne bis goldgelbe, glänzende Blätter. Die immergrüne Pflanze verträgt keine kalten, austrocknenden Winde. Ihre pinkfarbenen Blüten öffnen sich im Sommer. Man muss nicht oft schneiden.

H: 1,2 m; **B**: 1,2 m
❆◐◑ ☼ ◑

Fargesia murieliae 'Simba'
Diese Zwergform des Schirmbambus mit aufrechten Halmen und frischgrünen Blättern eignet sich für Rabatten und Container. Schwache und mehr als drei Jahre alte Halme werden herausgenommen, um den luftigen, offenen Wuchs zu bewahren.

H: 2 m; **B**: 60 cm
❄❄❄ ◐ ☼ ◑ ♛

Hebe 'Great Orme'
Dieser Strauchehrenpreis schmückt sich von August bis Oktober mit spitz zulaufenden, zunächst sattrosa, später weißen Ähren. Er trägt schmale, glänzende Blätter an rötlichen Trieben. Ideal für Stadtgärten. Vor kalten Winden schützen.

H: 1,2 m; **B**: 1,2 m
❄ ◐ ☼ ♛

Mittelgroße Sträucher

Hebe salicifolia
Vom Frühsommer bis Herbst blüht dieser Strauchehrenpreis. Die spitz zulaufenden, weißen oder lila getönten Blütenähren stehen an übergeneigten, dicht mit hellgrünen, schmalen Blättern besetzten Trieben. 'Spender's Seedling' ist kompakter.

H: 2,5 m; **B**: 2,5 m
❄❄ ◌◐ ☼ ◑

Hydrangea arborescens 'Annabelle'
Aus zunächst frisch grünen Knospen entwickeln sich ab Frühsommer die Blüten in sehr großen, cremeweißen Schirmrispen. Im Herbst bleiben an dieser amerikanischen Hortensie ausdauernde, papierartige Stände. Im Frühjahr leicht schneiden.

H: 2,5 m; **B**: 2,5 m
❄❄ ◐ ☼ ◑ ♟

Hydrangea paniculata
Mit ihren vielen kegelförmigen, cremeweißen Blütenständen im Spätsommer schmückt die Rispen-Hortensie jedes Beet. Im Herbst nehmen besonders Formen wie 'Unique' ♟ oft eine rosa Tönung an. Im Frühjahr stark zurückschneiden.

H: 3 m; **B**: 2,5 m
❄❄❄ ◐ ☼ ◑

Hydrangea 'Preziosa'
Die kompakte Hortensie hat rotbraune Triebe und rotes Herbstlaub. Im September stehen neue hellrosa Blütenstände neben älteren, die auf sauren Böden leicht bläulich wirken. Triebspitzen im Frühjahr auf eine kräftige Knospe zurücknehmen.

H: 1,5 m; **B**: 1,5 m
❄ ◐ ☼ ◑ ♟

Hydrangea serrata 'Bluebird'
Die zarte Teller-Hortensie mit schmalen, spitz zulaufenden Blättern trägt vom Sommer bis in den Herbst blaue Blütenrispen. 'Grayswood' ♟ hat lilarosa, im Herbst himbeerrot getönten Flor und wird mit 2 m etwas höher.

H: 1,2 m; **B**: 1,2 m
❄ ◐ ☼ ◑ ♟

Juniperus x pfitzeriana 'Sulphur Spray'
Die übergeneigten bis aufrechten Zweige dieser Wacholder-Hybride sind dicht mit fiedrigen Wedeln aus hellgelben Nadeln besetzt. Die auffällige Färbung ist an den Triebspitzen am stärksten ausgeprägt.

H: 1,5 m; **B**: 1,5 m
❄❄❄ ◌◐ ☼ ♟

Nandina domestica

Der Himmelsbambus ist ein immergrüner Strauch mit aufrechten Trieben. Die gefiederten Blätter sind im Austrieb kupferrot, im Winter kräftig rotviolett. Im Hochsommer erscheinen weiße Blüten, aus denen orangerote Beeren heranreifen.

H: 2 m; **B**: 1,5 m
❄❄ ◌ ◗ ☼ ♆

Olearia x haastii

Der immergrüne, kompakte Maßliebchenstrauch passt gut in geschützte Stadtgärten. Seine kleinen, ledrigen Blätter sind unterseits weißfilzig behaart. In der zweiten Sommerhälfte öffnen sich winzige weiße Korbblüten mit gelber Mitte.

H: 2 m; **B**: 3 m
❄❄ ◌ ☼

Osmanthus x burkwoodii

Im April trägt diese Duftblüte Massen an winzigen weißen, stark duftenden Röhrenblüten. Man muss den kleinblättrigen immergrünen Strauch nicht schneiden, kann ihn aber gleich nach der Blüte zu einfachen geometrischen Formen trimmen.

H: 3 m; **B**: 3 m
❄❄ ◌ ◗ ☼ ◑ ♆

Phormium 'Alison Blackman'

Dieser Neuseelandflachs hat olivgrüne Blätter mit goldgelben Streifen mit dünnem rotem Rand. Im Sommer erscheinen mitunter hohe Blütenstängel. 'Sundowner' ist ähnlich, aber etwas größer. Winterhärter als viele buntblättrige Sorten.

H: 1,4 m; **B**: 1,4 m
❄ ◌ ◗ ☼

Phormium tenax Purpureum-Gruppe

Diese Formen passen mit ihren dunklen, länglich lanzettlichen Blättern als Blickfang in Rabatten. Man kultiviert sie am besten im Topf. Ältere Exemplare treiben hohe Blütenstängel. 'Platt's Black' und 'All Black' sind besonders dunkel.

H: 2 m; **B**: 2,5 m
❄ ◌ ◗ ☼ ♆

Physocarpus opulifolius 'Diabolo'

Man nutzt diese rotlaubige Form der Schneeball-Blasenspiere am besten in einer gemischten Rabatte, wo sie einen interessanten Laubkontrast zu anderen Gewächsen bildet. Im Frühsommer entfalten sich Schirmrispen aus blassrosa Blüten.

H: 2–2,5 m; **B**: 2,5 m
❄❄❄ ◌ ◗ ☼ ◑ ♆

Mittelgroße Sträucher

Pittosporum 'Garnettii'

Der Klebsame aus Neuseeland ergibt einen immergrünen Hintergrund für geschützte Innenhöfe. 'Garnettii' zeichnet sich durch graugrüne, weiß gerandete, im Winter rosa getönte Blätter und dunkelviolette, duftende Blüten im Frühjahr aus.

H: 3 m; **B**: 2 m
❄ ◌ ☼ ♆

Rhododendron yakushimanum

Dieser Rhododendron fühlt sich in sauren Böden wohl und bildet einen rundlichen Strauch. Im Frühjahr öffnen sich aus rosaroten Knospen weiße bis blassrosa Glockenblüten. Dekorativ ist auch das junge, rotbraun behaarte Laub.

H: 2 m; **B**: 2 m
❄❄❄ ◖ ☼ ◑ ♆

Rosa glauca

Selbst wenn die bereifte Rose nicht blüht, gibt sie einen dekorativen Hintergrund ab. Ihr grauviolettes Laub steht an geneigten Trieben. Im Sommer trägt sie einfache dunkelrosa Blüten, aus denen sich dunkelrote Hagebutten entwickeln.

H: 2 m; **B**: 1,5 m
❄❄❄ ◌ ◖ ☼ ◑ ♆

Rosa rugosa 'Alba'

Den ganzen Sommer über öffnet die Kartoffel-Rose große, einfache, duftende, weiße Blüten mit gelber Mitte. Die frisch grünen, gesunden Blätter leuchten im Herbst gelb. Die hochroten Hagebutten sind ein Leckerbissen für Finken.

H: 2 m; **B**: 2 m
❄❄❄ ◌ ☼ ◑ ♆

Sambucus nigra 'Black Lace'
(syn. 'Eva')

Dieser sommergrüne Holunder trägt schwarzrotes Laub und rosa Blüten, falls er nur leicht geschnitten wird. Danach folgen schwarze Beeren. Um ihn kompakt zu halten, im März stark zurücknehmen.

H: 3 m; **B**: 3 m
❄❄❄ ◌ ☼ ◑

Sarcococca hookeriana var. digyna

Die aufrechten Triebe der Ausläufer bildenden Fleischbeere sind mit glänzenden, schmalen Blättern besetzt. Im Winter trägt der immergrüne Strauch duftende Blüten mit cremefarbenen Staubgefäßen. Glänzende schwarze Beeren folgen.

H: 1,5 m; **B**: 2 m
❄❄ ◌ ◖ ◑ ☼ ♆

Skimmia japonica 'Rubella'

Schon im Herbst entwickeln sich die roten Knospen. Im folgenden Frühjahr öffnen sich dann weiße, süß duftende Blüten. Diese Form ist männlich und bildet keine Beeren. Sie will einen geschützten Platz und nährstoffreichen Boden.

H: 1,5 m; **B**: 1,5 m
❄❄ ◐ ☼ ◐ ☼ ♛

Syringa meyeri 'Palabin'

Dieser zwergige Flieder trägt kleine ovale Blätter und schmückt sich im Frühsommer mit duftenden, lilarosa Blüten. Er gedeiht in neutralen bis basischen Böden. *S. pubescens* subsp. *microphylla* 'Superba' ♛ blüht in Schüben bis zum Herbst.

H: 2 m; **B**: 1,5 m
❄❄❄ ◌ ◐ ☼ ◐ ☼ ♛

Taxus baccata 'Standishii'

Diese Eibensorte mit goldgelben Nadeln bringt Farbe in schattige Gartenbereiche oder hebt sich zwischen Bodendeckern gut ab. Mit der Zeit entwickelt sie eine kompakte Säulenform. Etwas größer wird 'Fastigiata Aureomarginata' ♛.

H: 1,5 m; **B**: 60 cm
❄❄❄ ◌ ◐ ☼ ◐ ♛

Viburnum x burkwoodii 'Anne Russell'

Aus rosa Knospen öffnen sich bei diesem laubabwerfendem Schneeball im Mai und Juni die weißen, wächsernen, süß duftenden Blütenstände. Im Herbst ist er mit roten Beeren und schöner Laubfärbung geschmückt.

H: 2 m; **B**: 1,5 m
❄❄❄ ◐ ☼ ◐ ♛

Viburnum davidii

Der immergrüne Strauch hat dunkelgrüne, rot gestielte Blätter mit ausgeprägten Adern. Die kleinen Blüten öffnen sich im späten Frühjahr. Nur weibliche Exemplare bilden glänzende blaue Beeren. Man pflanzt am besten beide Geschlechter.

H: 1 m; **B**: 1,5 m
❄❄ ◌ ◐ ☼ ◐ ♛

Weigela florida 'Foliis Purpureis'

Rötlich überzogene Blätter sind das Merkmal dieser Weigeliensorte. Im Mai oder Juni öffnen sich die karminroten Knospen zu trichterförmigen Blüten mit hellrosa Schlund. Sie setzen einen hübschen Kontrapunkt zum dunklen Laub.

H: 1 m; **B**: 1,5 m
❄❄❄ ◐ ☼ ◐ ♛

Niedrige Sträucher, niedrigere Stauden und Bodendecker

Acorus gramineus 'Ogon'

Mit ihren grasartigen, goldgelb und grün gestreiften Laubfächern passt diese Kalmus-Auslese gut an Teichränder. Sie gedeiht in nährstoffreichen, dauerfrischen Böden. Bewährt hat sie sich auch als Blattschmuckpflanze für Töpfe.

H: 25 cm; **B**: 15 cm
❄❄ ◐ ◑ ☼ ◑☼

Anaphalis triplinervis 'Sommerschnee'

Das Perlkörbchen ist eine Staude mit graugrünen, filzig behaarten, schmalen Blättern. Die reinweißen Blüten erscheinen an den Horsten ab August. Im Sommer darf der Boden nicht zu sehr austrocknen.

H: 70 cm; **B**: 60 cm
❄❄❄ ◊ ◐ ☼ ◑☼ ♈

Armeria maritima

Die verschiedenen Formen der trockenheitsverträglichen, immergrünen Strand-Grasnelke bilden anmutige, grasartige Horste. Ihre unzähligen weißen, rosa oder rotvioletten Blüten öffnen sich im Juni und Juli in rundlichen Köpfen.

H: 20 cm; **B**: 30 cm
❄❄❄ ◊ ☼

Artemisia schmidtiana 'Nana'

Sowohl die Art als auch die Zwergform 'Nana' dieses trockenheitsverträglichen Beifußes bilden niedrige Polster aus filigranem, silbrig grünem Laub. Man verwendet sie am besten als immergrüne Bodendecker oder im Beetvordergrund.

H: 8 cm; **B**: 30 cm
❄❄❄ ◊ ☼ ♈

Artemisia stelleriana 'Boughton Silver'

Der niedrige, immergrüne Silber-Wermut hat geteiltes, fast spitzenartiges, weißfilzig behaartes Laub. Man füllt mit ihm Lücken im Beet, vor allem im Vordergrund, oder setzt ihn als Kontrast in Töpfe.

H: 15 cm; **B**: 45 cm
❄❄❄ ◊ ☼

Arum italicum 'Marmoratum'

Im Frühling bedecken die marmorierten, pfeilförmigen Blätter des Italienischen Aronstabs den Boden. Aus den hellgrünen Blüten im April entwickeln sich rot glänzende Beeren an einem Schaft. Gut für sonnige Plätze und schwere, frische Böden.

H: 30 cm; **B**: 15 cm
❄❄❄ ◊ ◐ ☼ ◑☼ ◑☼ ♈

Astilbe 'Bronce Elegans'

Diese zwergige Astilbe treibt im Frühjahr kupferbraun aus. Ab August erscheinen fedrige rosa Blütenrispen. Sie bildet große Bestände und eignet sich für den vorderen Beetrand. Verträgt bei viel Feuchtigkeit auch volle Sonne.

H: 30 cm; **B**: 25 cm

✻✻✻ ◊◐ ☼ ◑ ♈

Bergenia cordifolia 'Purpurea'

Im Herbst und Winter sind die Blätter der Altai-Bergenie rotviolett gefärbt, im März erscheinen magentarote Glockenblüten. Die rundlichen Blätter kontrastieren reizvoll mit grasartigem Laub. *B. purpurascens* ♈ ist ähnlich.

H: 60 cm; **B**: 75 cm

✻✻✻ ◊ ☼ ◑ ♈

Carex flagellifera

Diese immergrüne Segge bildet aufrechte, später übergeneigte Horste aus dünnem, hellbraunem Laub. Man pflanzt sie einzeln, um niedrige kriechende Gewächse zu betonen, oder aber in Gruppen als Bodendecker. *C. testacea* ähnelt ihr.

H: 1,1 m; **B**: 90 cm

✻✻✻ ◊ ☼ ◑

Carex oshimensis 'Evergold'

Aus Japan stammt diese helle, gold-gelb und grün gestreifte immer-grüne Segge. Sie bildet Büschel aus schmalen, übergebogenen Blättern. In Gruppen gepflanzt eignet sie sich als Bodendecker, doch kommt sie auch in Töpfen gut zur Geltung.

H: 30 cm; **B**: 35 cm

✻✻✻ ◊ ☼ ◐ ♈

Ceratostigma plumbaginoides

Die Kriechende Hornnarbe trägt ab September blaue Blüten an ihren roten Trieben. Im Herbst färbt sich der grüne Laubteppich dunkelrot und bildet so eine ungewöhnliche Kulisse für die restlichen Blüten. Nicht für karge, trockene Böden.

H: 45 cm; **B**: 30 cm

✻✻ ◊◊ ☼ ◑ ♈

Cistus x lusitanicus 'Decumbens'

Im Sommer öffnet diese Zistrose reinweiße, krepartige Blüten mit rotbraunen Flecken. Das klebrige immergrüne Laub ergibt einen guten Bodendecker für Böschungen und heiße, trockene Flächen. Ähnlich präsentiert sich *C. x hybridus*.

H: 60 cm; **B**: 90 cm

✻ ◊ ☼ ♈

Niedrige Sträucher, niedrigere Stauden und Bodendecker

Cistus x lenis 'Grayswood Pink'
Diese Form mit reizenden rosa Blüten im Sommer gehört zu den winterhärtesten Zistrosen. Sie bleibt niedrig, wächst aber sehr in die Breite. Man setzt sie bevorzugt in Kiesgärten sowie zur Begrünung von Mauern und Böschungen ein.

H: 30 cm; **B**: 2 m
❄ ◊ ☼ ♛

Convolvulus cneorum
Metallisch schimmern die silbrigen Blätter dieser immergrünen, rundlich kompakten Winde. Im Frühjahr sprießen aus rosa Knospen weiße, trichterförmige Blüten. Ideal sind nährstoffarme, leicht basische Böden mit Schutz vor Winternässe.

H: 60 cm; **B**: 90 cm
❄ ◊ ☼ ♛

Cotoneaster horizontalis
Die Triebe der zähen sommergrünen Fächer-Zwergmispel stehen wie Fischgräten. Sie sind dicht mit kleinen, dunkelgrünen, im Herbst roten Blättern besetzt. Aus den winzigen Blüten im Frühjahr reifen haltbare rote Beeren. Gut als Bodendecker.

H: 1,2 m; **B**: 1,5 m
❄❄❄ ◊ ◖ ☼ ◐ ♛

Cyclamen hederifolium
Setzt man das Herbst-Alpenveilchen unter ältere Gehölze, breitet es sich durch Selbstaussaat stetig aus. Besonders behagen ihm humusreiche Böden. Die zartrosa Blüten öffnen sich im Herbst vor den marmorierten, herzförmigen Blättern.

H: 13 cm; **B**: 15 cm
❄❄❄ ◊ ◖ ◐ ♛

Diascia barberae 'Blackthorn Apricot'
Diese Sommerblume füllt Lücken, braucht aber durchlässigen Boden. Diese Sorte gehört wie 'Ruby Field' zu den härtesten Formen, sollte aber in Töpfen überwintert werden. Im Sommer reichlich wässern.

H: 25 cm; **B**: 50 cm
❄❄ ◊ ☼ ♛

Dicentra 'Stuart Boothman'
Das niedrige Tränende Herz gefällt durch sein fiedriges, blaugrünes Laub und die überhängenden Stängel mit tiefroten Blüten, die von Mai bis in den Spätsommer erscheinen. Es gedeiht und blüht am besten in nährstoffreichen, frischen Böden.

H: 30 cm; **B**: 40 cm
❄❄ ◊ ☼ ♛

Erica carnea 'Springwood White'

Früh im Jahr erscheinen auf dem smaragdgrünen Laubteppich der Schnee-Heide Massen weißer, nach Honig duftender Blüten und locken die ersten Bienen an. Eine weitere exzellente weiße Form ist *E.* x *darleyensis* 'Silberschmelze'.

H: 15 cm; **B**: 45 cm
✳✳✳ ◊ ◐ ☼ ♈

Erigeron karvinskianus

Das Spanische Gänseblümchen sät sich an warmen Stellen gern selbst aus. Es wächst in Ritzen und Fugen oder bildet Bestände auf Kiesflächen. Den ganzen Sommer über erscheinen kleine, anfangs weiße, später violett-rosa Korbblüten.

H: 15–30 cm; **B**: 1 m
✳✳ ◊ ☼ ♈

Euonymus fortunei 'Emerald 'n' Gold'

Kräftig goldgelb und grün gefärbt sind die immergrünen Blätter des Kletternden Spindelstrauches. Im Herbst nimmt das Laub eine rosa Tönung an. Die ähnliche Sorte 'Canadale Gold' wächst kräftiger.

H: 60 cm; **B**: 90 m
✳ ◊ ☼ ◐ ♈

Geranium 'Ann Folkard'

Vom Hochsommer bis in die Herbst-mitte tragen die kriechenden Triebe dieses Storchschnabels pinkfarbene Blüten mit schwarzem Auge. Die tief 5-fach gelappten, lindgrünen Blätter werden mit zunehmendem Alter und in tiefem Schatten dunkler.

H: 60 cm; **B**: 1 m
✳✳✳ ◊ ◐ ☼ ◐ ♈

Geranium 'Johnson's Blue'

Gartenfreunde schätzen diesen Storchschnabel mit flach ausgebreiteten, helllila Blüten mit rosa Mitte seit Langem, denn sie stellt keine hohen Ansprüche und blüht von Juni bis weit in den Sommer hinein. Die Sorte 'Rozanne' blüht länger.

H: 45 cm; **B**: 75 cm
✳✳✳ ◊ ◐ ☼ ◐ ♈

Geranium sanguineum

Der Blutrote Storchschnabel bildet Polster aus fein geschlitztem Laub und trägt im Sommer wochenlang pinkfarbene Blüten. Er eignet sich für Kies- und Hochbeete und hat auch eine schöne Herbstfärbung. 'Album' ♈ blüht weiß.

H: 20 cm; **B**: 30 cm
✳✳✳ ◊ ◐ ☼ ◐ ♈

Niedrige Sträucher, niedrigere Stauden und Bodendecker

Hakonechloa macra 'Aureola'

Übergeneigte Blätter mit gelben und grünen Streifen zeichnen das Japangras aus. Es bevorzugt leicht saure Böden. In voller Sonne färbt es sich rötlich, im Schatten bleibt es grüner. Im Frühjahr zurückschneiden. Ausgezeichnete Topfpflanze.

H: 35 cm; **B**: 40 cm
❄❄ ◌◑ ☼ ◑ 🏆

Hebe cupressoides 'Boughton Dome'

Der recht winterharte Strauch trägt immergrünes, graugrünes, schuppenartiges Laub. Mit seiner Kugelform bildet er einen ansprechenden Kontrast zu schmalblättrigen Bodendeckern. Schön auch in Gruppen.

H: 30 cm; **B**: 60 cm
❄❄❄ ◌ ☼

Hebe 'Red Edge'

Die graugrünen Blätter dieses winterharten Strauchehrenpreises haben einen schmalen roten Saum. Im Winter wirkt das Laub rötlich. Die kleinen, lila Blüten öffnen sich im Sommer, sofern man die Pflanze nicht im Frühjahr geschnitten hat.

H: 45 cm; **B**: 60 cm
❄❄ ◌ ☼ 🏆

Hedera helix 'Parsley Crested'

Der grünlaubige Efeu mit gewelltem Blattrand eignet sich gut als Bodendecker für trockene Lagen unter Bäumen oder als Rasenersatz in Pflasterflächen. Ähnlich ist die Sorte 'Manda's Crested', die aber im Winter einen Kupferton annimmt.

H: 20 cm; **B**: 2 m
❄❄ ◌◑ ☼ ☀ 🏆

Hedera helix 'Little Diamond'

Der Name passt für die kleinen, graugrün marmorierten Blätter mit cremeweißem Rand. Dieser langsam wachsende Efeu bildet einen dichten, buschigen Laubteppich und gibt eine ideale Randbepflanzung für Rabatten oder Gefäße ab.

H: 8 cm; **B**: 30 cm
❄❄ ◌◑ ☼ ☀

Helleborus x hybridus

Diese Gruppe meist immergrüner Stauden blüht zwischen Februar und Mai. Ihre Vertreter bevorzugen schwere, nährstoffreiche Böden. Die meist gefleckten Blütenblätter sind weiß, rosa, rot oder bräunlich gefärbt. Krankes Laub entfernen.

H: 45 cm; **B**: 45 cm
❄❄❄ ◌◑ ☼

Heuchera 'Plum Pudding'

Die kompakte, immergrüne Staude hat herzförmige, gelappte, rotviolette Blätter. Das Purpurglöckchen bildet im Juni an dunklen, drahtigen Stängeln winzige weiße Blüten aus. 'Pewter Moon' trägt violettrotes, silbrig überlaufenes Laub.

H: 40 cm; **B**: 30 cm
❄❄❄ ◐ ☼ ☀

Hosta 'Halcyon'

Die elegante Funkie hat spitz zulaufende, bläuliche Blätter und zartlila Blüten im Sommer. Wie diese Züchtung sind kaum von Schnecken bedroht: die blauen Funkien 'Krossa Regal' und 'Big Daddy' sowie 'Great Expectations' mit gelber Mitte.

H: 40 cm; **B**: 70 cm
❄❄❄ ◐ ● ◐ ☀ ♛

Juniperus squamata 'Blue Carpet'

Der blaunadelige Schuppen-Wacholder bildet einen dichten immergrünen Teppich, der Unkraut unterdrückt. Er verträgt flachgründige Kalkböden und braucht kaum Pflege. Ganze Äste entfernen, damit er nicht zu sehr in die Breite wächst.

H: 30 cm; **B**: 2 m
❄❄❄ ◐ ◐ ☼ ♛

Lavandula angustifolia 'Hidcote'

Diese Sorte gehört zu den besten zwergigen Lavendelformen. Über Polstern aus silbrigem Laub erscheinen im Hochsommer dunkelviolette Ähren. Damit die Pflanze buschig und dicht bleibt, stutzt man sie nach der Blüte mit der Heckenschere.

H: 60 cm; **B**: 75 cm
❄❄ ◐ ☼ ♛

Leucothoe 'Scarletta' (syn. 'Zeblid')

Die kleinen, glänzenden, immergrünen Blätter der Traubenheide färben sich im Herbst satt bronzerot. Nicht minder farbenprächtig ist ihr Neuaustrieb. Sie braucht nährstoffreiche, saure, frische Böden und Windschutz. Gute Kübelpflanze.

H: 60 cm; **B**: 1,1 m
❄❄ ◐ ☼

Libertia peregrinans

Dieses immergrüne Irisgewächs aus Neuseeland wird wegen des bernsteinfarbenen, im Winter helleren Laubs und der weißen, sternförmigen Blüten im Frühjahr kultiviert. Die neue braunlaubige Sorte 'Taupo Sunset' trägt auffällige weiße Blüten.

H: 50 cm; **B**: 50 cm
❄ ◐ ◐ ☼ ☀

Niedrige Sträucher, niedrigere Stauden und Bodendecker

Liriope muscari
Die immergrüne Lilientraube bildet ein niedriges Büschel aus ledrigen, länglichen Blättern. Im Spätsommer öffnen sich rotviolette Blütenähren. Passt gut an Wegränder oder als Bodendecker an schattigen Stellen.

H: 30 cm; **B**: 45 cm
❄ ◊ ◖ ◐ ☀ ⚘

Muscari armeniacum
Die Armenische Traubenhyazinthe lockt mit ihren nach Honig duftenden Blütentrauben früh im Jahr die ersten Bienen an. Die grasartigen Blätter sprießen spät für eine Zwiebelpflanze und halten bis Juni. 'Blue Spike' hat gefüllte Blüten.

H: 20 cm; **B**: 5 cm
❄❄❄ ◊ ◖ ☼ ⚘

Narcissus 'February Gold'
Zwerg-Narzissen der Cyclamineus-Gruppe sind wertvolle Farbgeber im zeitigen Frühjahr. Sie breiten sich in Wiesen und unter Bäumen von selbst aus. Mit ihrem schmalen Laub eignen sie sich auch für Beete, sogar in schweren Böden.

H: 30 cm; **B**: 8 cm
❄❄❄ ◖ ☼ ◐ ⚘

Ophiopogon planiscapus 'Nigrescens'
Der Schwarze Schlangenbart, ein Liliengewächs, bildet einen Teppich aus fast schwarzen, grasartigen Blättern. Er kommt mit unterschiedlichsten Bedingungen zurecht und bewahrt seine Farbe selbst im trockenen Schatten.

H: 20 cm; **B**: 30 cm
❄❄ ◊ ◖ ☼ ◐ ⚘

Origanum laevigatum 'Herrenhausen'
Dieser Dost verträgt Trockenheit ohne Probleme. Mit seinen rötlichen Blättern und roten Trieben empfiehlt er sich für den Beetrand. Ab Juli zeigen sich kleine Wirtel aus rosa Blüten. Hübsche Samenstände.

H: 45 cm; **B**: 45 cm
❄❄❄ ◊ ☼ ⚘

Osteospermum jucundum
Bis weit in den Herbst trägt diese Sommerblume Korbblüten mit dunklem Auge und grauer Rückseite. Ihr immergrüner Laubteppich macht sich gut als Einfassung einer Terrasse oder wenn er über eine Mauerkrone »fließt«.

H: 50 cm; **B**: 90 cm
❋ ◊ ☼ ⚘

Pachysandra terminalis 'Variegata'

Cremefarben ist diese Form des immergrünen, bodendeckenden Japanischen Ysanders panaschiert. Sie wächst niedriger als die Art. Gut eignet sie sich dazu, lichte Zonen unter Gehölzen mit hellen Farben zu beleben. Für saure, frische Böden.

H: 25 cm; **B**: 60 cm

Penstemon 'Evelyn'

Im Gegensatz zu anderen Bartfäden wächst diese immergrüne, schmalblättrige Staude kompakt und ist ideal für Beetränder oder Töpfe. Die rosaroten Röhrenblüten erscheinen von Juli bis in den Herbst, vor allem wenn man welken Flor ausputzt.

H: 60 cm; **B**: 30 cm

Persicaria (Bistorta) affinis 'Superba'

Der Teppich-Wiesenknöterich schiebt seine karminroten, später rosa Blütenstände von Juni bis in den Herbst. Das verbräunte Laub bleibt im Winter dekorativ. Gut zwischen Steinen oder am vorderen Beetrand.

H: 25 cm; **B**: 60 cm

Phormium 'Bronze Baby'

Die zwergige Sorte des Neuseelandflachses bildet mit tiefvioletten, übergeneigten Blättern markante Büschel zwischen niedrigen Nachbarn. In Gefäßen bereichert die Pflanze ein Arrangement um ein vertikales Element. Im Winter gut schützen.

H: 80 cm; **B**: 80 cm

Pieris japonica 'Purity'

Viele Formen der Japanischen Lavendelheide eignen sich mit ihrem kompakten Wuchs für kleine Stadtgärten. 'Purity' zeigt im Frühjahr aufrechte weiße Blütenrispen. Dekorativ sind auch die jungen, hellgrünen Blattquirle. Für saure Böden.

H: 90 cm; **B**: 90 cm

Pinus mugo 'Mops'

Diese langsam wachsende, zwergige Berg-Kiefer hat eine nahezu runde Wuchsform. Sie bildet viele aufrechte Äste mit langen, immergrünen Nadeln. Für Kies- und Steingärten oder als Solitär in Töpfen bestens geeignet.

H: 60 cm; **B**: 90 cm

Niedrige Sträucher, niedrigere Stauden und Bodendecker

Polystichum setiferum
Divisilobum-Gruppe
Der immergrüne Borstige Schildfarn hat fein gefiederte, dunkelgrüne Wedel mit filziger Oberfläche. Er bereichert Schattenplätze sowie Gefäße durch seinen ornamentalen Wuchs. Alte Wedel entfernen.

H: 70 cm; **B**: 70 cm
❄❄ ◐ ☼ ☀

Potentilla fruticosa 'Primrose Beauty'
Das Strauch-Fingerkraut gedeiht in Lehmböden, seine Sorten kommen gut mit Halbschatten zurecht. Diese kompakte, graugrün belaubte Form blüht vom Sommer bis zum Herbst. Im Frühjahr nimmt man ein Drittel der ältesten Triebe heraus.

H: 60 cm; **B**: 90 cm
❄❄❄ ◐ ☼ ◑ ♈

Rhodanthemum (Chrysanthemum) hosmariense
Im Sommer sieht man dieses immergrüne Gewächs mit silbrigem Laub nur selten ohne die Korbblüten. Man setzt es in karge, steinige Böden und es passt auf sonnige Mauern und für Lücken in Pflasterflächen.

H: 30 cm; **B**: 30 cm
❄❄❄ ◊ ☼ ♈

Rhododendron 'Vuyk's Scarlet'
Dieser niedrige immergrüne Rhododendron passt für den Vordergrund von Beeten in saurem Boden. Die dunkel- und hellrot überlaufenen glockenförmigen Blüten mit gewelltem Rand erscheinen im Mai und Juni in großer Zahl. Verträgt Sonne.

H: 75 cm; **B**: 1,2 m
❄❄ ◐ ☼ ◑ ♈

Rosa 'Surrey'
Eine der besten Rosen der County-Serie. Sie erfreut zwischen Hochsommer und Herbst mit schwach duftenden, gefüllten rosa Blüten und ist sehr gesund. Man schneidet sie im Frühjahr mit der Heckenschere. Gut ist auch die Flower-Carpet-Serie.

H: 80 cm; **B**: 1,2 m
❄❄❄ ◐ ☼ ♈

Scabiosa 'Butterfly Blue'
'Butterfly Blue' und die lilarosa Form 'Pink Mist' sind zarte kleine Skabiosen, die im Sommer und Herbst über lange Zeit blühen, vor allem, wenn man welke Blüten entfernt. Man setzt sie an den Beetrand oder in Töpfe.

H: 40 cm; **B**: 40 cm
❄❄❄ ◊ ☼

Sedum 'Ruby Glow'

Teppichbildende Fetthennen wie 'Ruby Glow' und 'Vera Jameson' kombinieren rötliche, sukkulente Blätter mit karminroten Blütenständen, die vom Hochsommer bis zum Herbst auch Schmetterlinge erfreuen. Gut als Gruppe in trockenen Bereichen.

H: 25 cm; **B**: 45 cm
❄❄❄ ◊ ☼ ♈

Sempervivum tectorum

Die Hauswurz bildet markante Blattrosetten. Im Sommer fallen die aufrechten, rotvioletten Blütenstängel auf. Das Laub nimmt zuweilen ebenfalls eine rote Tönung an. Man setzt die immergrünen Sukkulenten oft als Dachbegrünung ein.

H: 15 cm; **B**: 50 cm
❄❄❄ ◊ ☼ ♈

Sisyrinchium striatum 'Aunt May'

Dieses Grasschwertel treibt weiß gestreifte, immergrüne Blattfächer aus, zwischen denen sich im Sommer aufrechte Stängel mit cremefarbenen Blüten emporschieben. Die ornamentale Pflanze macht sich gut als Gruppe in Kiesbeeten.

H: 90 cm; **B**: 25 cm
❄❄ ◊ ☼

Stipa (Nasella) tenuissima

Im Sommer treibt das Mexikanische Federgras gelbbraune Blütenstände. Die hellgrünen Blätter welken im Winter, bleiben aber auch trocken dekorativ. Zu empfehlen als Solitär in Gefäßen, schön in Beeten oder als Horst neben Pflasterflächen.

H: 60 cm; **B** : 30 cm
❄❄ ◊ ☼

Yucca filamentosa 'Bright Edge'

Diese gestreifte Form der Fädigen Palmlilie wird am besten als Solitär oder in kleinen Gruppen gepflanzt. Im Sommer zeigen sich Rispen aus cremeweißen Glockenblüten, doch ist die Palmlilie vor allem eine immergrüne Blattschmuckpflanze.

H: 75 cm; **B**: 1,4 m
❄❄❄ ◊ ☼ ♈

Yucca flaccida 'Ivory'

Im Gegensatz zu anderen Palmlilien blüht 'Ivory' im Sommer zuverlässig und reich. Die grün getönten, cremefarbenen Glockenblüten öffnen sich an hohen, exotisch wirkenden Stängeln über den Rosetten aus blaugrünen, schwertförmigen Blättern.

H: 55 cm; **B**: 1,5 m
❄❄❄ ◊ ☼ ♈

Stauden und Ziergräser

Acanthus spinosus
Diese Schmuckstaude bildet im Frühjahr Polster aus tief gezähnten, stacheligen, glänzenden Blättern. Im Juni erscheinen lange Trauben aus weiß behelmten Blüten mit lange haltenden violetten Hochblättern. Für trockene, steinige Plätze.

H: 1,4 m; **B**: 90 cm
❄❄❄ ◌ ◑ ☼ ◐ ♔

Agapanthus 'Loch Hope'
Horste aus riemenförmigen Blättern und hohe Schäfte mit auffallend runden Dolden aus tiefblauen Blüten machen diese Schmucklilie zu einer beliebten Zierpflanze. Sie lässt sich gut mit kräftigen Blütenfarben kombinieren.

H: 1,2 m; **B**: 60 cm
❄ ◌ ◑ ☼ ♔

Allium hollandicum 'Purple Sensation'
Im Frühsommer reckt dieser Zierlauch sattviolette Blütendolden über ein Büschel aus graugrünem Laub. Die Samenstände halten lange und eignen sich zum Trocknen. Die Blüten von Sämlingen sind heller.

H: 1 m; **B**: 7 cm
❄❄❄ ◌ ☼ ♔

Anemanthele lessoniana
Dieses neuseeländische Gras wurde früher als *Stipa arundinacea* geführt. Es formt dichte Horste. Die violetten Ähren hängen stark über und berühren fast den Boden. Im Winter sind die olivgrünen Blätter rot und orangefarben getönt.

H: 1 m; **B**: 1,2 m
❄❄ ◌ ◑ ☼ ◐ ♔ ♔

Anemone hupehensis 'Hadspen Abundance'
Die aufrechte, reich blühende Staude öffnet ab August asymmetrische, tiefrosa Blüten mit goldgelben Staubblättern. Ihre rebenartigen Blätter bilden schöne Horste. Gut sind alle Sorten der Herbst-Anemone.

H: 90 cm; **B**: 40 cm
❄❄❄ ◌ ☼ ◐ ♔ ♔

Aster x frikartii 'Mönch'
Diese anpassungsfähige, lavendelblaue Hybride ist besser als die meisten Glattblatt-Astern. Sie blüht bis weit in den Herbst und muss kaum gestützt werden. Sie fügt sich in fast jedes Farbschema, doch passt sie auch gut neben Ziergräser.

H: 70 cm; **B**: 40 cm
❄❄❄ ◌ ☼ ◐ ♔ ♔

Astrantia 'Hadspen Blood'

Diese pflegeleichte Staude bildet Bestände in halbschattigen, naturnahen Bereichen. Sie zeigt ihre Klasse aber auch in Früh- und Hochsommerrabatten. Die dunkelroten Blüten der Sterndolde sind von papierartigen Hochblättern umgeben.

H: 90 cm; **B**: 45 cm
❄❄❄ ◗ ☼ ◐

Calamagrostis x acutiflora

Das Garten-Reitgras sieht auch im Winter gut aus. 'Overdam' ♛ wächst übergeneigt und hat cremefarben gestreiftes Laub, die höhere Sorte 'Karl Foerster' trägt im Hochsommer rosabraune Rispen. Im Herbst sind beide hell- bis bronzebraun.

H: 1,5 m; **B**: 60 cm
❄❄❄ ◗ ☼ ◐

Centranthus ruber

Die Rote Spornblume verträgt Trockenheit ohne Weiteres und sät sich gern selbst aus. Die kegelförmigen, karminroten Blütenstände werden gern von Schmetterlingen besucht. Ein Rückschnitt fördert die Blühwilligkeit. 'Albus' ist weiß.

H: 90 cm; **B**: 90 cm
❄❄ ◊ ☼

Chelone obliqua

Selbst mit schweren Böden und gelegentlicher Staunässe kommt der Schlangenkopf zurecht. Die winterharte Staude öffnet ihre rosa Blüten im Spätsommer an aufrechten Stängeln. C. leyonii ist ähnlich, wird aber höher. Vor Schnecken schützen.

H: 60 cm; **B**: 30 cm
❄❄❄ ◗◆ ☼ ◐

Deschampsia cespitosa

'Goldschleier' und andere Formen der Rasen-Schmiele bilden immergrüne Horste, aus denen sich im Frühsommer elegant gebogene Halme emporschieben. Ihre duftigen Rispen bewegen sich im Wind und bleiben bis in den Herbst dekorativ.

H: 1,2 m; **B**: 1,2 m
❄❄❄ ◗◆ ☼ ◐

Dryopteris affinis 'Cristata'

Die halbimmergrünen, an der Spitze gegabelten oder gekräuselten, gebogenen Wedel des Spreuschuppigen Wurmfarns stehen trichterförmig zusammen. Der anspruchslose Farn verträgt sogar etwas Sonne und Wind. Eine gute Topfpflanze.

H: 90 cm; **B**: 90 cm
❄❄❄ ◗ ☼ ☀ ♛

Stauden und Ziergräser

Echinops ritro 'Veitch's Blue'
Kugeldisteln sind formbetonte Gewächse mit derben, tief gezähnten Blättern und kugeligen Blütenständen, die Bienen und Schmetterlinge anlocken. Diese Züchtung trägt an aufrechten, silbrigen Stängeln eine Vielzahl stahlblauer Blüten.

H: 1,2 m; **B**: 45 cm
❄❄❄ ○ ◑ ☼ ◑

Eryngium x oliverianum
Diese Hybride gehört zu den dekorativsten Edeldisteln. Ab Juli erscheinen zahlreiche zylindrische, metallisch blaue Blütenstände mit eleganter, stacheliger »Halskrause«. Die welken Blüten bleiben bis zum Herbst an der Pflanze.

H: 90 cm; **B**: 45 cm
❄❄❄ ○ ☼ ♀

Euphorbia characias 'Humpty Dumpty'
Die gedrungenen, gelbgrünen Blütenstände setzen im Frühjahr einen schönen Kontrapunkt zum graugrünen, immergrünen Laub. Schneiden Sie abgeblühte Stängel ab. Kontakt mit dem Milchsaft führt zu Reizungen.

H: 60 cm; **B**: 50 cm
❄❄❄ ○ ☼

Helictotrichon sempervirens
Der immergrüne Wiesenhafer verträgt Trockenheit. Im Juni schieben sich aus den Büscheln stahlblauer Blätter lange Halme mit haferartigen Blütenständen. Man setzt das Gras als Solitär in Kiesflächen ein oder pflanzt es in größeren Gruppen.

H: 1,2 cm; **B**: 60 cm
❄❄❄ ○ ☼ ♀

Hemerocallis 'Corky'
Im Juni/Juli entwickelt diese Taglilie Stängel mit dunklen Knospen, die sich nach und nach öffnen. Die sternförmigen gelben Blüten weisen auf der Rückseite braune Streifen auf. Bereits im zeitigen Frühjahr sprießt das riemenförmige Laub.

H: 70 cm; **B**: 40 cm
❄❄ ○ ☼ ◑ ♀

Iris foetidissima
Die orangefarbenen Beeren dieser Schwertlilie sprengen die Balgfrüchte im Herbst und zieren wochenlang vor dem Hintergrund aus immergrünem Laub. Eine wertvolle Pflanze für trockenen Schatten. 'Variegata' ♀ ist weiß gestreift.

H: 1 m; **B**: 90 cm
❄❄ ○ ☼ ◑ ♀

Iris sibirica 'Perry's Blue'

Die verschiedenen Formen der Wiesen-Schwertlilie tragen im Frühsommer Blüten in Blau, Violett und Weiß. Sie bereichern Rabatten um ein markantes vertikales Element. Das grasartige Laub kontrastiert schön zu breitblättrigen Stauden.

H: 1,2 m; **B**: 90 cm

❄❄❄ ◌◌ ☼ ◑

Knautia macedonica 'Melton Pastels'

Diese Staude blüht in verschiedenen Farben von Karminrot über Rosa bis Violett. Das lockere Stängel-Gewirr macht sich gut in naturnahen Gärten. Verwelkte Blütenköpfchen sollte man regelmäßig entfernen.

H: 1,2 m; **B**: 50 cm

❄❄❄ ◌ ☼

Kniphofia 'Little Maid'

Die ungewöhnliche, zarte Fackellilie bildet Horste aus derbem, grasartigem Laub. Von Juli bis September erscheinen blassgrüne Blütenknospen, die sich zu fackelartigen Trauben aus hellgelben, später cremegelben Blüten entwickeln.

H: 60 cm; **B**: 45 cm

❄ ◌ ☼

Leucanthemum x superbum

Diese Margeriten-Hybride kommt mit verschiedensten Standorten zurecht, sogar mit schwerem Boden und zwischen Gras. Von Juni bis September erscheinen an langen Stängeln die weißen Korbblüten über dem Horst ledriger, dunkelgrüner Blätter.

H: 90 cm; **B**: 60 cm

❄❄❄ ◌ ☼ ◑

Libertia grandiflora

Fächerige Büschel aus olivgrünen Blättern sind das Erkennungsmerkmal dieser ornamentalen neuseeländischen Art. Im Juni öffnen sich weiße Blüten in Rispen. Später entwickeln sich braune Samenstände, die mit der Zeit schwarz werden.

H: 90 cm; **B**: 60 cm

❄ ◌ ☼ ♟

Lilium 'Enchantment'

Die anspruchslose, horstbildende Lilie passt gut in den Beetvordergrund. Die nach oben gerichteten, sternförmigen Blüten in kräftigem Orange mit schwarz gesprenkeltem Schlund öffnen sich im Juni. Sandige Böden mit Humus anreichern.

H: 60 cm; **B**: 15 cm

❄❄ ◌◌ ☼ ◑ ♟

Stauden und Ziergräser

Miscanthus sinensis **'Kleine Silberspinne'**

Dieses kompakte Chinaschilf mit weiß gebänderten Blättern passt bestens in kleine Gärten. Im Spätsommer erscheinen violett getönte Blütenstände. Sie verbleichen und zieren den ganzen Winter über.

H: 1,2 m; **B**: 90 cm
❄❄❄ ◐ ☀ ☀ 🏆

Miscanthus sinensis **'Variegatus'**

Das hohe, cremeweiß gestreifte Gras bringt Licht und markante Strukturen in ein Beet. Für Kleingärten passt die Sorte 'Morning Light' 🏆 besser. Sie wird nur 1,2 bis 1,5 m hoch und hat schmalere Blätter mit dünnem weißem Rand.

H: 1,8 m; **B**: 1,2 m
❄❄❄ ◐ ◐ ☀

Panicum virgatum **'Heavy Metal'**

Die Rutenhirse ist wegen ihrer herbstlichen Laubtönung ein beliebtes Ziergras. 'Heavy Metal' zeichnet sich durch aufrechte Horste aus blaugrauem Laub aus, das im Herbst gelb wird. Ab Spätsommer erscheinen violett getönte Blütenstände.

H: 90 cm; **B**: 75 cm
❄❄❄ ◐ ☀

Penstemon **'Schoenholzeri'**

Schmalblättrige Bartfäden wie diese reich blühende Form sind besonders winterhart. Die immergrünen Stauden blühen ab Juli lange, vor allem, wenn man welke Blüten regelmäßig abzwickt. Im Frühjahr auf neuen Laubaustrieb zurückschneiden.

H: 75 cm; **B**: 60 cm
❄❄ ◐ ◐ ☀ 🏆

Penstemon **'Stapleford Gem'**

Dieser hübsche Bartfaden hat breite Blätter und wächst aufrecht. In der Bird-Serie finden sich einige ausgezeichnete höhere Auslesen wie 'Osprey' mit rosa und weißen Blüten, die auffallend violette 'Raven' und die rotviolette 'Blackbird'.

H: 60 cm; **B**: 45 cm
❄❄ ◐ ◐ ☀ 🏆

Perovskia **'Blue Spire'**

Perowskien bilden einen Busch mit grauen, gesägten Blättern. Im Juli öffnen sich an drahtigen, vielfach verzweigten Trieben winzige Büschel blauvioletter Blüten. Eine ausgezeichnete Form für trockene Bereiche, die auch Bienen anlockt.

H: 1,2 m; **B**: 1 m
❄❄❄ ◐ ☀ 🏆

Phlomis russeliana

Sehr apart wirken die gelben Blüten-quirle an den aufrechten Stängeln dieses Brandkrauts. Im Frühsommer zeigt es sich in Bestform, blüht aber bis September. Man kombiniert die Staude mit anderen trockenheits-verträglichen Gewächsen.

H: 90 cm; **B**: 75 cm
❄❄❄ ◊ ☼ ◐ ⚱

Rudbeckia fulgida **var. deamii**

Dieser Sonnenhut bringt mit seinen goldgelben, in der Mitte dunklen Korbblüten Farbe in Spätsommer- und Herbstrabatten. Er verträgt schwere Böden. *R. fulgida* var. *sullivantii* ⚱ 'Goldsturm' ist ähnlich.

H: 60 cm; **B**: 45 cm
❄❄❄ ◐ ☼ ◐ ⚱

Salvia x **superba**

Am schönsten wirkt diese Salbei-Hybride in größeren Beständen. Die aufrechten Trauben aus violetten Blüten schieben von Juli bis September. *S. nemorosa* 'Lubecca' und *S. verticillata* 'Purple Rain' bleiben kompakter und blühen länger.

H: 90 cm; **B**: 45 cm
❄❄❄ ◊ ◐ ☼ ⚱

Sedum 'Matrona'

Feste Knospen öffnen sich bei dieser Fetthenne im Spätsommer zu rosa Blüten, im Herbst gefolgt von deko-rativen Samenständen. Laub und Triebe sind dunkelviolett getönt. Alle drei bis vier Jahre teilen. Ebenfalls empfehlenswert: 'Herbstfreude' ⚱.

H: 60 cm; **B**: 60 cm
❄❄❄ ◊ ☼ ◐ ⚱

Stipa gigantea

Über den Büscheln des immergrünen Riesen-Federgrases schweben im Sommer hohe, übergeneigte Halme mit großen, haferartigen Blütenstän-den. Sie sind zunächst grün, werden mit der Zeit aber goldgelb. Ideal als Solitär oder mit Blütenpflanzen.

H: 2,5 m; **B**: 1,5 m
❄❄ ◊ ☼ ⚱

Verbena bonariensis

In Gruppen gepflanzt, macht sich dieses hohe, elegante, sich selbst aus-säende Eisenkraut gut am vorderen Beetrand oder entlang von Pflaster-flächen. Ihre kleinen violetten Blüten öffnen sich von Juli bis Herbst und locken Schmetterlinge an.

H: 1,8 m; **B**: 45 cm
❄ ◊ ☼ ⚱

PFLANZEN RICHTIG SCHNEIDEN: DIE PFLANZEN IM PORTRÄT

Der Pflanzenführer (Ab–Ca)

Abelia x *grandiflora*

Dieser immergrüne Strauch schmückt sich von Sommer bis Herbst mit einer Fülle duftender, weißrosa Trichterblüten. Das Gehölz braucht wenig Pflege – es reicht, überlange Triebe zu kürzen und abgestorbene sowie verletzte Zweige herauszunehmen.

H: 3 m; **B**: 4 m
❅❅ ○ ☼ ♈

Acer davidii

Der David-Ahorn wird wegen seiner auffallenden, vor allem im Winter sehr dekorativen Borke geschätzt. Man zieht ihn am besten als Hochstamm. Schneiden Sie dazu im Sommer oder Winter alle unteren Äste ab, solange der Baum noch jung ist.

H: 15 m; **B**: 15 m
❅❅❅ ○ ☼ ☼

Acer palmatum

Mit feingliedrigem Laub und brillanter Herbstfärbung bereichern alle Sorten des Fächer-Ahorns den Garten. Schneiden Sie überlange Zweige im Hochsommer heraus und entfernen Sie im zeitigen Frühjahr totes, krankes oder verletztes Holz.

H: 8 m; **B**: 10 m
❅❅❅❅ ○ ☼ ☼

Actinidia deliciosa

Schönes Laub und auffällige Herbstfärbung zeichnen die Kiwipflanze aus. Befreien Sie den Kletterer im Hochsommer von überlangen Trieben, damit er seine Form behält. Im Frühjahr entfernen Sie abgestorbenen, kranken oder beschädigten Wuchs.

H: 10 m
❅❅ ○ ☼ ☼

Artemisia **'Powis Castle'**

Viele Gartenbesitzer schätzen das fiedrige, silbrige Laub dieses Beifußes. Er wird im Frühjahr leicht gestutzt, so bewahrt er seine ansehnliche Form und treibt kräftig aus. Man behandelt ihn wie Lavendel (*siehe S. 192–193*), ohne in altes Holz zu schneiden.

H: 60 cm; **B**: 90 cm
❅❅ ○ ☼ ☼ ♈

Aucuba japonica

Die Japanische Aukube zeichnet sich durch glänzendes immergrünes Laub aus. Weibliche Exemplare tragen hübsche rote Beeren, viele Sorten auch gefleckte oder panaschierte Blätter. Will man sie in Form bringen, schneidet man sie leicht zurück.

H: 3 m; **B**: 3 m
❅❅ ○ ◐ ☼ ☼ ☼

Berberis x stenophylla

Die Schmalblättrige Berberitze wird meist als frei stehender Strauch oder Hecke gepflanzt. Wird sie zu groß, schneiden Sie sie wie eine Mahonie (siehe S. 196–197). Damit sie kompakt bleibt, nimmt man nach der Blüte ein Drittel der ältesten Triebe heraus.

H: 3 m; **B**: 5 m

❄❄❄ ◊ ◌ ☼ ☼ ⚕

Berberis thunbergii

Diese kompakte Berberitze mit gelben Blüten, roten Beeren und schöner Herbstfärbung ist vielseitig verwendbar. Man bringt sie im September in Form. Wenn sie zu groß wird, stutzen Sie sie wie eine Mahonie (siehe S. 196–197) kräftiger zurück.

H: 1 m; **B**: 2,5 m

❄❄❄ ◊ ◌ ☼ ☼ ⚕

Betula utilis var. jacquemontii

Eine beliebte Birke mit herrlich silberweißer Borke. Bringen Sie sie zur Geltung, indem Sie an jungen Exemplaren über Jahre hinweg die unteren Äste entfernen, ideal ist ein 2 m langer kahler Stamm. Auch totes, krankes und überkreuztes Holz kommt weg.

H: 18 m; **B**: 10 m

❄❄❄ ◊ ◌ ☼ ☼ ⚕

Buddleja davidii

Der wüchsige Sommerflieder wird im Frühjahr geschnitten. Nehmen Sie die Zweige bis auf zwei Knospen über dem letztjährigen Holz zurück. Nach der Blüte schneidet man die welken Blüten ab, um die Aussaat zu verhindern.

H: 3 m; **B**: 5 m

❄❄❄ ◊ ◌ ☼ ☼

Buxus sempervirens

Der Buchsbaum wird bevorzugt für kleine, formale Hecken verwendet, leistet aber auch als Formschnittgehölz gute Dienste. Schneiden Sie ihn mindestens zweimal jährlich – einmal im späten Frühjahr und das zweite Mal im Sommer.

H: 1 m; **B**: 1,5 m

❄❄❄ ◊ ◌ ☼ ☼ ⚕

Calluna vulgaris

Die Besenheide blüht im Sommer. Einige Formen zeichnen sich durch goldgelbes Laub aus. Sie sollte jährlich im zeitigen Frühjahr mit einer Heckenschere einen Schnitt erhalten. Schneiden Sie jedoch nicht in altes Holz zurück.

H: 10–60 cm; **B**: bis 75 cm

❄❄❄ ◊ ☼

Der Pflanzenführer (Ca–Ch)

Camellia japonica

Einen kräftigen Schnitt braucht dieser immergrüne, im Frühjahr blühende Strauch nicht. Um seine schöne Form zu erhalten, können Sie Zweige nach der Blüte kürzen. Ist er zu groß geworden, verjüngen Sie ihn mit einem radikalen Rückschnitt (*siehe S. 182–183*).

H: 3 m; **B**: 8 m
❄❄ ◐ ☼ ◑

Camellia x williamsii 'Donation'

Gartenbesitzer schätzen den immergrünen Frühlingsblüher als Solitär oder Gehölz für naturnahe Hecken. Entfernen Sie überlange Triebe nach der Blüte. Zu große Exemplare verjüngt man mit einem kräftigen Rückschnitt nach der Blüte (*siehe S. 182–183*).

H: 3 m; **B**: 2,5 m
❄❄ ◐ ☼ ◑ ♛

Campsis x tagliabuana

Dieser wuchsfreudige, exotisch anmutende Kletterer blüht im Sommer. Damit er nicht zu groß gerät, braucht er im zeitigen Frühjahr einen Zapfenschnitt (*siehe S. 172–173*). Kürzen Sie dazu jeden Seitentrieb bis auf zwei Knospenpaare zurück.

H: 10 m
❄❄ ◐◐ ☼ ◑

Carpinus betulus

Die sommergrüne Hainbuche kann als Solitär oder als Heckengehölz gepflanzt werden. Kultiviert man sie als Baum, ist ein Schnitt nicht erforderlich; Hecken hingegen werden im Spätsommer gestutzt oder im Spätwinter verjüngt.

H: 25 m; **B**: 20 m
❄❄❄ ◐◐ ☼ ◑ ♛

Caryopteris x clandonensis 'Arthur Simmonds'

Der kleine Strauch begeistert durch blaue Spätsommerblüten und aromatisches Laub. Schneiden Sie ihn im zeitigen Frühjahr wie *Fuchsia magellanica* (*siehe S. 341*) leicht zurück.

H: 1 m; **B**: 1,5 m
❄❄❄ ◐ ☼ ♛

Catalpa bignonioides

Darf der Trompetenbaum ungehindert wachsen, braucht man nur abgestorbenes, krankes oder überkreuztes Holz herauszunehmen. Alternativ kappen Sie Jungbäume jährlich, damit sie kompakt bleiben und besonders großes Laub austreiben.

H: 15 m; **B**: 15 m
❄❄❄ ◐ ☼ ♛

Ceanothus 'Blue Mound'

Diese Form der Säckelblume blüht im Frühsommer. Ein leichter Schnitt nach dem Flor bewahrt die Form (*siehe S. 184*). Dabei darf man allerdings nicht bis in altes Holz zurückschneiden, da die Pflanzen sonst nicht mehr austreiben.

H: 1,5 m; **B**: 2 m
❄❄ ◊ ◐ ☼ ◑☼ ♀

Ceratostigma willmottianum

Dieser wunderschöne kleine Strauch hat im Spätsommer reizende Blüten zu bieten. Entfernen Sie den vorjährigen Wuchs im Frühjahr bis fast zum Boden. Wenn Sie die Pflanze zusätzlich mit Kompost mulchen, können Sie sie fast wachsen sehen.

H: 1 m; **B**: 1,5 m
❄❄❄ ◊ ◐ ☼ ♀

Cercis canadensis 'Forest Pansy'

Der Kanadische Judasbaum prunkt mit lilarosa Frühsommerblüten und violettem, im Herbst leuchtend rotem Laub. Schneiden Sie Junggehölze so, dass sie ein gutes Astgerüst entwickeln, ältere nur, wenn sie zu groß werden.

H: 10 m; **B**: 10 m
❄❄❄ ◊ ◐ ☼ ◑☼ ♀

Chaenomeles-Sorten

Scheinquitten werden frei stehend oder an einer Mauer kultiviert. Man schneidet sie nach der Blüte, indem sämtlicher neuer Wuchs bis auf 5–6 Knospen zurückgestutzt wird. Aus ihnen entwickeln sich die Triebe, die im nächsten Jahr blühen.

H: bis 2,5 m; **B**: bis 3 m
❄❄❄ ◊ ☼ ◑

Chimonanthus praecox

Die duftende Chinesische Winterblüte blüht nur an älterem Holz, weshalb man langbeinigen Wuchs erst nach dem Flor herausnimmt. Zu große Sträucher können Sie im Winter stark schneiden, doch entwickeln sie dann mehrere Jahre lang keine Blüten.

H: 4 m; **B**: 3 m
❄❄❄ ◊ ☼

Choisya ternata

Die Mexikanische Orangenblume, ein immergrüner Blütenstrauch, braucht kaum Schnitt. Es reicht, wenn man ihn von Wuchs befreit, der im Winter erfroren ist. Wenn er struppig aussieht, können Sie ihn im Frühjahr problemlos fast bis zum Boden zurücknehmen.

H: 2,5 m; **B**: 2,5 m
❄❄ ◊ ◐ ☼ ♀

Der Pflanzenführer (Cl–Co)

Clematis alpina

Ihre violetten Blüten öffnen sich im Frühjahr am letztjährigen Wuchs. Schneiden Sie tote und beschädigte Triebe im zeitigen Frühjahr heraus. Zu dicht gewordene Exemplare stutzt man ebenfalls im Frühjahr bis 15 cm über dem Boden zurück (*siehe S. 207*).

H: 2–3 m, Gruppe 1
❄❄❄ ◌ ◑ ☼ ◑ ☀ ♛

Clematis armandii

Diese immergrüne Clematis trägt große weiße, duftende Blüten. Sie ist nicht völlig winterhart und sollte im Schutz einer warmen, sonnigen Mauer wachsen. Nehmen Sie toten oder beschädigten Wuchs im Frühjahr heraus (*siehe S. 207*).

H: 3–5 m, Gruppe 1
❄ ◌ ◑ ☼ ◑

Clematis 'Etoile Violette'

Eine wuchsfreudige Clematis, die im Spätsommer am gleichjährigen Wuchs unzählige violette Blüten öffnet. Schneiden Sie den gesamten Wuchs im zeitigen Frühjahr auf 15–30 cm über dem Boden zurück (*siehe S. 208–209*).

H: 3–5 m, Gruppe 3
❄❄❄ ◌ ◑ ☼ ◑ ☀ ♛

Clematis 'H. F. Young'

Ihre großen blauen Blüten begeistern im Frühsommer. Die Clematis wird im Vorfrühling leicht geschnitten. Stutzen Sie jeden Trieb bis auf das erste Paar gesunder Knospen zurück. Zu große Exemplare werden bis 15 cm über dem Boden eingekürzt (*siehe S. 207*).

H: 2,5 m, Gruppe 2
❄❄❄ ◌ ◑ ☼ ◑

Clematis 'Jackmanii'

Eine bewährte alte Sorte, die im Sommer an diesjährigen Trieben zahlreiche tief blauviolette Blüten öffnet. Man schneidet sie im zeitigen Frühjahr bis auf 15–30 cm über dem Boden zurück.

H: 3 m, Gruppe 3
❄❄❄ ◌ ◑ ☼ ◑ ♛

Clematis 'Nelly Moser'

Diese beliebte Züchtung wartet im Spätfrühling und Spätsommer mit großen rosa Blüten auf. Ihre Triebe kürzt man im zeitigen Frühjahr bis auf das erste Knospenpaar ein. Zu dicht gewordene Exemplare werden auf 15 cm zurückgestutzt (*siehe S. 207*).

H: 2–3 m, Gruppe 2
❄❄❄ ◌ ◑ ☼ ◑ ☀ ♛

Cornus alba

Rote Wintertriebe sind das große Plus des Tatarischen Hartriegels. Um den Austrieb von kräftigem, leucht-endem Wuchs zu fördern, schneiden Sie ihn im Frühjahr. Ungeschnittene Exemplare verlieren mit der Zeit ihre schöne Färbung.

H: 3 m; **B**: 3 m
❄❄❄ ◌ ◌ ● ☼ ☀

Cornus alternifolia 'Variegata'

Diese Sorte begeistert mit weißen Frühjahrsblüten und panaschiertem Laub an etagenförmig angeordneten Ästen. Von jungen Sträuchern ent-fernt man die unteren Triebe, wäh-rend man bei älteren Exemplaren nur die Krone hin und wieder ausdünnt.

H: 3 m; **B**: 2,5 m
❄❄❄ ◌ ◌ ☼ ☀

Cornus kousa var. chinensis

Mit seinen weißen Hochblättern im Frühjahr, den roten Sommerbeeren und der leuchtenden Herbstfärbung ist dieser Hartriegel eine Bereicherung für jeden Garten. An jungen Exemplaren entfernt man einige niedrige Äste, damit die Borke besser zu sehen ist.

H: 7 m; **B**: 5 m
❄❄❄ ◌ ◌ ◌ ☼ ☀ ♔

Cornus sanguinea 'Winter Beauty'

Damit diese Sorte im Winter ihre viel-farbigen Äste in Szene setzen kann, regt man sie im Frühjahr mit einem Schnitt zu kräftigem Wuchs an. Junge Exemplare sollten zwei Jahre lang in Ruhe gelassen werden, anschließend können Sie sie jährlich stutzen.

H: 2–3 m; **B**: 2 m
❄❄❄ ◌ ◌ ● ☼

Corylus avellana 'Contorta'

Die Korkenzieher-Hasel zeigt sich im Winter von ihrer besten Seite, denn im Frühjahr und Sommer sind die Zweige unter einer wirren Blätter-masse verborgen. Schneiden Sie sie nur, um totes, krankes, überkreuztes oder verletztes Holz zu entfernen.

H: 5 m; **B**: 5 m
❄❄❄ ◌ ◌ ☼ ☀

Cotinus coggygria

Schön gefärbtes Laub und fiedrige Blüten zeichnen den Perückenstrauch aus. Wenn Sie ihn jährlich stutzen, erfolgt manchmal keine Blüte. Ein harter Rückschnitt regt ihn aber zu kräftigem Austrieb mit großen Blät-tern an (siehe S.176–177).

H: 5 m; **B**: 5 m
❄❄❄ ◌ ◌ ☼ ☀ ♔

Der Pflanzenführer (Co–Eu)

Cotoneaster horizontalis
Zur Begrünung von Mauern und Böschungen ist die niedrige Fächer-Zwergmispel unerreicht und auch als Bodendecker leistet sie gute Dienste. Besonders dekorativ sind ihre roten Beeren im Herbst. Begrenzen Sie sie im Frühjahr mit einem Schnitt.

H: 1 m; **B**: 1,5 m
❄❄❄ ◊ ◑ ☼ ◐ ♈

Crataegus monogyna
Der Eingriffelige Weißdorn ist eine beliebte Zier- und Heckenpflanze. Im Frühjahr bietet er eine duftende weiße Blütenpracht auf, während er im Herbst rote Beeren zur Schau stellt. Eine Weißdorn-Hecke können Sie im zeitigen Frühjahr leicht stutzen.

H: 10 m; **B**: 8 m
❄❄❄ ◊ ◑ ☼ ◐

Cytisus x praecox
Ein goldgelbes Blütenkleid bedeckt den Elfenbeinginster im Frühsommer. Der Strauch braucht so gut wie keinen Schnitt, kann jedoch gleich nach der Blüte in Form gebracht werden. Schneiden Sie nicht ins alte Holz, da es nicht mehr austreibt.

H: 1,2 m; **B**: 1,5 m
❄❄❄ ◊ ☼

Daboecia cantabrica
Ein Schnitt mit der Heckenschere im zeitigen Frühjahr tut der sommerblühenden Irischen Glanzheide gut. Entfernen Sie alle alten Blüten, jedoch ohne ins alte Holz zu schneiden, da die Pflanze von dort nicht mehr austreibt.

H: 25–40 cm; **B**: 65 cm
❄❄ ◊ ☼ ◐

Daphne bholua
Die duftenden Blüten dieses Seidelbaststrauchs erscheinen im Winter. Durch Abzwicken der Triebspitzen junger Pflanzen fördert man buschigen Wuchs. Das gilt auch für ältere Exemplare, die keinen kräftigen Rückschnitt vertragen.

H: 2–4 m; **B**: 1,5 m
❄❄ ◊ ◑ ☼ ◐ ♈

Deutzia x hybrida 'Mont Rose'
Ein reizender, unproblematischer Frühsommerblüher. Man schneidet ihn wie *Philadelphus* nach der Blüte (*siehe S. 185*) und nimmt etwa ein Drittel der alten Triebe heraus, um den Neuaustrieb aus der Basis zu fördern.

H: 1,2 m; **B**: 1,2 m
❄❄❄ ◊ ☼ ◐ ♈

Elaeagnus pungens 'Maculata'

Der immergrüne Strauch mit goldgelbem Laub wird frei stehend oder
als Hecke gezogen. Im Winter oder
Frühjahr schneidet man vorjährigen
Wuchs bis auf 2–3 Knospen zurück.
Nehmen Sie rein grüne Triebe bis zum
panaschierten Wuchs heraus.

H: 4 m; **B**: 5 m
❄❄❄ ◊ ☼

Erica arborea var. alpina

Die Baum-Heide, eines der größten
Mitglieder aus der Familie der
Heidekrautgewächse, öffnet im
Frühjahr zahllose duftende weiße
Blüten. Zu dicht gewordene Exem-
plare reagieren gut auf einen
radikalen Rückschnitt im Frühjahr.

H: 2 m; **B**: 85 cm
❄❄❄ ◊ ☼ ⚱

Erica carnea

Für die reizende, im Winter blühende
Schnee-Heide genügt ein Schnitt mit
der Heckenschere im Mai oder Juni.
Entfernen Sie die Blüten, ohne
allerdings in altes Holz zu schneiden,
denn sonst treibt die Pflanze nicht
mehr aus.

H: 20–25 cm; **B**: 55 cm
❄❄❄ ◊ ☼

Erica cinerea

Vom Hoch- bis zum Spätsommer
blüht dieses Heidegewächs. Man
stutzt es im zeitigen Frühjahr mit der
Heckenschere zurück, um die alten
Blüten zu entfernen. Vorsicht: Bei
einem Rückschnitt bis ins alte Holz
treibt es nicht mehr aus.

H: 30 cm; **B**: 55 cm
❄❄❄ ◊ ☼

Escallonia 'Apple Blossom'

Ein immergrüner Strauch, der im
Frühsommer blüht und in Hecken
oder frei stehend kultiviert wird. Im
Sommer werden die Blütentriebe um
die Hälfte eingekürzt, damit die
Pflanze kompakt bleibt. Möglich ist
aber auch ein radikaler Rückschnitt.

H: 2,5 m; **B**: 2,5 m
❄❄❄ ◊ ◖ ☼ ⚱

Eucalyptus gunnii

Die nicht winterharte Pflanze trägt
ungewöhnliches silberblaues Laub. Sie
kann zu einem stattlichen Baum
heranwachsen. Um aber die Busch-
form zu erhalten und den Austrieb von
leuchtenden Jungblättern zu fördern,
schneidet man sie jährlich im Frühjahr.

H: bis 25 m; **B**: bis 15 m
❄❄ ◊ ◖ ☼ ⚱

Der Pflanzenführer (Eu–Ha)

Euonymus europaeus
Das Pfaffenhütchen wird wegen seiner Herbstfärbung und der hübschen Früchte geschätzt. Junge Exemplare schneidet man, damit sie eine schöne Form und Struktur entwickeln, bei älteren reicht es, totes, verletztes oder krankes Holz herauszunehmen.

H: 3 m; **B**: 2,5 m
❄❄❄ ○ ◑ ☼ ◐

Euonymus fortunei
Ob als Wandstrauch, Zaunbegrünung, Bodendecker oder Solitär, der Kletternde Spindelstrauch macht immer eine gute Figur. Wenn Sie ihn im zeitigen Frühjahr leicht stutzen, bleibt seine Form erhalten. Rein grüne Triebe werden herausgenommen.

H: 60 cm; **B**: unbegrenzt
❄❄❄ ○ ◑ ☼ ◐

Exochorda x **macrantha 'The Bride'**
Unzählige weiße Blüten sind das große Plus dieses im Frühjahr blühenden Strauchs. Damit er wüchsig bleibt, entfernt man jedes Frühjahr die ältesten Triebe. Nach einem Radikalschnitt zu dicht gewordener Exemplare bleibt die Blüte im selben Jahr aus.

H: 2 m; **B**: 3 m
❄❄❄ ○ ◑ ☼ ◐ ♛

x **Fatshedera lizei**
Die großen, glänzenden Blätter dieses immergrünen Strauchs erinnern an Efeu. Die Laubschmuckpflanze eignet sich für schattige Stellen und muss kaum geschnitten werden, lediglich überlange Triebe sollten Sie im Frühjahr herausnehmen.

H: 1,2–2 m; **B**: 3 m
❄❄ ○ ◑ ☼ ◐

Forsythia x **intermedia 'Lynwood Variety'**
Die gelben Frühlingsblüten dieses Strauchs erscheinen am vorjährigen Wuchs. Nehmen Sie nach der Blüte ein Drittel der ältesten Triebe heraus. Zu dichte Exemplare werden im zeitigen Frühjahr radikal gekürzt.

H: 3 m; **B**: 3 m
❄❄❄ ○ ◑ ☼ ◐ ♛

Fremontodendron 'California Glory'
In der Regel wird dieser immergrüne Strauch vor einer sonnenbeschienenen Mauer gezogen. Überlange Triebe kürzt man im Frühsommer. Vorsicht: Kontakt mit der Pflanze kann Hautreizungen verursachen.

H: 6 m; **B**: 4 m
❄❄ ○ ☼ ♛

Fuchsia magellanica

Ein eleganter Sommerblüher – ob als freistehender Strauch oder blühende Hecke. Schneiden Sie ihn im Frühjahr leicht bis ins grüne, gesunde Holz zurück. Nach strengen Wintern muss er allerdings bis knapp über dem Boden zurückgenommen werden.

H: 3 m; **B**: 2–3 m
❄❄ ◊ ◖ ☼ ◑

Garrya elliptica 'James Roof'

Der große, nicht ganz winterharte immergrüne Strauch ist vor einer sonnigen Mauer am besten aufgehoben. Er präsentiert im Spätwinter lange, dekorative Kätzchen. Man begrenzt seine Ausbreitung jährlich im zeitigen Frühjahr (*siehe S. 195*).

H: 4 m; **B**: 4 m
❄❄ ◊ ☼ ◑ ♔

Gaultheria mucronata 'Wintertime'

Diese kleine immergrüne Scheinbeeren-Art trägt im Herbst dekorative, wächserne Früchte. Die Pflanze braucht in der Regel keinen Schnitt. Ansonsten weisen Sie sie im zeitigen Frühjahr in ihre Schranken.

H: 1,2 m; **B**: 1,2 m
❄❄❄ ◊ ☼ ◑

Genista aetnensis

Der Ätna-Ginster ist ein großer, eleganter Strauch mit duftenden Sommerblüten. Um ihn zu begrenzen und zur Bildung von Blütentrieben anzuregen, stutzt man ihn sofort nach der Blüte leicht zurück. Schneiden Sie nicht ins alte Holz – es treibt nicht mehr aus.

H: 5 m; **B**: 5 m
❄❄❄ ◊ ☼ ♔

Griselinia littoralis

Ob als Solitär oder in Hecken – dieser immergrüne Strauch zeigt sich stets von seiner besten Seite. Schneiden Sie Heckenpflanzen im Spätsommer, frei stehende Exemplare im zeitigen Frühjahr zurück, falls sie zu groß werden.

H: 6 m; **B**: 5 m
❄❄ ◊ ☼ ♔

Hamamelis x intermedia 'Pallida'

Zaubernüsse gehören zu den ersten Sträuchern, die ihre duftenden Blüten öffnen, und eignen sich auch für kleinere Gärten. Nehmen Sie nach der Blüte totes Holz heraus und begrenzen Sie falls nötig ihre Größe (*siehe S. 178–179*).

H: 4 m; **B**: 4 m
❄❄❄ ◊ ◖ ☼ ◑ ♔

Der Pflanzenführer (He–Ja)

Hedera helix
Efeu ist ein vielseitiger, selbsthaftender Kletterer, der Mauern, Zäune sowie Bäume überzieht und sich auch als Bodendecker eignet. Schneiden Sie zu große Exemplare im Frühjahr radikal zurück. Ansonsten kann man Efeu jederzeit von Juli bis August stutzen.

H: 10 m
❄❄❄ ⬦⬦⬥ ☀ ◐

Hydrangea arborescens 'Grandiflora'
Diese sommerblühende Hortensie trumpft mit großen, cremeweißen Blütenständen auf. Sie blüht an neuem Wuchs und kann im zeitigen Frühjahr bis auf 5–10 cm über dem Boden zurückgeschnitten werden.

H: 2,5 m; **B**: 2,5 m
❄❄❄ ⬦⬥ ☀ ◐ ⚱

Hydrangea macrophylla
Ihre Blüten öffnet die Garten-Hortensie am letztjährigen Wuchs. Lassen Sie das Verblühte im Winter als Schutz vor Kälte an der Pflanze. Im Mai schneidet man den vorjährigen Wuchs bis auf zwei Knospen zurück und entfernt schwache und tote Triebe (*siehe S. 175*).

H: 2 m; **B**: 2,5 m
❄❄❄ ⬦⬥ ☀ ◐

Hydrangea paniculata
Große, kegelförmige Blütenstände sind das auffallendste Merkmal der Rispen-Hortensie. Schneiden Sie im zeitigen Frühjahr alle vorjährigen Triebe auf 2–3 Knospenpaare zurück, damit sie klein bleibt (*siehe S. 174*).

H: 3–7 m; **B**: 2,5 m
❄❄❄ ⬦⬥ ☀ ◐

Hydrangea petiolaris
Der selbsthaftende Kletterer braucht wenig Schnitt. Entfernt werden im Frühjahr lediglich überlange Triebe und nach der Blüte welker Flor. Zu große Exemplare kann man im Frühjahr radikal verkleinern, muss dann aber bis zu zwei Jahre auf Blüten verzichten.

H: 15 m
❄❄❄ ⬦⬥ ☀ ◐

Hypericum 'Hidcote'
Damit dieses Johanniskraut kompakt bleibt und im Sommer reich blüht, entfernen Sie im Frühjahr totes sowie krankes Holz und schneiden die übrigen Triebe auf 5–10 cm zurück. Bei größeren Sträuchern wird ein Drittel der älteren Triebe herausgenommen.

H: 1,2 m; **B**: 1,5 m
❄❄❄ ⬦⬥ ☀ ◐ ⚱

Ilex aquifolium 'Pyramidalis Aureomarginata'

Diese Stechpalme wächst zu einem kräftigen Baum heran (*siehe S. 198–199*). Sie können sie aber auch zu einer geometrischen Form schneiden oder als Heckenpflanze einsetzen. Geschnitten wird sie im zeitigen Frühjahr.

H: 6 m; **B**: 5 m
❄❄❄ ◊ ◖ ☼ ◑

Ilex crenata

Die Japanische Stechpalme hat kleine Blätter und glänzende, schwarze Beeren. Sie gibt eine ausgezeichnete Formschnitthecke oder -pflanze ab, ist als solche eine Alternative zu Buchsbaum (*Buxus*) und wird auch genauso geschnitten.

H: 5 m; **B**: 4 m
❄❄❄ ◊ ◖ ☼ ◑

Indigofera heterantha

Ein Meer aus rosa Schmetterlingsblüten bedeckt diesen Blütenstrauch im Sommer. Große Exemplare werden im Frühjahr radikal zurückgeschnitten. In strengen Wintern muss man mit Schäden rechnen, doch treibt die Pflanze von unten her wieder neu aus.

H: 2–3 m; **B**: 2–3 m
❄❄ ◊ ◖ ☼ ♈

Itea ilicifolia

Die grünen Blütentrauben im Sommer sind das auffälligste Merkmal dieses immergrünen Strauchs, den Sie frei stehend oder an einer Mauer ziehen können. Jungexemplare bringt man im Frühjahr in Form, bei älteren werden nur überlange Triebe gestutzt.

H: 3–5 m; **B**: 3 m
❄❄ ◊ ◖ ☼ ♈

Jasminum nudiflorum

Der Winter-Jasmin begeistert durch seine leuchtend gelben Blüten, die er schon im Winter und zeitigen Frühjahr öffnet. Gezogen wird er meist vor einer Mauer oder an einem Zaun. Schneiden Sie überlangen Wuchs direkt nach der Blüte heraus.

H: 3 m; **B**: 3 m
❄❄❄ ◊ ◖ ☼ ◑ ♈

Jasminum officinale

Mit seinen weißen Blüten erfüllt der Echte Jasmin den Sommergarten mit unverwechselbarem Duft. Der wüchsige Kletterer lässt sich an Wänden oder anderen baulichen Elementen hochziehen. Man kann ihn jederzeit zurückstutzen, wenn er zu groß wird.

H: 5 m
❄❄ ◊ ◖ ☼ ◑ ♈

Der Pflanzenführer (Ke–Lu)

Kerria japonica 'Golden Guinea'

Der horstbildende, ausläufertreibende Strauch ist im späten Frühjahr über und über mit goldgelben Blüten bedeckt. Wenn er zu groß für seinen Standort wird, schneiden Sie ihn radikal zurück oder dünnen jährlich nach der Blüte alte Triebe aus.

H: 2 m; **B**: 2,5 m
✽✽✽ ◊ ◉ ☼ ◑ ♔

Kolkwitzia amabilis 'Pink Cloud'

Ein großer Strauch, dessen hängende Zweige im späten Frühjahr viele rosa Blüten tragen. Stutzen Sie ihn nach der Blüte und schneiden ein Drittel der alten Blütentriebe heraus. Große Exemplare werden im Frühjahr bis auf 30 cm gekappt.

H: 3 m; **B**: 4 m
✽✽✽ ◊ ◉ ☼ ♔

Laurus nobilis

Der immergrüne Lorbeer kann zu vielerlei geometrischen Körpern geformt werden, gibt aber auch einen ausgezeichneten Solitär ab. Formschnittexemplare werden im Frühsommer mit der Gartenschere geschnitten

H: 12 m; **B**: 10 m
✽✽ ◊ ◉ ☼ ◑ ♔

Lavandula angustifolia

Der Echte Lavendel reckt im Sommer unzählige violette, duftende Blütenstände empor. Man kann ihn gut als niedrige Hecke ziehen. Ideal ist ein zweimaliger Schnitt im Jahr: Im Frühjahr wird er kräftiger, nach der Blüte nur leicht gestutzt (*siehe S. 192–193*).

H: 1 m; **B**: 1,2 m
✽✽✽ ◊ ☼

Lavatera x clementii 'Barnsley'

Diese strauchige Staude öffnet im Sommer eine Fülle großer, blassrosa Blüten. Damit sie gesund bleibt, schneidet man sie im Frühjahr auf ein 30 cm hohes Gerüst aus kräftigen Trieben zurück. Auch totes, krankes und schwaches Holz wird entfernt.

H: 2 m; **B**: 2 m
✽✽✽ ◊ ☼

Lespedeza thunbergii

Unübersehbar sind im Spätsommer die tiefrosa, an gebogenen Zweigen aufgereihten Schmetterlingsblüten dieser strauchigen Staude. Schneiden Sie alle Triebe im Frühjahr bis knapp über dem Boden zurück. Die Pflanze treibt dann rasch wieder aus.

H: 2 m; **B**: 3 m
✽✽✽ ◊ ☼ ♔

Leycesteria formosa

Weiße, von bordeauxroten Hochblättern umgebene Sommerblüten und violette Beeren – die Schöne Leycesterie hat viel zu bieten. Der unverwüstliche Strauch muss nicht gestutzt werden, verträgt aber auch problemlos einen radikalen Rückschnitt im Frühjahr.

H: 2 m; **B**: 2 m ❄❄❄ ◌ ◑ ☼ ◐ ♚

Ligustrum lucidum

Die weißen Blüten dieses immergrünen Strauchs öffnen sich im Spätsommer. Er zeichnet sich durch ausgewogenen Wuchs aus und muss kaum geschnitten werden. Man zwickt lediglich aus der Reihe tanzende Triebe ab, um seine Form zu bewahren.

H: 10 m; **B**: 10 m
❄❄ ◌ ☼ ◐ ♚

Lonicera nitida

Dieses Gehölz wird oft als Heckenpflanze oder Strauch verwendet. Ist es Bestandteil einer Hecke, stutzen Sie es im Sommer mehrmals, damit es seine Form behält. Bei frei stehenden Sträuchern entfernt man im Frühjahr ein Drittel der ältesten Triebe.

H: 3,5 m; **B**: 3 m
❄❄❄ ◌ ◑ ☼ ◐

Lonicera periclymenum 'Graham Thomas'

Wer nach einem duftenden, sommerblühenden Kletterer sucht, liegt mit dieser Heckenkirsche richtig. Wird sie langbeinig, stutzen Sie sie im zeitigen Frühjahr. Auch abgestorbenes oder verletztes Holz soll weg (*siehe S. 210*).

H: 7 m
❄❄❄ ◌ ◑ ☼ ◐ ♚

Lonicera x purpusii

Diese strauchige Heckenkirsche wird wegen ihrer cremeweißen, stark duftenden Winterblüten kultiviert. Damit sie nicht zu groß wird, schneiden Sie im Frühjahr ungefähr ein Drittel der ältesten Triebe bis fast zum Boden zurück (*siehe S. 180–181*).

H: 2 m; **B**: 2,5 m
❄❄❄ ◌ ☼ ◐

Luma apiculata

Eine dekorative, sich abschälende Borke und kleine weiße Spätsommerblüten sind die Vorzüge dieses immergrünen Gehölzes. Im Sommer werden einige der unteren Zweige entfernt, damit die interessante Rinde gut sichtbar ist.

H: 10–15 m; **B**: 10–15 m
❄❄ ◌ ☼ ◐ ♚

Der Pflanzenführer (Ma–Ph)

Magnolia grandiflora

Ziehen Sie die im Sommer blühende Immergrüne Magnolie vor einer Südmauer und bringen Sie sie im Frühjahr bzw. Sommer mit einem Schnitt in Form. Dann ist das Risiko gering, dass sie mit toten Ästen oder frischen Schnittwunden in den Winter geht.

H: 6–18 m; **B**: 15 m
❄❄ ◌ ◐ ☼ ◐ ☀

Magnolia x *loebneri* 'Leonard Messel '

Dieser Frühjahrsblüher braucht kaum Schnitt. An jungen Exemplaren kann man einige untere Zweige entfernen, damit sie eine schönere Form bekommen. Ältere Bäume befreit man von ungünstig stehenden Ästen.

H: 8 m; **B**: 6 m
❄❄❄ ◌ ◐ ☼ ◐ ☀ ♔

Mahonia aquifolium

Der immergrüne, ausläufertreibende Strauch blüht im Winter und eignet sich gut als Bodendecker. Damit er nicht allzu groß wird, schneiden Sie ihn alle 3–4 Jahre bis zum Boden zurück oder entfernen Sie jedes Jahr ein Drittel der ältesten Triebe.

H: 1 m; **B**: 1 m
❄❄❄ ◌ ◐ ☼ ◐ ☀

Mahonia x *media* 'Charity'

Falls dieser immergrüne Winterblüher zu groß wird, schneiden Sie ihn im zeitigen Frühjahr kräftig zurück (*siehe S. 196–197*). Nehmen Sie überlange Zweige heraus. Blütentriebe entfernt man im Frühjahr, damit die Pflanze von unten neu austreibt.

H: bis 5 m; **B**: bis 4 m
❄❄❄ ◌ ◐ ☼ ◐ ☀

Malus 'Golden Hornet'

An jungen Exemplaren dieses blühenden und fruchtenden Zierapfels entfernt man im Winter die unteren Zweige, damit sie zu schöner Form heranwachsen. Ältere Exemplare befreit man von totem, verletztem und ungünstig stehendem Holz.

H: 10 m; **B**: 8 m
❄❄❄ ◌ ◐ ☼ ◐

Malus hupehensis

Junge Exemplare des als Blüten- und Obstgehölz geschätzten Tee-Apfels befreit man im Winter von den unteren Zweigen, um eine ausgewogene Form zu erhalten. Schneiden Sie an älteren Pflanzen abgestorbene, kranke oder marode Äste ab.

H: 12 m; **B**: 12 m
❄❄❄ ◌ ◐ ☼ ◐ ♔

Nandina domestica

Der immergrüne, horstbildende Himmelsbambus begeistert im Sommer mit weißen Blüten und im Herbst mit dekorativen Beeren. Geschnitten werden muss er kaum, es reicht, im Sommer alte Triebe zu entfernen. Zu starker Schnitt beeinträchtigt die Blüte.

H: 2 m; **B**: 1,5 m
❄❄ ◌ ◗ ☼ 🏆

Olearia stellulata

Dieser kompakte, immergrüne Strauch beeindruckt im späten Frühjahr durch seine üppige Blütenpracht. Überlange, struppig wirkende Exemplare werden sogleich nach der Blüte radikal zurückgeschnitten.

H: 2 m; **B**: 2 m
❄❄ ◌ ☼

Osmanthus heterophyllus 'Variegatus'

Ein immergrüner Strauch mit duftenden weißen Blüten und stechpalmenartigen Blättern. Er wird als Hecken- und Formschnittgehölz geschätzt. Hecken schneidet man im Mai–Juni, Formschnittpflanzen im Sommer.

H: 5 m; **B**: 5 m
❄❄ ◌ ◗ ☼ ◑

Parthenocissus tricuspidata

Die Dreispitz-Jungfernrebe ist ein wüchsiger, selbsthaftender Kletterer mit leuchtendem Herbstlaub. Schneiden Sie ihn im Frühjahr vor dem Laubaustrieb oder im Herbst nach dem Blattfall, um seine Ausbreitung einzudämmen.

H: 20 m
❄❄❄ ◌ ◗ ☼ ◑ 🏆

Perovskia 'Blue Spire'

Blaue Blüten im Spätsommer und silbriges Laub sind die Vorzüge dieses hübschen, kompakten Strauchs. Jährlich im Frühjahr wird er auf 15 cm zurückgestutzt, um den Austrieb kräftiger, im Sommer blühender Triebe zu fördern.

H: 1,2 m; **B**: 1 m
❄❄❄ ◌ ☼ 🏆

Philadelphus

Ausgesprochen beliebt ist der Sommerjasmin mit seinen weißen, duftenden Frühsommerblüten. Stutzen Sie ihn alle 3–4 Jahre im Frühjahr kräftig bis auf 15 cm zurück oder entfernen Sie jährlich nach der Blüte ein Drittel der ältesten Triebe (*siehe S. 185*).

H: bis 3 m; **B**: bis 2,5 m
❄❄❄ ◌ ◗ ☼ ◑ 🏆

Der Pflanzenführer (Ph–Rh)

Photinia x fraseri 'Red Robin'
Der Blattaustrieb dieses immergrünen Strauchs ist leuchtend rot für einige Monate. Die Pflanze kann frei stehend oder als dekoratives Heckengehölz kultiviert werden. Hecken werden im Spätsommer, Solitäre im zeitigen Frühjahr geschnitten.

H: 5 m; **B**: 5 m
❄❄ ◌ ◖ ☼ ◑ ⚜

Phygelius x rectus 'African Queen'
Die langen orangefarbenen Röhrenblüten der Kapfuchsie bringen exotisches Flair in den Sommergarten. Damit der Strauch nicht langbeinig wird, behandelt man ihn wie eine Staude und schneidet ihn im Frühjahr bis fast zum Boden zurück.

H: 1,5 m; **B**: 1,5 m
❄❄❄ ◌ ◖ ☼ ⚜

Physocarpus opulifolius 'Dart's Gold'
Mit seinem beim Austrieb gelben Laub ist dieser Strauch nicht nur im Frühjahr sehr ansehnlich, er hat auch hübsche Blüten im Frühsommer zu bieten. Es reicht, Triebe zu entfernen, die die Form beeinträchtigen.

H: 2 m; **B**: 2,5 m
❄❄❄ ◌ ◖ ☼ ◑ ⚜

Pittosporum tenuifolium
Viele Sorten dieses immergrünen Strauchs zeichnen sich durch panaschiertes Laub aus und geben daher einen hübschen Blickfang ab. Es genügt, durch leichtes Stutzen im späten Frühjahr die symmetrische Form der Pflanze zu erhalten.

H: 4–10 m; **B**: 2–5 m
❄❄ ◌ ◖ ☼ ◑ ⚜

Potentilla fruticosa 'Goldfinger'
Mit seinen goldgelben Blüten bringt der reizende kleine Fingerstrauch Farbe ins sommerliche Gartengrün. Er kann im zeitigen Frühjahr leicht gestutzt werden, um seine rundliche Form zu bewahren, braucht ansonsten aber keinen Schnitt.

H: 1 m; **B**: 1,5 m
❄❄❄ ◌ ☼

Prunus avium 'Plena'
Diese Zierkirsche begeistert im April und Mai mit großen weißen Blüten. Schneiden Sie sie im Frühsommer, um das Risiko eines Krankheitsbefalls zu senken. Dabei werden auch abgestorbene, kranke und sich überkreuzende Triebe herausgenommen.

H: 12 m; **B**: 12 m
❄❄❄ ◌ ◖ ☼ ⚜

Prunus laurocerasus

Die immergrüne Lorbeer-Kirsche zeichnet sich durch glänzende grüne Blätter aus. Frei stehende Sträucher werden im Frühjahr, Hecken im Sommer geschnitten. Arbeiten Sie mit einer Gartenschere, damit die Blätter unversehrt bleiben.

H: 8 m; **B**: 10 m
❄❄❄ ◊ ◐ ☼ ◑ 🏆

Prunus mume

Die frühblühende Japanische Aprikose trägt am vorjährigen Wuchs Flor. Kürzen Sie im Frühsommer sämtliche Hauptäste um 30 cm. Damit fördern Sie den Austrieb von neuem Wuchs, der im darauffolgenden Frühjahr blüht.

H: 9 m; **B**: 9 m
❄❄❄ ◊ ◊ ☼

Prunus serrula

Im Winter ist die Tibetische Kirsche mit ihrer mahagoniroten Borke ein attraktiver Blickfang. Entfernen Sie an jungen Bäumen die unteren Äste, sodass der Stamm bis mindestens 1,8 m Höhe frei bleibt. Tote und kranke Äste werden nach Bedarf entfernt.

H: 10 m; **B**: 10 m
❄❄❄ ◊ ◊ ☼ 🏆

Pyracantha 'Orange Glow'

Der Feuerdorn ist ein immergrünes Gehölz, das wegen seiner orangefarbenen Beeren gezogen wird. Stutzen Sie ihn im Frühjahr zurück, um seine Form zu bewahren. Achten Sie dabei darauf, die Blütenknospen möglichst stehen zu lassen.

H: 3 m; **B**: 3 m
❄❄❄ ◊ ☼ ◐ ● 🏆

Pyrus salicifolia var. orientalis 'Pendula '

Eine ungewöhnliche Birne mit cremeweißen Blüten und kleinen braunen, nicht essbaren Früchten. Entfernen Sie die unteren Äste junger Bäume, damit die oberen ihren hängenden Wuchs entwickeln können.

H: 5 m; **B**: 4 m
❄❄❄ ◊ ☼ 🏆

Rhamnus alaternus 'Argenteovariegata'

Befreien Sie diesen schnellwachsenden immergrünen Strauch im zeitigen Frühjahr von überlangen Trieben, damit er seine buschige Form bewahrt. Zurückgeschlagene, also rein grüne Zweige nimmt man stets sofort heraus.

H: 5 m; **B**: 4 m
❄ ◊ ☼ 🏆

Der Pflanzenführer (Rh–Ro)

Rhamnus frangula (syn. Frangula alnus) 'Asplenifolia'

Im Herbst wartet dieser Strauch mit gelbem Laub und dekorativen Beeren auf. Er verträgt alle 3–4 Jahre sogar einen radikalen Rückschnitt bis fast zum Boden.

H: 3–4 m; **B**: 2–3 m

❄❄❄ ◊ ☼ ◐

Rhododendron luteum

Diese sommergrüne Azalee steht wegen ihrer gelben, duftenden Frühsommerblüten und der Herbstfärbung hoch im Kurs. Sie muss kaum geschnitten werden, zu dichte Exemplare können Sie aber im Frühjahr knapp über dem Boden kappen.

H: 4 m; **B**: 4 m

❄❄❄ ◊ ◊ ☼ ◐ ♔

Rhododendron Nobleanum-Gruppe

Die meisten *Rhododendron*-Hybriden brauchen wenig oder keinen Schnitt, doch Formen mit rauer Borke, wie die der Nobleanum-Gruppe, kann man im zeitigen Frühjahr stutzen, wenn sie zu groß werden. Sie treiben wieder aus.

H: 5 m; **B**: 5 m

❄❄❄ ◊ ◊ ☼ ◐

Rhododendron 'Rose Bud'

Auch diese attraktive immergrüne Azalee muss in der Regel nicht geschnitten werden. Man kann sie jedoch zu geometrischen Figuren formen oder als niedrige Hecke pflanzen. Stutzen Sie sie nach der Blüte im Frühsommer leicht mit der Heckenschere.

H: bis 90 cm; **B**: bis 90 cm

❄❄❄ ◊ ◊ ☼

Rhus typhina

Mit seinem gefiederten Laub entfacht der Essigbaum ein orangerotes Feuerwerk im herbstlichen Garten. Man kann das sommergrüne Gehölz im zeitigen Frühjahr kräftig auf 30–60 cm Höhe zurückschneiden, damit es nicht zu groß wird.

H: 5 m und mehr; **B**: 6 m

❄❄❄ ◊ ◊ ☼ ♔

Ribes sanguineum 'Pulborough Scarlet'

Die Triebe der Blut-Johannisbeere tragen im Frühjahr Massen dunkelroter Blüten mit weißer Mitte. Halten Sie die wüchsige Pflanze kompakt, indem Sie jährlich nach der Blüte ein Drittel der ältesten Ruten herausnehmen.

H: 3 m; **B**: 2,5 m

❄❄❄ ◊ ◊ ☼ ◐ ♔

Ribes speciosum

Diese Johannisbeere mit schönen roten Blüten, die sich im Frühjahr öffnen, wird meist vor einer Wand oder einem Zaun gezogen. Nehmen Sie nach der Blüte ein Drittel der ältesten Ruten heraus und binden Sie den Rest an die Stütze.

H: 2 m; **B**: 2 m
❄❄❄ ◊ ◖ ☼ ◐ 🏆

Robinia pseudoacacia 'Frisia'

Das Schönste an dieser Robinien-Züchtung ist ihr goldgelbes Laub. Um einen kleinen Strauch zu erhalten, kappt man junge Exemplare alljährlich im Frühjahr. Bei größeren Bäumen nimmt man nur abgestorbenes oder krankes Holz heraus.

H: 15 m; **B**: 8 m
❄❄❄ ◊ ◖ ☼ 🏆

Rosa Baby Love

Diese Patio-Rose macht durch ungefüllte gelbe Sommerblüten auf sich aufmerksam. Man schneidet sie im März, indem man die Triebe um die Hälfte kürzt (*siehe S. 186–187*). Auch abgestorbenes, krankes und überkreuztes Holz wird entfernt.

H: 1,2 m; **B**: 75 cm
❄❄❄ ◊ ◖ ☼ 🏆

Rosa 'Climbing Iceberg'

Kletterrosen werden im Herbst oder Frühjahr geschnitten. Entfernen Sie den ältesten Wuchs und kürzen Sie die letztjährigen Blütentriebe mit einem Zapfenschnitt auf 2–3 Knospen zurück, um die Blühfreude anzuregen (*siehe auch S. 212–215*).

H: 3 m
❄❄❄ ◊ ◖ ☼ 🏆

Rosa 'Crimson Shower'

Die sattroten Blüten sind das große Plus dieser Schlingrose. Wenn man sie an einer Stütze zieht, entfernt man im März die ältesten Triebe und verpasst ihr einen Zapfenschnitt. Lässt man sie an einem Baum hochklettern, muss nur totes und krankes Holz heraus.

H: 2,5 m; **B**: 2,2 m
❄❄❄ ◊ ◖ ☼ 🏆

Rosa 'Félicité Parmentier'

Eine angenehm duftende alte Strauch-rose. Man schneidet sie im zeitigen Frühjahr, indem man die Haupttriebe um ein Viertel kürzt und die Seiten-triebe nur leicht stutzt (*siehe S. 188– 189*). Auch abgestorbenes, krankes und überkreuztes Holz wird entfernt.

H: 1,3 m; **B**: 1,2 m
❄❄❄ ◊ ◖ ☼ 🏆

Der Pflanzenführer (Ro–Sa)

Rosa glauca
Eine jener seltenen Rosen, die wegen ihrer blaugrünen Blätter kultiviert werden. Damit sie ausgewogen bleibt und kräftige junge Triebe entwickelt, entfernt man im Frühjahr ein Drittel der ältesten Sprosse. Zu dichte Exemplare kappt man 15 cm über dem Boden.

H: 2 m; **B**: 1,5 m
❄❄❄ ○ ◐ ☀ ♔

Rosa **Lovely Lady**
Diese Teehybride mit lachsrosa Duftblüten wird im zeitigen Frühjahr geschnitten. Entfernen Sie den gesamten älteren Wuchs bis auf 3–4 Triebe, die auf 15 cm eingekürzt werden – am besten bis zu einer nach außen gerichteten Knospe (*siehe S. 190*).

H: 75 cm; **B**: 60 cm
❄❄❄ ○ ◐ ☀ ♔

Rosa mulliganii
Mit ihren weißen, duftenden Blüten und später roten Hagebutten macht sich diese Rose an allen Stützen gut. Die ältesten Sprosse werden im Frühjahr entfernt, während man Seitentriebe mit einem Zapfenschnitt auf drei Knospen einkürzt (*siehe S. 214–215*).

H: 6 m
❄❄❄ ○ ◐ ☀ ♔

Rosa **Paul Shirville**
Die dunkel grünroten Blätter dieser Teehybride bilden einen schönen Kontrast zu den duftenden rosaroten Blüten, die den Garten vom Sommer bis in den Herbst hinein bereichern. Man schneidet sie wie Lovely Lady (*siehe oben und S. 190*).

H: 1 m; **B**: 75 cm
❄❄❄ ○ ◐ ☀ ♔

Rosa **Queen Elizabeth**
Queen Elizabeth ist eine rosablütige Floribunda-Rose, die vom Sommer bis zum Herbst Flor trägt. Geschnitten wird sie im zeitigen Frühjahr. Lassen Sie 6–8 Triebe übrig, die bis auf 20–30 cm über dem Boden zurückgestutzt werden. (*siehe S. 191*).

H: 2 m; **B**: 1 m
❄❄❄ ○ ◐ ☀

Rosa **Queen Mother**
Diese reichblütige Patio-Rose mit blassrosa Flor wird im zeitigen Frühjahr geschnitten. Kürzen Sie alle Sprosse um die Hälfte ein – das regt die Bildung vieler Blütentriebe an (*siehe S. 186–187*). Auch totes, krankes und überkreuztes Holz muss entfernt werden.

H: 40 cm; **B**: 60 cm
❄❄❄ ○ ◐ ☀ ♔

Rosa rugosa
Eine Wildrose mit dornigen Sprossen und roten, intensiv duftenden Blüten, die von Sommer bis Herbst erscheinen. Sie eignet sich als Heckenpflanze und muss kaum geschnitten werden. Es reicht, im Frühjahr 1-2 der ältesten Triebe herauszunehmen.

H: 1–2,5 m; **B**: 1–2,5 m
❄❄❄ ○ ◐ ☼

Rosa 'Sally Holmes'
Diese moderne Strauchrose blüht vom Sommer bis in den Herbst hinein. Geschnitten wird im zeitigen Frühjahr. Verringern Sie die Höhe der Pflanze um ein Viertel und nehmen Sie tote, kranke, überkreuzte oder überlange Triebe heraus.

H: 2 m; **B**: 1 m
❄❄❄ ○ ◐ ☼ ♛

Rosa Trumpeter
Eine Floribunda-Rose wie Queen Elizabeth (*siehe S. 352*). Sie wird geschätzt wegen ihrer Büschel aus lebhaft orangeroten Blüten, die im Sommer und Herbst Leben in Beete und Rabatten bringen. Schnitt wie bei Queen Elizabeth (*siehe auch S. 191*).

H: 60 cm; **B**: 50 cm
❄❄❄ ○ ◐ ☼ ♛

Rosmarinus officinalis
Das aromatische Kraut trägt schmale, graugrüne immergrüne Blätter und blaue Blüten. Ältere Exemplare vertragen keinen radikalen Rückschnitt und werden am besten ersetzt, jüngere können Sie im Frühsommer nach der Blüte leicht in Form bringen.

H: 1,5 m; **B**: 1,5 m
❄❄ ○ ☼

Rubus cockburnianus
Die mit tückischen Dornen bewehrte Tangutische Himbeere ist vor allem im Winter schön anzusehen, wenn ihre Triebe leuchtend weiß bereift sind. Schneiden Sie sie im zeitigen Frühjahr bis fast zum Boden zurück, um einen kräftigen Neuaustrieb zu fördern.

H: 2,5 m; **B**: 2,5 m
❄❄❄ ○ ☼

Salix alba var. vitellina 'Britzensis'
Die orangegelben Zweige dieser Dotter-Weide gereichen jedem winterlichen Garten zur Zier. Sie wird wahlweise entwipfelt oder gekappt. Schneiden Sie dazu alle Triebe bis auf 2–3 Paare gesunder Knospen zurück.

H: 25 m ohne Schnitt; **B**: 10 m
❄❄❄ ○ ◐ ● ☼ ♛

Der Pflanzenführer (Sa–Sy)

Salix daphnoides
Die Reif-Weide wird wegen ihrer weißlich bereiften Zweige gezogen, die Leben in den winterlichen Garten bringen. Schneiden Sie im Frühjahr kräftige Triebe bis auf 2–3 Knospenpaare über dem Boden zurück und entfernen Sie krankes oder totes Holz.

H: 8 m; **B**: 6 m
❋❋❋ ◊ ◗ ☀

Sambucus nigra 'Aurea'
Weiße Blüten, dekorative Beeren und goldgelbe Blätter machen diesen Schwarzen Holunder zum vielseitigen Zierstrauch. Man schneidet den vorjährigen Wuchs im Frühjahr auf 2–3 Knospen zurück, sodass ein Gerüst wie bei *Cotinus* bleibt (*siehe S. 176–177*).

H: 6 m; **B**: 6 m
❋❋❋ ◊ ◗ ☀ ◑ ♆

Santolina chaemaecyparissus
Das Graue Heiligenkraut ist mit seinem aromatischen grauen Laub und den gelben Pomponblüten alles andere als eine graue Maus. Man zieht es als niedrige Hecke, Einfassung oder Solitär. Stutzen Sie es im Frühjahr wie Lavendel (*siehe S. 192–193*) .

H: 50 cm; **B**: 1 m ❋❋ ◊ ☀ ♆

Schizophragma hydrangeoides
Dieser wüchsige, selbsthaftende Kletterer macht im Sommer mit duftenden, cremeweißen Doldenrispen vor einem Hintergrund aus dunkelgrünem Laub auf sich aufmerksam. Geschnitten wird die Spalthortensie wie *Hydrangea petiolaris* (*siehe S. 342*).

H: 12 m
❋❋❋ ◊ ◗ ☀ ◑

Skimmia japonica 'Nymans'
In der zweiten Frühlingshälfte öffnet dieser nützliche immergrüne Strauch duftende Blüten, auf die rote Beeren folgen. Ein Schnitt ist selten nötig, man kürzt lediglich hin und wieder einige Triebe, damit der Strauch seine schöne Form bewahrt.

H: 1,2 m; **B**: 6 m
❋❋❋ ◊ ◗ ◑ ☀ ♆

Solanum crispum 'Glasnevin'
Der wüchsige, nicht ganz winterharte Kletterer wird wegen seiner duftenden, violetten Sommerblüten kultiviert. Man braucht ihn nicht zu schneiden, Sie können ihn bei Bedarf aber im Frühjahr radikal verkleinern, falls er zu groß geworden ist.

H: 6 m
❋❋ ◊ ◗ ☀ ♆

Sorbus commixta

Die Japanische Eberesche ist ein kleiner, aufrechter Baum mit schönem Herbstlaub und roten Beeren. Man bringt junge Exemplare im Frühsommer etwas in Form und schneidet abgestorbenes oder krankes Holz heraus, ansonsten ist ein Schnitt nicht nötig.

H: 10 m; **B**: 7 m ❄❄❄ ◌ ◍ ☼ ☼

Spiraea japonica

Mit seinen rosa oder weißen Blüten wartet dieser kleine, sommergrüne horstbildende Strauch im Hoch- und Spätsommer auf. Er blüht am Wuchs des selben Jahrs, bei Bedarf können Sie ihn daher im zeitigen Frühjahr radikal zurückschneiden.

H: 2 m; **B**: 1,5 m
❄❄❄ ◌ ◍ ☼

Spiraea nipponica 'Snowmound '

Der schnellwüchsige Strauch trägt im Hochsommer weiße Blüten, die sich an vorjährigen Zweigen öffnen. Den Wuchs solcher Triebe fördern Sie, indem Sie unmittelbar nach der Blüte ein Drittel der älteren Triebe bis zur Basis zurückschneiden.

H: bis 2,5 m; **B**: bis 2,5 m
❄❄❄ ◌ ◍ ☼ ♆

Stachyurus 'Magpie'

Ein panaschierter Strauch mit hängenden Trauben aus cremegelben Frühjahrsblüten. Man kann ihn frei stehend oder vor einer Mauer ziehen. Frei stehende Exemplare brauchen keinen Schnitt, doch Wandsträucher stutzt man nach der Blüte.

H: 1–4 m; **B**: 3 m
❄❄❄ ◌ ◍ ☼ ☼

Stewartia pseudocamellia

Weiße Sommerblüten und eine ansprechende Herbstfärbung zeichnen diesen Baum aus. In den Genuss seiner dekorativen Rinde kommt man, wenn man an jungen Exemplaren im Frühjahr die unteren Äste entfernt, damit der Stamm gut zu sehen ist.

H: 12 m; **B**: 8 m
❄❄ ◍ ☼ ☼ ♆

Syringa vulgaris

Der Flieder öffnet seine intensiv duftenden Blüten im April und Mai. Schneiden braucht man ihn in der Regel nicht, doch können Sie jedes Jahr nach der Blüte einige der ältesten Triebe herausnehmen, damit er nicht zu groß wird.

H: 7 m; **B**: 7 m
❄❄❄ ◌ ◍ ☼

Der Pflanzenführer (Ta–Wi)

Tamarix parviflora

Der kleine Baum trägt dekoratives grünes Laub und viele kleine rosa Blüten im späten Frühjahr. Mit der Zeit wird er allerdings etwas struppig und muss in Form gebracht werden. Weil er am vorjährigen Wuchs blüht, schneidet man ihn erst nach dem Flor.

H: 5 m; **B**: 6 m
❄❄❄ ○ ◐ ☼

Tamarix ramosissima 'Pink Cascade'

Diese Tamariske zeichnet sich durch feine grüne Blätter und duftige sattrosa Blüten aus, die im Sommer erscheinen. Kürzen Sie im zeitigen Frühjahr die Triebe etwas ein, damit die Pflanze ihre Form bewahrt.

H: 5 m; **B**: 5 m
❄❄❄ ○ ◐ ☼

Taxus baccata

Die Eibe ist ein immergrüner Nadelbaum, der bevorzugt als Heckenpflanze oder Formschnittsolitär eingesetzt wird. Stutzen Sie sowohl Hecken als auch Formschnitteiben im Sommer.

H: bis 20 m; **B**: bis 10 m
❄❄❄ ○ ☼ ◐ ☀

Tilia cordata 'Winter Orange'

Das leuchtend gelbe Herbstlaub dieser Winterlinde ist weithin sichtbar. Der Baum kann irgendwann einmal stattliche Ausmaße erreichen, eignet sich aber bei sorgfältiger Erziehung auch für Flechthecken (siehe S. 152). Geschnitten wird im Winter.

H: 25 m; **B**: 15 m
❄❄❄ ○ ◐ ☼ ◐

Toona sinensis 'Flamingo'

Der horstbildende Chinesische Surenbaum fällt durch das beim Austrieb rosa gefärbte Laub ins Auge. Ebenso dekorativ sind seine weißen Blüten und die Herbstfärbung. Erfrorenes Holz wird im Frühjahr entfernt; zu große Exemplare kann man radikal kappen.

H: 15 m; **B**: 10 m
❄❄ ○ ☼

Trachelospermum jasminoides

Der immergrüne Kletterer begeistert im Sommer mit süß duftenden weißen Blüten, braucht jedoch eine schützende Mauer, an der man ihn hochzieht. Er verlangt keinen regelmäßigen Schnitt, doch kann man ihn im Frühjahr etwas zurücknehmen.

H: 9 m
❄ ○ ☼ 🏆

Viburnum x *bodnantense* **'Dawn'**

Im Herbst und Frühwinter öffnet der Bodnant-Schneeball seine duftenden rosa Blüten. Der Strauch braucht keinen Schnitt, doch wenn Sie ihn klein halten wollen, nehmen Sie im zeitigen Frühjahr ein Fünftel der ältesten Triebe bis zum Boden heraus.

H: 3 m; **B**: 2 m
❄❄ ◊ ☼ ♈

Viburnum tinus **'Eve Price'**

Ein immergrüner Schneeball mit weißen Blüten, die sich vom Herbst bis ins Frühjahr zeigen. Regelmäßiger Schnitt ist nicht erforderlich, doch holt man totes bzw. krankes Holz heraus. Zu dicht gewordene Exemplare können im Frühjahr radikal gestutzt werden.

H: 3 m; **B**: 3 m
❄❄ ◊ ◐ ☼ ◑ ♈

Vitex agnus-castus var. *latifolia*

Der sommergrüne Mönchspfeffer wird wegen seines handförmig geteilten Laubs und der lila bis dunkelblauen Spätsommerblüten in Trauben geschätzt. Schneiden Sie den vorjährigen Wuchs im zeitigen Frühjahr auf 2–3 Knospen zurück.

H: 2–4 m; **B**: 2–4 m
❄❄ ◊ ☼

Vitis vinifera **'Purpurea'**

Diese wüchsige Weinrebe wird im Herbst oder Frühwinter zurückgeschnitten. Stutzen Sie mit einem Zapfenschnitt alle Seitentriebe auf zwei Augen über dem letztjährigen Wuchs zurück (*siehe S. 172–173*). Überlange Triebe werden im Sommer gekürzt.

H: 7 m
❄❄❄ ◊ ◐ ☼ ♈

Weigela florida

Mit seinen dunkelrosa Röhrenblüten, die sich überwiegend im Juni und Juli öffnen, lenkt dieser sommergrüne Strauch alle Aufmerksamkeit auf sich. Nehmen Sie im Sommer gleich nach der Blüte ein Drittel des ältesten Wuchses heraus.

H: 2,5 m; **B**: 2,5 m
❄❄❄ ◊ ☼ ◑

Wisteria sinensis

Die langen, duftenden Blütentrauben des Chinesischen Blauregens bieten im Frühjahr einen spektakulären Anblick. Kürzen Sie im Winter mit einem Zapfenschnitt die Triebe, die sich im Sommer gebildet haben, auf zwei Augen zurück (*siehe S. 204–205*).

H: 9 m und mehr
❄❄❄ ◊ ◐ ☼ ◑ ♈

SCHNITTKALENDER

Schnittkalender: Frühling

Bäume

Für immergrüne Gehölze wie *Magnolia grandiflora* und *Ilex* ist nun die ideale Schnittzeit gekommen. Die meisten anderen Bäume werden im Sommer oder Winter gestutzt. Die Finger lässt man im Frühjahr von Arten, die stark Saft lassen, wie z.B. Birken (*Betula*) oder Walnüsse (*Juglans*).

Sträucher

Stutzen Sie jetzt Winterblüher wie *Lonicera fragrantissima* und *Lonicera standishii*. Zur Frühjahrsmitte schneidet man Heidekräuter (*Erica*), *Buddleja davidii*, frühblühende Kamelien (*Camellia*), Zaubernüsse (*Hamamelis*), *Mahonia*, im Winter blühende Schneebälle wie *Viburnum x burkwoodii*, Hartriegel (*Cornus*), Weiden (*Salix*) und Himbeeren (*Rubus*). Ebenfalls zu schneiden sind Hortensien und – nach der Blüte – Forsythien.

Kletterpflanzen

Clematis der Gruppen 2 und 3 werden ebenso im Frühjahr gestutzt wie Kletter-Hortensien (*Hydrangea petiolaris*), Schling- bzw. Kletterrosen, die man im Herbst vergessen hat, Heckenkirschen (*Lonicera*), *Jasminum nudiflorum* und zu dicht gewordener Efeu (*Hedera*).

Heckenpflege

Im März, also noch bevor die Vögel mit dem Brüten beginnen, werden Hainbuchen (*Carpinus*), Buchen (*Fagus*), Eiben (*Taxus*) und Stechpalmen (*Ilex*) verjüngt. Letztere entwickeln dann reichlich Blütentriebe und später Beeren. Auch Lavendel (*Lavandula*) braucht nun einen Schnitt.

Mahonien werden nach der Blüte eingekürzt.

Hainbuchen und Buchen brauchen im März einen Schnitt.

Wichtigste Schneidearbeiten

Im Frühjahr müssen vor allem Sträucher zurückgeschnitten werden, deren farbige Triebe Leben in den winterlichen Garten bringen, etwa Hartriegel (*Cornus*), Weiden (*Salix*) und Zierformen von Himbeeren (*Rubus*).

Anschließend sind Floribunda-Rosen, Teehybriden und Strauchrosen an der Reihe, außerdem Schling- und Kletterrosen, sofern sie nicht bereits im Herbst geschnitten wurden.

Da die meisten sommergrünen Gehölze zu dieser Jahreszeit noch keine Blätter tragen, können Sie frost- und windgeschädigtes Holz gut sehen und herausnehmen. Auch kranke und überkreuzte Triebe müssen entfernt werden.

Was sonst noch zu tun ist

Die neuen, biegsamen Triebe von Kletterern werden im Frühjahr angebunden. Beim Schnitt wurde viel altes Holz entfernt, über das die Pflanze an der Stütze verankert war. Deshalb braucht sie nun zusätzlichen Halt, bis sich genügend neuer Wuchs gebildet hat.

Schling- und Kletterrosen sind nicht selbsthaftend, müssen also stets angebunden werden. Ebenfalls entwickeln Clematis viele weiche Triebe, die bei starkem Wind leicht Schaden nehmen, wenn sie nicht gut fixiert sind.

Binden Sie Ihre Gewächse mit Gärtnerschnur an die Stützen. Für größere Kletterer mit dicken Trieben wie etwa Rosen können Sie auch robuste Kabelbinder verwenden.

Schnittkalender: Sommer

Bäume

Bäumen kommt ein Schnitt im Sommer gerade recht, besonders Steinfrüchten wie Kirschen, Zierkirschen, Pflaumen, aber auch Ebereschen (*Sorbus*). Sie sind alle anfällig für bakterielle Krankheiten oder Bleiglanz, und wenn Sie sie jetzt stutzen, verringern Sie das Infektionsrisiko. Im Spätsommer sind Spalieräpfel und -birnen an der Reihe.

Sträucher

Im Frühsommer werden *Garrya*-Arten gestutzt. Kürzen Sie überlange Triebe spät blühender Camellia nach dem Flor, zu große Exemplare verkleinert man radikal. Auch im Frühjahr und Frühsommer blühende Sträucher wie *Deutzia*, *Philadelphus*, strauchige *Lonicera*, *Kolkwitzia* und *Weigela* werden geschnitten – so bilden sie viele Blütentriebe für das nächste Jahr. Im Spätsommer rückt man *Escallonia* zu Leibe.

Kletterpflanzen

Clematis macropetala und *C. alpina* werden im Frühsommer ebenso zurückgenommen wie zu dichte *C. montana*. Befreien Sie Wisteria von überlangen Trieben. Efeu (*Hedera*) bekommt bei Bedarf ebenfalls eine Schnittkur. Stutzen Sie kletternde Heckenkirschen (*Lonicera*) nach der Blüte und zwicken Sie den welken Flor von *Hydrangea petiolaris* ab.

Heckenpflege

Sobald alle Vogelnester leer sind, nimmt man sich die Hecken vor. Beerentragende Pflanzen lässt man bis zum Frühjahr ungeschoren. Formale Hecken werden mindestens zweimal, Lavendelsträucher nur leicht geschnitten.

Schneiden Sie alle Steinfrüchte, z. B. *Prunus serrula*.

Efeu kann man von Frühjahr bis Herbst jederzeit in Form bringen.

Wichtigste Schneidearbeiten

Formale Hecken brauchen im Lauf des Sommers mehrmals einen Schnitt, damit sie ihre klare Form behalten. Auch Formschnittgehölze müssen einige Male nachgeschnitten werden. Hecken, die als Abgrenzung dienen, stutzt man allerdings erst im Spätsommer.

Entfernen Sie welke Rosenblüten umgehend, um eine neuerliche Blüte zum Saisonende zu fördern. Im späten Frühjahr oder Frühsommer blühenden Sträuchern rückt man gleich nach der Blüte mit der Schere zu Leibe, denn sie tragen im nächsten Jahr an den Trieben Flor, die sich noch in der vorherigen Saison bilden. Auch Sträucher, Bäume oder Kletterer, die schon zu groß geworden sind oder stören, werden jetzt in ihre Schranken gewiesen.

Was sonst noch zu tun ist

Kletterer werden den Sommer über bei Bedarf an ihre Stütze gebunden. Bei Schling- und Kletterrosen muss das sogar regelmäßig geschehen, da sonst die wichtigen, im nächsten Jahr blühenden Triebe vom Wind beschädigt werden. *Clematis* der Gruppe 3 bindet man zusammen. Wisteria-Triebe werden so geführt, dass Lücken geschlossen und Windschäden verhindert werden.

Nehmen Sie krankes oder totes Holz sofort heraus. Es sollte verbrannt oder entsorgt, nicht aber kompostiert werden.

Bäume sehen mit Blättern ganz anders aus als ohne, man vergleicht daher ihre Sommer- und Wintergestalt, bevor man die Schere ansetzt. Wenn schwer belaubte Zweige sich senken, ist ggf. ein Freischneiden des Wegs nötig.

Schnittkalender: Herbst

Bäume

Bäume sollten nicht im Herbst geschnitten werden, da in dieser Zeit das Risiko einer Pilzinfektion am größten ist.

Sträucher

Die meisten Schneidearbeiten verschiebt man am besten bis zum Spätwinter oder zeitigen Frühjahr. Teehybriden und Floribunda-Rosen allerdings stutzt man jetzt um ein Drittel zurück, damit Winterwinde nicht zu sehr an ihnen zerren und Triebe oder Wurzeln beschädigen. Auch die Blütenstände von *Buddleja* werden mitsamt dem oberen Drittel der Zweige abgeschnitten, um Selbstaussaat zu verhindern. Hortensien-Blüten hingegen bleiben den Winter über an der Pflanze, denn sie schützen die Blütentriebe vor Frösten und sind überdies ein attraktiver Winterschmuck für den Garten. Alle Samenstände, Früchte und Beeren, die Sie jetzt an den Sträuchern lassen, dienen Tieren als Nahrung – und dem Garten als Zier.

Kletterpflanzen

Schling- und Kletterrosen sollten im Herbst ihren Schnitt bekommen. In dieser Jahreszeit sind ihre Triebe noch voller Saft und daher biegsam, weshalb man sie gut an ihren Stützen fixieren kann. Im Winter hingegen brechen sie viel leichter. Auch Jungfernreben (*Parthenocissus*) können Sie nun in ihre Schranken weisen.

Heckenpflege

Hecken, die im Sommer verschont geblieben sind, kommen nun an die Reihe. Lediglich Sträucher, die als Winterrefugium oder Nahrungslieferanten für Tiere gedacht sind, lässt man bis zum Frühjahr unangetastet.

Bäume sind im Herbst anfällig für Infektionen.

Schneiden Sie *Parthenocissus* nach dem Laubfall.

Wichtigste Schneidearbeiten

Schneiden Sie Bäume und Sträucher nur dann im Herbst, wenn es sich nicht vermeiden lässt. Wegen der vielen Pilzsporen in dieser Jahreszeit ist das Risiko hoch, dass Krankheiten über die Schnittflächen in die Pflanze eindringen.

Eine Ausnahme bilden Schling- und Kletterrosen, denn ihre Triebe sind nun recht biegsam und lassen sich gut schneiden. Kürzen Sie Teehybriden und Floribunda-Rosen um ein Drittel, um Windschäden zu verhindern. Auch Arbeiten, zu denen Sie im Sommer nicht gekommen sind, werden jetzt erledigt, etwa das Einkürzen überlanger Triebe von Wisteria. Nehmen Sie sich Zeit, Ihr Werkzeug zu säubern und zu schärfen. Und dann lehnen Sie sich zurück und genießen die Laub- und Früchtepracht in Ihrem Garten!

Was sonst noch zu tun ist

Herbstzeit ist Aufräumzeit. Decken Sie Bäume und Sträucher ab, die Winterschutz brauchen. Frostempfindliche Pflanzen wie Palmen oder Baumfarne bringt man nach drinnen. In sehr milden Gegenden können Sie sie auch abdecken oder über der Krone zusammenbinden.

Nach dem Laubfall sind die Grundgerüste der Gehölze gut sichtbar, sodass Sie erkennen können, was im Frühjahr zu entfernen ist. Harken Sie abgefallene Blätter und Früchte zusammen und kompostieren Sie das Ganze – es lässt sich später als Dünger und Mulch unter den geschnittenen Pflanzen verwenden.

Ist Schnittholz vom Sommer übrig, kann man es aufschichten. Es dient Tieren als winterlicher Unterschlupf.

Schnittkalender: Winter

Bäume

Mit Ausnahme von Steinfrüchte tragenden Gehölzen können viele Bäume und Sträucher im Winter geschnitten werden. Ihr Astgerüst ist nun am besten sichtbar, sodass man überkreuzte Zweige und krankes Holz leichter entdeckt. Auch Bäume mit dekorativer Rinde wie *Acer davidii*, *Acer griseum* und Birken sowie Apfel- und Birnbäume werden jetzt geschnitten.

Sträucher

Sind Sträucher wie *Mahonia* oder *Philadelphus* zu groß oder zu dicht geworden, werden sie jetzt oder im zeitigen Frühjahr radikal zurückgestutzt. Man verzichtet damit zwar auf die Blüte des kommenden Jahres, doch bis zur darauffolgenden Saison hat sich die Pflanze wieder erholt.

Kletterpflanzen

Für *Wisteria* ist nun ein Zapfenschnitt angebracht, denn die Knospen schwellen noch nicht und sind damit weniger empfindlich. Auch *Actinidia*, *Parthenocissus* und Efeu müssen ggf. in ihre Schranken gewiesen werden. Befreien Sie Türen und Fensterrahmen von ihnen – mitunter erobern die vorwitzigen Triebe sogar Dachrinnen und kriechen unter Dachziegel. Auch die Haupttriebe von hohen Kletterern wie *Hydrangea petiolaris* werden jetzt gekürzt.

Heckenpflege

Verjüngen Sie zu groß gewordene Gewächse und schütteln Sie Schneehauben von Hecken mit flacher Krone. Das vertrocknete, braune Laub von Hainbuchen und Buchen kann an den Zweigen bleiben. Es ist nicht nur dekorativ, sondern dient auch als Windschutz.

Jetzt ist das Astgerüst von Apfelbäumen am besten zu sehen.

Räumen Sie den Schnee von Hecken, um Bruch zu verhindern.

Wichtigste Schneidearbeiten

Im Spätwinter oder zeitigen Frühjahr ist die beste Gelegenheit, zu große oder dichte Sträucher radikal zu stutzen. Sie befinden sich noch in der Winterruhe, außerdem kann man ihre Struktur und Silhouette jetzt gut erkennen. Wenngleich für viele Bäume ein Sommerschnitt ideal ist, hat man manchmal in der kalten Jahreszeit mehr Muße für einen korrekten Schnitt. Von Kirschen, Pflaumen oder Ebereschen allerdings lässt man im Winter besser die Finger.

Endlich können Sie auch die Ergebnisse früherer Schneidearbeiten genießen: Die Borke von Gehölzen wie David-Ahorn (*Acer davidii*), Birke (*Betula*), Tibetischer Kirsche (*Prunus serrula*) und Hartriegel (*Cornus*) ist jetzt prächtiger Schmuck.

Was sonst noch zu tun ist

Binden Sie lose Triebe, falls nötig, an und überprüfen Sie alle Verbindungen. Sind die Stützen stabil und tragfähig? Halten Schnüre und Drähte noch? Sind sie womöglich zu eng geworden und schnüren die Triebe ein? Bringen Sie immergrüne Zweige und Beeren ins Haus als willkommene festliche Winterdekoration.

Entsorgen Sie Schnittgut (und alte Weihnachtsbäume). Schnittholz kann gehäckselt und als Mulchmaterial weiterverwendet werden, junger Wuchs wird kompostiert. Das Verbrennen ist vielerorts nur an bestimmten Tagen erlaubt oder ganz verboten. Wertstoffhöfe nehmen Schnittabfall an und viele Gemeinden organisieren obendrein im Frühjahr und Herbst eine Schnittabfuhr.

Wurzelgemüse: Kartoffeln

Kartoffel 'Red Duke of York'

Frühe Sorte, wüchsig und ertragreich. Rotschalige Knollen mit blassgelbem Fleisch. Kleine Exemplare für Salate geeignet, größere zum Kochen oder für Ofenkartoffeln. Jungtriebe vor Frost schützen.

Pflanzung: Frühjahr
Ernte: Sommer

○ ◐ ☼ ♟

Kartoffel 'Foremost'

Praktischerweise kann man sie ab Frühsommer und nach Bedarf den ganzen Sommer über ernten. Hellschalig, weißfleischig und fest. Ideal für Salate und zum Kochen. Junge Triebe brauchen Frostschutz.

Pflanzung: Frühjahr
Ernte: Hoch- bis Spätsommer

○ ◐ ☼ ♟

Kartoffel 'Arran Pilot'

Eine reiche Ernte neuer Kartoffeln mit hellgelbem, festem Fleisch ist bei dieser Sorte zu erwarten. Recht resistent gegen Kartoffelschorf, toleriert vorübergehende Trockenheit. Junge Sprosse brauchen Frostschutz.

Pflanzung: zeitiges Frühjahr
Ernte: Früh- bis Hochsommer

○ ◐ ☼

Kartoffel 'Mimi'

Ideale Frühkartoffel für Containerkultur. Sie liefert Unmengen kleiner roter Knollen, die sich mit ihrem äußerst schmackhaften, festen, hellen Fleisch gut für Salate eignen. Die Jungtriebe vor Frost schützen.

Pflanzung: Frühjahr
Ernte: Sommer

○ ◐ ☼ ♟

Kartoffel 'Charlotte'

Aufgrund ihrer langen, glatten, gelbschaligen Knollen und des sehr aromatischen Geschmacks ist diese festkochende mittelfrühe Sorte nicht zuletzt als Salatkartoffel äußerst beliebt. Im Garten leicht zu kultivieren.

Pflanzung: Frühjahrsmitte bis -ende
Ernte: Spätsommer bis Frühherbst

○ ◐ ☼ ♟

Kartoffel 'Saxon'

Als Ofenkartoffeln, zum Kochen und für Pommes frites. Mehlig kochende mittelfrühe Sorte mit großen, hellfleischigen, mild-aromatischen Knollen. Erstaunlich resistent gegen Krankheiten und Schädlinge.

Pflanzung: Spätes Frühjahr
Ernte: Sommerende bis Frühherbst

○ ◐ ☼

Kartoffel 'Royal Kidney'

Ab Spätsommer liefert diese altbewährte, späte Sorte köstliche Salatkartoffeln, aber wer die zarten, ganz jungen Knollen liebt, kann sie auch schon früher ausgraben.

Pflanzung: Frühjahrsende
Ernte: Spätsommer, Frühherbst

◌ ◍ ☼

Kartoffel 'Ratte'

Die langen, gelbschaligen Knollen dieser frühen Sorte gelten als echte Delikatesse. Ihr festes Fruchtfleisch besitzt ein ausgeprägt nussiges Aroma. Sie ist allerdings recht anspruchsvoll den Boden betreffend.

Pflanzung: Frühjahrsmitte
Ernte: Spätsommer

◌ ◍ ☼ ♆

Kartoffel 'Rosa Tannenzapfen'

Die späte Sorte bildet lange, unregelmäßige Knollen mit rosa Schale. Das feste Fleisch hat eine erdige Note. Exzellent als Pellkartoffeln und in Salaten. Eine der ältesten Sorten.

Pflanzung: Frühjahrsmitte
Ernte: ab Frühherbst

◌ ◍ ☼ ♆

Kartoffel 'Kerrs Pink'

Auf den meisten Böden zuverlässig und ertragreich. Rötliche Schale und hellgelbes Fleisch. Bestens geeignet für Püree, Pommes frites, als Brat- und Ofenkartoffeln. Eine späte Sorte mit guten Lagereigenschaften.

Pflanzung: Frühjahrsende
Ernte: ab Frühherbst

◌ ◍ ☼

Kartoffel 'Sante'

Aufgrund ihrer hohen Schädlings- und Krankheitsresistenz eine optimale Wahl für den Bioanbau. Die großen, hellgelben Knollen schmecken als Ofenkartoffeln, gekocht oder gebraten vorzüglich. Gut zu lagern.

Pflanzung: Frühjahrsende
Ernte: ab Frühherbst

◌ ◍ ☼

Kartoffel 'Nicola'

Wer eine mittelfrühe Salatkartoffel sucht, ist mit dieser gegen Nematoden sowie die Kraut- und Braunfäule resistenten Sorte gut bedient. Reiche Ernte langer, gelber, fest kochender Knollen. Gut zu lagern.

Pflanzung: Frühjahrsmitte
Ernte: ab Spätsommer

◌ ◍ ☼

Wurzelgemüse: Möhren, Rote Bete, Pastinaken

Möhre 'Parmex'

Mit ihren kleinen, runden Wurzeln ist diese Sorte wie geschaffen für die Kultur in Terrassenkübeln oder flachen Böden. Feiner, süßer Geschmack. Vorgezogene Aussaat unter Glas oder Folie möglich.

Aussaat: bis Spätfrühjahr
Ernte: Spätfrühjahr bis Frühherbst
◊ ☼ ♈

Möhre 'Infinity' F1

Ob roh oder gekocht, bestechen die langen, schlanken, durchgehend orangefarbenen Wurzeln durch ihre Süße. Sie können bis in den späten Herbst im Boden bleiben, aber auch gut eingelagert werden.

Aussaat: Frühjahr bis Sommermitte
Ernte: Spätsommer bis Spätherbst
◊ ☼ ♈

Möhre 'Flyaway' F1

Wo die Möhrenfliege die Ernte sonst stark gefährdet, liefert diese auf geringere Anfälligkeit gegen den Schädling gezüchtete späte Sorte gute Erträge. Eher kurz und walzenförmig, glattschalig und süß.

Aussaat: Frühjahr bis Sommermitte
Ernte: Spätfrühjahr bis Herbstmitte
◊ ☼ ♈

Möhre 'Purple Haze' F1

Schon im Namen, übersetzt »Purpurhauch«, deutet sich das ungewöhnliche Äußere dieser Möhre an. Innen ist sie tieforange. Vor allem roh ist sie geschmacklich wie optisch ein Genuss der besonderen Art.

Aussaat: Frühjahr bis Frühsommer
Ernte: Frühsommer bis Spätherbst
◊ ☼

Möhre 'Bangor' F1

Vor allem auf feuchten Böden erweist sich diese späte Sorte als sehr ertragreich. Die langen, kräftigen Wurzeln können ab Spätsommer den ganzen Herbst hindurch geerntet werden und lassen sich gut lagern.

Aussaat: Frühjahrsmitte – Frühsommer
Ernte: Sommermitte bis Spätherbst
◊ ☼ ♈

Möhre 'Carson' F1

Noch zu Winterbeginn kann man unter Umständen die mittelgroßen Wurzeln in größerer Menge ernten. Mit ihrer intensiven Farbe und dem knackigen, süßen Biss besonders als Rohkost ein Genuss.

Aussaat: Frühjahrs- bis Sommermitte
Ernte: Spätsommer bis Frühwinter
◊ ☼ ♈

Rote Bete 'Boltardy'

Klassisch die Farbe und Form der dunkelroten, runden Rüben, die ein feines, süßes Aroma besitzen. Eine zuverlässige Sorte, aufgrund ihrer Schossfestigkeit ideal für die Aussaat unter Glas im Frühjahr.

Aussaat: Frühjahr bis Sommermitte
Ernte: Frühsommer bis Herbstmitte
◊ ☼ ♈

Rote Bete 'Chioggia Pink'

Kurios und attraktiv: Unter der tiefroten Schale der kugeligen Rüben verbirgt sich pink-weiß geringeltes Fruchtfleisch. Der süße, milde Geschmack kommt auch im gekochten Zustand gut zur Geltung.

Aussaat: Frühjahrs- bis Sommermitte
Ernte: Frühsommer bis Herbstmitte
◊ ☼

Rote Bete 'Cylindra'

Die lange Form der weinroten Rüben ergibt schön gleichmäßige Scheiben. Jung geerntet recht zart und intensiv, daher empfehlen sich mehrere Folgeaussaaten. Bei zu früher Aussaat Neigung zum Schossen.

Aussaat: Frühjahrsmitte – Frühsommer
Ernte: Sommermitte bis Spätherbst
◊ ☼

Rote Bete 'Pablo' F1

Eine ideale Sorte für Terrassenkübel, zumal die tiefroten, sehr süßen Rüben ganz jung besonders gut schmecken. Sie können auch länger in der Erde bleiben, ohne dass sie verholzen und die Pflanzen schossen.

Aussaat: Frühjahrsmitte – Frühsommer
Ernte: Sommer- bis Herbstmitte
◊ ☼ ♈

Pastinake 'Gladiator' F1

Eine beliebte Hybride, die schnell reift und mit hoher Zuverlässigkeit schon früh schmackhafte Wurzeln mit glatter, weißer Schale liefert. Ein zusätzliches Plus ist ihre gute Resistenz gegen Wurzelfäule.

Aussaat: ab zeitigem Frühjahr
Ernte: Herbstmitte
◊ ☼ ♈

Pastinake 'Tender and True'

In tiefgründigem Boden entwickelt die beliebte Ausstellungssorte sehr lange Wurzeln, die feiner schmecken als die der meisten anderen Pastinaken. Darüber hinaus ist die Sorte resistent gegen Wurzelfäule.

Aussaat: Spätwinter bis Frühjahrsmitte
Ernte: Spätherbst bis Frühjahrsbeginn
◊ ☼ ♈

Wurzelgemüse: Rüben, Kohlrüben und Radieschen

Mairübe 'Petrowski'
Unter den schnell reifenden Sorten eine der Besten. Die schneeweißen runden Rüben sollten möglichst jung geerntet werden, wenn sie noch schön knackig und fest sind. Sogar roh ein Genuss.

Aussaat: Frühjahr bis Sommermitte
Ernte: ab Frühsommer
◊ ◊ ☼ ☀

Mairübe 'Armand'
Geeignet für die frühe Aussaat unter Glas, schnell reifend und zuverlässig. Plattrunde Rüben, delikat und auch hübsch anzusehen: oben von leuchtendem Rot und in dem Bereich, der in der Erde steckte, reinweiß.

Aussaat: Frühjahr bis Sommermitte
Ernte: ab Spätfrühjahr
◊ ◊ ☼ ☀

Kohlrübe 'Brora'
Diese delikate Kohlrübe ist von ausgeglichen runder Form, oben bläulich rot und unten von heller Farbe. Ihr zartes Fleisch ist frei von Bitterstoffen. Der frühe Winter hat sich als beste Erntezeit erwiesen.

Aussaat: Spätfrühjahr bis Sommer
Ernte: Herbstmitte bis Winter
◊ ☼ ♆

Radieschen 'French Breakfast'
Die rosaroten, in einer weißen Spitze endenden Zapfen lassen sich hervorragend in Scheiben schneiden. Knackig und mild mit nur leichter Schärfe. Eine unkomplizierte und schnellwüchsige Sorte.

Aussaat: Frühjahr bis Frühsommer
Ernte: Spätfrühjahr bis Herbstmitte
◊ ◊ ☼ ☀ ♆

Radieschen 'Cherry Belle'
Selbst Anfänger kommen mit dieser Sorte zurecht, die auch magere Böden toleriert. Die kleinen, runden strahlend roten Knollen besitzen eine milde Würze. Sie wachsen rasch und verholzen nur langsam.

Aussaat: Frühjahr bis Frühsommer
Ernte: Spätfrühjahr bis Herbstmitte
◊ ◊ ☼ ☀ ♆

Radieschen 'Mantanghong' F1
Exotische Züchtung, die aber keine großen Ansprüche stellt. Die tennisballgroßen Knollen haben eine blassgrüne Schale, das Innere ist karminrot mit weißem Rand. Nussiger Geschmack mit leichter Schärfe.

Aussaat: Früh- bis Hochsommer
Ernte: Spätsommer bis Frühwinter
◊ ◊ ☼ ☀

Kopfkohl

Weißkohl 'Pixie'

Er zählt zu den beliebtesten Spitz-
kohlsorten. Man kann ihn zu einem
festen Kopf reifen lassen oder auch
die jungen Blätter pflücken. Ein ver-
lässliches Gemüse, das auch gelagert
werden kann.

Aussaat: Sommer
Ernte: bis starker Frost kommt

○ ◐ ☼ ◑ ♔ ♔

Weißkohl 'Derby Day'

Eine mittelfrühe Sorte mit hellgrünen,
runden Köpfen. Sie genießt lange
schon bei Gärtnern hohes Ansehen,
da sie erstens schossfest ist und
zweitens die reifen Kohlköpfe sogar
Sommerhitze aushalten.

Aussaat: Frühjahrsbeginn
Ernte: Sommer

○ ◐ ☼ ◑ ♔ ♔

Weißkohl 'Hispi' F1

Auch dieser spitze Kohl steht bei
Gärtnern hoch im Kurs. Er bildet
verlässlich kompakte, dunkelgrüne,
schmackhafte Köpfe, die schnell
reifen. Durch Folgesaaten kann man
über einen langen Zeitraum ernten.

Aussaat: Frühjahr bis Spätsommer
Ernte: Spätherbst

○ ◐ ☼ ◑

Rotkohl 'Marner Frührot'

Fest geschichteter, intensiv roter Kopf
mit leicht grauem Umblatt. Der pfeff-
rige Geschmack dieses Rotkohls, der
als einer der Ersten reift, kommt am
besten zur Geltung, wenn man ihn
roh genießt.

Aussaat: Frühjahrsbeginn
Ernte: Hoch- bis Spätsommer

○ ◐ ☼ ◑

Weißkohl 'Minicole' F1

Mit ihrem kompakten Wuchs und
den kleinen, runden Köpfen ist die
Sorte ideal für kleine Gärten. Dichte
Pflanzung sichert eine reiche Ernte
ab Herbst. Bis zu 3 Monate kann das
Gemüse auf dem Beet bleiben.

Aussaat: Spätfrühjahr
Ernte: Frühherbst bis Frühwinter

○ ◐ ☼ ◑

Rotkohl 'Red Jewel' F1

Dank ihrer weinroten, silbrig überhauchten Blätter hat die Sorte einen
hohen Zierwert. Die festen, runden
Köpfe schmecken zudem vorzüglich.
Man kann sie gut lagern, aber bis es
kälter wird auf dem Beet lassen.

Aussaat: Frühjahr bis Frühsommer
Ernte: Sommermitte bis Frühherbst

○ ◐ ☼ ◑

Kohlgewächse: Kopfkohl, Wirsing, Brokkoli, Blumenkohl

Weißkohl 'January King 3'

Bewährter Winterkohl mit hoher Frostresistenz und knackigen, delikat süßlich schmeckenden Blättern. Mit ihrem gefransten Rand und zartrosa Hauch machen sie sich im winterlichen Garten sehr dekorativ.

Aussaat: Frühjahrsmitte – Frühsommer
Ernte: Spätherbst bis Spätwinter
◌ ◑ ☼ ☀

Kohl 'Tundra' F1

Die Kreuzung aus Wirsing und Weißkohl bildet feste, runde Köpfe mit schmackhaften, knackigen Blättern. Sie ist normalerweise recht winterhart und garantiert eine lange Ernteperiode.

Aussaat: Frühjahr bis Frühsommer
Ernte: Herbstmitte bis Frühjahrsbeginn
◌ ◑ ☼ ☀ 🏆

Wirsing 'Savoy Siberia' F1

Da er auch kältere Temperaturen übersteht, ist er ideal für exponierte Standorte. Seine bläulich grünen, gewellten Blätter schmecken mildwürzig. Die Köpfe können lange auf dem Beet bleiben.

Aussaat: Frühjahr bis Frühsommer
Ernte: Frühherbst bis Winteranfang
◌ ◑ ☼ ☀

Brokkoli 'Corvet' F1

Typisch für diese Sorte sind ihr kräftiger Wuchs und stattliche Blütenköpfe. Man schneidet diese, solange die Blüten noch geschlossen sind. So hat man einige Wochen später eine zweite Ernte (kleinere Sprosse).

Aussaat: mittleres bis Spätfrühjahr
Ernte: Spätsommer bis Frühherbst
◌ ◑ ☼

Brokkoli 'Bordeaux'

Ein guter Tipp für jene, die schon vor dem Frühjahr ernten wollen. Die Sorte ist kälteempfindlich, braucht im Gegensatz zu anderen keine Kälte, um ihre delikaten, purpurnen Sprosse hervorzubringen.

Aussaat: ab Frühjahr
Ernte: Sommer- bis Herbstmitte
◌ ☼ 🏆

Brokkoli 'White Star'

Nicht nur durch das ungewöhnliche Cremeweiß der Blütenstände fühlen viele sich bei dieser Sorte an Blumenkohl erinnert, sondern auch durch ihren Geschmack. Sie ist lange zu ernten und ertragreich.

Aussaat: mittleres bis Spätfrühjahr
Ernte: Sommer
◌ ☼ 🏆

Brokkoli 'Claret' F1

Große, kräftige Pflanze, die in windigen Lagen unter Umständen eine Stütze braucht. Im Frühjahr zahlreiche dicke, saftige Sprosse. Purpurne, kompakte und gleichförmige Blumen von köstlichem Geschmack.

Aussaat: Frühjahrsmitte
Ernte: ab Frühsommer
○ ☼ ♉

Brokkoli 'Late Purple Sprouting'

Diese etwas verzögert blühende Sorte empfiehlt sich, um die Ernte bis Sommerende auszudehnen. Sie bildet erst spät Samen, und so kann man die wohlschmeckenden Sprosse über eine lange Zeit schneiden.

Aussaat: mittleres bis Spätfrühjahr
Ernte: Sommer
○ ☼ ♉

Blumenkohl 'Walcheran Winter Armado April'

Zuverlässige Sorte, die Kälte verträgt und feste Köpfe von sehr heller Farbe bildet. Für kleine Gärten eingeschränkt geeignet, da dieser Kohl das Beet eventuell 12 Monate belegt.

Aussaat: mittleres bis Spätfrühjahr
Ernte: bis zum Frühjahr darauf möglich
○ ◐ ☼

Blumenkohl 'Mayflower' F1

Neue Frühsommersorte, widerstandsfähig gegen die gefährliche Kohlhernie. Liefert zuverlässig dichte, weiße Köpfe bester Qualität. Ist meist erntereif, bevor sommerliche Trockenheit droht.

Aussaat: zeitiges Frühjahr
Ernte: bis Sommermitte
○ ◐ ☼ ♉

Blumenkohl 'Romanesco'

Zackenbesetzt und knallgrün ist diese Sorte ein besonderer Blickfang. Gibt man ihr Zeit, bildet sie einen großen Kopf. Für häufige Ernten kleinerer Exemplare mehrmals in Folge aussäen.

Aussaat: Spätfrühjahr
Ernte: Spätsommer bis Spätherbst
○ ◐ ☼

Blumenkohl 'Violet Queen' F1

Die leuchtend purpurnen Blütenköpfe dieser Sorte beleben jedes Gemüsebeet, färben sich beim Kochen allerdings grün. Für einen kräftigen Wuchs braucht die Sorte reichlich Stickstoff und Wasser.

Aussaat: Spätfrühjahr bis Frühsommer
Ernte: Spätsommer bis Frühherbst
○ ◐ ☼ ♉

Kohlgewächse: Kohlrabi, Asia-Salate

Rosenkohl 'Red Delicious'

Von Kopf bis Fuß präsentiert sich die prächtige Pflanze in einem attraktiven Purpurrot, das die fein aromatischen Röschen sogar beim Kochen bewahren – eine Besonderheit dieser Sorte.

Aussaat: ab Frühjahrsmitte
Ernte: Spätherbst
◐ ◑ ☼

Rosenkohl 'Trafalgar' F1

Falls Sie zarten Rosenkohl für das Weihnachtsessen planen, ist diese Sorte genau richtig. Die hohen, kräftigen Sprosse sind dicht besetzt mit gleichförmigen Röschen von mildem Geschmack.

Aussaat: ab Frühjahrsmitte
Ernte: Spätherbst bis Frühwinter
◐ ◑ ☼

Rosenkohl 'Bosworth' F1

Die zahlreichen dunkelgrünen, festen Röschen besitzen ein mildes Aroma. Auch kalte Winter werden von dieser Hybride gut vertragen. Eine gewisse Toleranz gegenüber Falschem Mehltau sichert eine gesunde Ernte.

Aussaat: ab Frühjahrsmitte
Ernte: Spätherbst bis Frühwinter
◐ ◑ ☼ ▽

Grünkohl 'Redbor' F1

Grünkohl ist immer ein lohnendes Wintergemüse. Aber diese Sorte erfreut an trüben Wintertagen auch das Auge mit ihren großen Blättern in Weinrot, die aussehen wie krause Riesenpetersilie.

Aussaat: bis Spätfrühjahr
Ernte: Frühherbst bis starken Frost
◐ ◑ ☼ ☀ ▽

Grünkohl 'Starbor' F1

Kompakter als fast jeder andere Grünkohl und daher ideal für kleine Gärten oder windige Lagen. Die stark gekrausten Blätter vertragen gut Kälte. Mit Folgesaaten kann man u.U. ganzjährig zartes Grün ernten.

Aussaat: Frühjahr bis Frühsommer
Ernte: Frühherbst bis starker Frost
◐ ◑ ☼ ☀

Grünkohl 'Nero di Toscana'

In der toskanischen Küche ist er als »cavolo nero« sehr beliebt. Die fast schwarzen Blätter erinnern mit ihrer Struktur an Wirsing. Ausgereift in Suppen und Eintöpfen, früh geerntet in Salaten zu verwenden.

Aussaat: Frühjahr bis Frühsommer
Ernte: Frühherbst bis starker Frost
◐ ◑ ☼ ☀

Kohlrabi 'Korist' F1

Die oberirdischen, knackigen und weißfleischigen Knollen etwa tennisballgroß ernten, kurz gedünstet oder geraspelt roh in Salaten genießen. Verlässlich, kaum Neigung zum Verholzen und zum Schossen.

Aussaat: Frühjahr bis Frühsommer
Ernte: bis Herbstmitte
◌ ◕ ☼ ☀

Kohlrabi 'Blaro' F1

Hübsch anzusehen ist das Purpurrot von Schale und Stängel. Hinzu kommt ein herrlicher, süß-nussiger Geschmack. Rote Sorten reifen später. Der Ernte bis in den späten Herbst steht also nichts im Weg.

Aussaat: Frühjahrsmitte – Frühsommer
Ernte: Sommermitte bis Spätherbst
◌ ◕ ☼

Pak Choi 'Joi Choi'

Wok-Gerichte geraten mit den knackigen, saftigen Blättern von Pak-Choi äußerst frisch und herzhaft. Bei dieser anspruchslosen Sorte bestechen die Blätter auch optisch durch ihren Farbkontrast.

Aussaat: Frühjahrsmitte bis Frühherbst
Ernte: Frühsommer bis Herbstmitte
◌ ◕ ☼

Mizuna

Im Sommer sprießt dieser Schnittsalat, dessen gezahnte Blätter ein leicht senfartiges Aroma aufweisen, beinahe wie von selbst. Das junge Grün passt gut in Salate, große Blätter werden gebraten oder gedünstet.

Aussaat: Frühjahr bis Frühherbst
Ernte: Spätfrühjahr bis Spätherbst
◌ ☼

Mibuna

Wie Mizuna ein idealer Schnittsalat, den Sie, wenn man immer wieder nachsät, von Frühjahr bis Herbst ernten können. Der Geschmack der langen, glatten Blätter ist ähnlich, aber etwas herber.

Aussaat: Frühjahr bis Frühherbst
Ernte: Spätfrühjahr bis Spätherbst
◌ ☼

Ackersenf 'Red Giant'

Am besten pflückt man die rötlichen Blätter wenn sie noch jung und zart sind, sonst kann ihr pfeffriges Aroma überhand nehmen. Der attraktive Asia-Salat hält es, im Spätsommer gesät, bis in den Spätherbst aus.

Aussaat: Frühjahrsmitte bis Frühherbst
Ernte: Spätfrühjahr bis Spätherbst
◌ ☼

Salate und Blattgemüse: Salat, Spinat, Mangold, Rucola

Kopfsalat 'Roxy'

Zu einem lockeren Kopf formierte zarte Blätter, die sich mit ihrem rötlichen Hauch hübsch in gemischten Salaten machen. Gedeiht auch auf kärgeren Böden, reift schnell und hat eine gewisse Mehltauresistenz.

Aussaat: Frühjahrsmitte – Spätsommer
Ernte: Spätfrühjahr bis Herbstmitte
◌ ◍ ☼ ☼ ♔

Kopfsalat 'Tom Thumb'

Diese kompakte, rein grüne Sorte bildet rasch ein dichtes Herz, der Geschmack ist angenehm lieblich. Ideal für kleine Gärten, da sie nur geringe Pflanzabstände verlangt und schnell geerntet werden kann.

Aussaat: Frühjahrs- bis Sommermitte
Ernte: Spätfrühjahr bis Frühherbst
◌ ◍ ☼ ☼

Romana-Salat 'Little Gem'

Man kennt Romana-Salat aus jedem Supermarktregal, aber aus eigenem Anbau schmeckt er feiner und knackiger. Eine kleine Sorte, die schneller reift als fast jede andere – für Kleingärten die perfekte Wahl.

Aussaat: Frühjahrs- bis Sommermitte
Ernte: Spätfrühjahr bis Frühherbst
◌ ◍ ☼ ☼ ♔

Salat 'Little Freckles'

Der lockere Kopf setzt sich aus rot gesprenkelten Blättern zusammen und kann sich damit sogar auf Schmuckrabatten sehen lassen. Schnell reifend. Neigt auch bei Wärme nicht zum Schossen.

Aussaat: Frühjahrsmitte bis Spätsommer
Ernte: Spätfrühjahr bis Herbstmitte
◌ ◍ ☼ ☼

Eichblattsalat 'Flamenco'

Nicht kopfbildende Salate lassen sich besonders mühelos ziehen und früh ernten. Man pflückt die jungen Blätter einzeln oder schneidet später die komplette Pflanze. Diese dunkelrote Sorte schmeckt sehr angenehm.

Aussaat: Frühjahr bis Sommermitte
Ernte: Frühsommer bis Herbstmitte
◌ ◍ ☼ ☼ ♔

Eichblattsalat 'Smile'

Die zarten Blätter haben einen so feinen Geschmack, dass man sie gern den ganzen Sommer über immer wieder aussät. Ein weiterer Vorzug dieser Sorte besteht in ihrer sehr geringen Neigung zum Schossen.

Aussaat: Frühjahrs- bis Sommermitte
Ernte: Spätfrühjahr bis Herbstmitte
◌ ◍ ☼ ☼ ♔

Salat 'Lollo Rossa-Nika'

Mit dem satten, beinahe purpurnen Rot ihrer stark gekrausten Blätter hat diese Sorte einen hohen Zierwert. Abgesehen davon haben die jungen Blätter einen angenehm milden Geschmack, später werden sie bitter.

Aussaat: zeitiges Frühjahr – Sommermitte
Ernte: Spätfrühjahr bis Herbstmitte
◌ ◑ ☼ ☀

Eisbergsalat 'Fortunas'

Diese knackige Neuzüchtung vereint Resistenzen gegen Blattläuse und Falschen Mehltau. Die Sorte hat dicht geschlossene Köpfe und behält seine Frische im Kühlschrank ein paar Tage. Schossfest.

Aussaat: Frühjahr bis Sommermitte
Ernte: Spätfrühjahr bis Herbstmitte
◌ ◑ ☼ ☀ ♛

Eisbergsalat 'Sioux'

Bei warmer Witterung kommt die reizvolle rötliche Tönung stärker heraus und macht ihn für Kleingärtner optisch sehr attraktiv. Aber der knackige Salat punktet auch in kulinarischer Hinsicht.

Aussaat: Frühjahr bis Sommermitte
Ernte: Frühsommer bis Herbstmitte
◌ ◑ ☼ ☀ ♛

Schnittmangold 'Perpetual Spinach'

Er liefert die ganze Vegetationsperiode hindurch reichlich saftige, grüne Blätter und ähnelt optisch und geschmacklich dem Spinat. Kaum Ansprüche, auch bei Trockenheit kaum Neigung zum Schossen.

Aussaat: Frühjahrs- bis Sommermitte
Ernte: bis in den Herbst hinein
◌ ◑ ☼ ♛

Spinat 'Tetona' F1

Ertragreiche Sorte, die eine Vielzahl rundlicher, dunkelgrüner Blätter hervorbringt. Diese kann man, jung gepflückt, gut für Salate verwenden. Für Gemüsezubereitungen lässt man die Pflanzen ausreifen.

Aussaat: Frühjahr bis Spätsommer
Ernte: Spätfrühjahr bis Spätherbst
◌ ◑ ☼ ☀ ♛

Rucola 'Apollo'

Die großen, abgerundeten Blätter dieser Züchtung haben einen markant pfeffrigen, aber nicht bitteren Geschmack. Unkompliziert, auch gut für Topfkultur geeignet. Bei heißem Wetter reichlich gießen.

Aussaat: Frühjahr bis Sommermitte
Ernte: Frühjahrsende bis Herbstmitte
◌ ◑ ☼ ☀

Rucola, Radicchio, Zuckerhut, Mangold

Rucola 'Rocket Wild'

Der beliebte Schnittsalat gedeiht selbst im Topf gut. Hier braucht er lediglich genug Gießwasser. Häufiges Pflücken der schlanken, gezahnten, angenehm pikanten Blätter verlängert die Ernteperiode.

Aussaat: zeitiges Frühjahr – Frühherbst
Ernte: ab Frühjahrsmitte

Radicchio 'Indigo' F1

Die neue Sorte bietet eine besonders hohe Erntesicherheit. Die großen, festen Blätter verleihen Salat das gewisse Etwas, können aber auch leicht gedünstet genossen werden. Verträgt leichten Frost.

Aussaat: zeitiges Frühjahr
Ernte: Spätherbst

Zuckerhut 'Sugar Loaf'

Er wird genau wie Salat kultiviert und gedeiht gut auf kärgeren Böden. Die langen, schlanken Köpfe ausreifen lassen, sie schmecken gedünstet hervorragend, oder bereits die jungen, zarten Blätter für Salat pflücken.

Aussaat: Frühjahrsmitte – Spätsommer
Ernte: Sommer- bis Herbstmitte

Mangold 'Bright Lights'

Stiele in Weiß, Gelb, Pink und Purpur setzen im Gemüsegarten, aber auch auf Blumenrabatten reizvolle Akzente. Bei ausreichendem Winterschutz treibt die unkomplizierte Sorte unter Umständen erneut aus.

Aussaat: Frühjahrs- bis Sommermitte
Ernte: Frühsommer bis Herbstmitte

Mangold 'Rhubarb Chard'

Mit dem krassen Kontrast zwischen dem saftigen Grün und leuchtenden Rot eine der attraktivsten unter den bunten Gemüsen. Macht sich gut in Töpfen und auf Blumenbeeten. Die jungen Blätter beleben Salate.

Aussaat: Frühjahrs- bis Sommermitte
Ernte: bis in den Spätherbst

Mangold 'Lucullus'

Ebenso dekorativ wie köstlich mit ihrem milden, doch würzigen Geschmack sind die großen, grünen Blätter. Man kann sie kochen, dämpfen oder dünsten. Die Sorte ist schnell erntereif.

Aussaat: Frühjahrs- bis Sommermitte
Ernte: Frühsommer bis Herbstmitte

Cucurbits: courgettes, marrows

Zucchini 'Diamant' F1

Verlässliche Sorte von buschigem Wuchs. Für Containerkultur geeignet. Die grüne Schale der zahlreich sprießenden Früchte umschließt helles, schmackhaftes Fleisch. Zucchini möglichst jung ernten.

Aussaat: Frühjahrsmitte – Frühsommer
Ernte: Sommermitte bis Frühherbst
◐ ● ☼

Zucchini 'Defender'

Sehr produktive und frühe Sorte mit Resistenz gegen das Gurkenmosaikvirus, das anderen Sorten gefährlich werden kann. Wenn man die Früchte jung pflückt, kommen bis Herbstmitte immer wieder neue nach.

Aussaat: Frühjahrsmitte – Frühsommer
Ernte: Sommer- bis Herbstmitte
◐ ● ☼ ♆

Zucchini 'Burpee's Golden'

Ebenfalls recht ertragreich ist diese Sorte, die sich mit dekorativen Früchten in auffälligem Gelb schmückt. Sie hat einen sehr feinen Geschmack, insbesondere wenn man sie so früh wie möglich erntet.

Aussaat: Frühjahrsmitte – Frühsommer
Ernte: Sommermitte bis Frühherbst
◐ ◐ ☼

Zucchini 'Tromboncino'

Wenn man diese wuchskräftige italienische Sorte vor einer sonnigen Wand zieht, kommen ihre schön geformten, blassgrünen Früchte, die über 30 cm lang werden können, besonders gut zur Geltung.

Aussaat: Frühjahrsmitte – Frühsommer
Ernte: Sommermitte bis Frühherbst
● ◐ ☼

Zucchini 'Venus' F1

Mit ihrem äußerst kompakten Wuchs ist sie ideal für kleine Gärten und Container. Zugleich liefert sie reiche Erträge. Die mittelgrünen, delikaten Früchte sind unter guten Bedingungen in etwa 60 Tagen erntereif.

Aussaat: Frühjahrsmitte – Frühsommer
Ernte: Sommer bis Herbstmitte
◐ ◐ ☼ ♆

Sommerkürbis 'Long Green Bush'

Die Sorte wächst recht kompakt, passt also gut in kleine Gärten. Die langen, dunkelgrünen Früchte mit heller Zeichnung wachsen rasch heran. Man kann sie aber bereits in Zucchini-Größe ernten.

Aussaat: Frühjahrsmitte – Frühsommer
Ernte: Sommer- bis Herbstmitte
● ◐ ☼

Kürbisgewächse: Kürbisse, Gurken

Kürbis 'Sunburst' F1

Die ungewöhnliche Form dieses Sommerkürbisses ist ein originelles Dekorationselement. Die Sorte gedeiht recht problemlos. Früchte wachsen, wenn man regelmäßig erntet, immer wieder nach.

Aussaat: Frühjahrsmitte – Frühsommer
Ernte: Sommer- bis Herbstmitte
◌ ◐ ☼

Kürbis 'Uchiki Kuri'

Der Hokkaido-Kürbis gedeiht in gemäßigtem Klima. Er bringt mehrere mittelgroße Früchte mit orangeroter Schale und goldgelbem Fleisch von delikat nussigem Geschmack hervor. Gut lagerfähig.

Aussaat: Frühjahrsmitte bis -ende
Ernte: Spätsommer bis Herbstmitte
◌ ◐ ☼

Kürbis 'Early Butternut' F1

Von eher mäßigem Wuchs, eignet sich dieser Kürbis auch für kleinere Gärten. Dabei ist er erfreulich ertragreich. Die glockenförmigen Früchte schmecken süß und lassen sich unkompliziert lagern.

Aussaat: Frühjahrsmitte bis -ende
Ernte: Spätsommer bis Herbstmitte
◌ ◐ ☼

Kürbis 'Crown Prince' F1

Schon vor der Ernte spricht der mit rankenden Trieben wachsende Kürbis mit seiner aparten, blaugrauen Schale die Sinne an. Das dazu stark kontrastierende, orangegelbe Fruchtfleisch schmeckt nussig.

Aussaat: Frühjahrsmitte bis -ende
Ernte: Spätsommer bis Herbstmitte
◌ ◐ ☼

Kürbis 'Turk's Turban'

Kulinarisch gesehen ist dieser Türkenturban mit seinem hellgelben Fleisch und rübenähnlichen Geschmack nicht jedermanns Sache. Dafür fasziniert er mit seiner Form und Farbgebung umso mehr.

Aussaat: Frühjahrsmitte bis -ende
Ernte: Spätsommer bis Herbstmitte
◌ ◐ ☼

Kürbis 'Festival' F1

Rankende Sorte mit zahlreichen kleinen, orange und hellgelb gestreiften Früchten. Hübsch anzusehen und zudem, pikant gefüllt oder im Ofen gebraten, von delikatem, nussigem Geschmack. Gut lagerfähig.

Aussaat: Frühjahrsmitte bis -ende
Ernte: Spätsommer bis Spätherbst
◌ ◐ ☼

Gurke 'Bush Champion' F1

Gegen das Gurkenmosaikvirus recht widerstandsfähige Freilandsorte von kompaktem Wuchs. Gute Eignung für kleine Gärten und Containerkultur. Etwa 10 cm lange Früchte von recht mildem Geschmack.

Aussaat: Frühjahrsmitte – Frühsommer
Ernte: Spätsommer bis Herbstmitte
◌ ◑ ☼ ♔

Gurke 'Marketmore'

Diese Sorte lässt sich gut im Freien an einem Stangenzelt oder Spalier ziehen. Sie ist gegen das Gurkenmosaikvirus resistent und liefert zahlreiche, bis zu 20 cm lange Früchte ohne jede Bitternote im Geschmack.

Aussaat: Frühjahrsmitte – Frühsommer
Ernte: Spätsommer bis Herbstmitte
◌ ◑ ☼ ♔

Gurke 'Masterpiece'

Unter der dunkelgrünen, leicht stacheligen Schale verbirgt sich schön knackiges, saftiges weißes Fruchtfleisch. Eine verlässliche Sorte für den Freilandanbau, die es dankt, wenn man sie klettern lässt.

Aussaat: Frühjahrsmitte – Frühsommer
Ernte: Spätsommer bis Herbstmitte
◌ ◑ ☼ ♔

Gurke 'La Diva'

Preisgekrönte Sorte, die man im Gewächshaus wie im Freien ziehen kann. Ihre saftigen, glattschaligen Früchte haben eine praktische Portionsgröße und schmecken fantastisch. Resistent gegen Mehltau.

Aussaat: Frühjahr bis Frühsommer
Ernte: Sommer- bis Herbstmitte
◌ ◑ ☼ ♔

Gurke 'Petita' F1

Für Gewächshausgärtner, die reichlich saftige Minigurken ernten wollen, eine gute Wahl. 'Petita' gedeiht selbst unter schwierigen Bedingungen. Die Früchte bilden keine Bitterstoffe und schmecken ausgezeichnet.

Aussaat: Frühjahr bis Frühsommer
Ernte: Sommer- bis Herbstmitte
◌ ◑ ☼

Gurke 'Carmen' F1

Aufgrund ihrer Resistenz gegen Echten Mehltau, Blattflecken und andere Krankheiten empfiehlt sich diese Sorte für das Gewächshaus. Schmale Früchte in Hülle und Fülle. Guter, frischer Geschmack.

Aussaat: Frühjahr bis Frühsommer
Ernte: Sommer- bis Herbstmitte
◌ ◑ ☼ ♔

Zwiebelgewächse: Zwiebeln, Schalotten, Lauchzwiebeln

Zwiebel 'Ailsa Craig'

Altbewährte Sorte, die zuverlässig und in großer Zahl dicke, süße Zwiebeln mit glatter, gelbbrauner Schale liefert. Aussaat im Frühjahr erbringt im Herbst eine gute Ernte für die Einlagerung (zuvor trocknen).

Aussaat: zeitiges Frühjahr
Ernte: Spätsommer bis Frühherbst
◌ ☼

Zwiebel 'Sturon'

Üblicherweise aus Steckzwiebeln gezogen (Samen bekommt man nur selten). Aufgrund ihrer dicken Schale von gelblichbrauner Farbe lassen sich die großen, runden Zwiebeln hervorragend über Winter lagern.

Pflanzung: zeitiges Frühjahr
Ernte: Spätsommer bis Frühherbst
◌ ☼ ♛

Zwiebel 'Red Baron'

Man bekommt sowohl die Samen als auch Steckzwiebeln. Die Zwiebeln haben eine dunkelrote Schale und rosa geringeltes Fruchtfleisch. Sie sind nur bedingt lagerfähig.

Aussaat: Frühjahrsmitte
Pflanzung: zeitiges Frühjahr
Ernte: Frühherbst bis Herbstmitte
◌ ☼

Winterzwiebel 'Senshyu'

Die Steckzwiebeln im Herbst legen. Alternativ – für eine frostsichere sichere Ernte im Frühsommer – im zeitigen Frühjahr aussäen. Die stattlichen, strohgelben Zwiebeln haben einen kräftigen Geschmack.

Aussaat: Frühjahr
Pflanzung: Frühherbst bis Herbstmitte
Ernte: Frühsommer bis Sommermitte
◌ ☼

Winterzwiebel 'Shakespeare'

Im Frühsommer sind die rundlichen, tiefbraun schimmernden Zwiebeln erntereif. Dank ihres festen, weißen Fleisches und der kräftigen Schale lassen sie sich gut lagern. Der Geschmack ist exzellent.

Aussaat: Frühherbst bis Herbstmitte
Ernte: früher bis mittlerer Sommer
◌ ☼

Schalotte 'Longor'

Rosig überhauchte Schale, innen rosa Streifen – eine attraktive Sorte. Die länglichen, kräftig-würzigen Schalotten lassen sich, sorgsam getrocknet, bis in den Winter lagern. Sie reifen schneller als Zwiebeln.

Pflanzung: Frühjahrsmitte
Ernte: Sommermitte bis Herbst
◌ ☼ ♛

Schalotte 'Red Sun'
Eine der verlässlichsten unter den roten Sorten. Ihr weiß-rosa geringeltes Fruchtfleisch rundet, fein gewürfelt, Salate gelungen ab. Auch zum Kochen und Einlegen ist diese Schalotte gut geeignet.

Pflanzung: Frühjahrsmitte
Ernte: Sommermitte bis -ende

Schalotte 'Golden Gourmet'
Aus Steckzwiebeln gezogen, liefert die Sorte zahlreiche große, gelbschalige Schalotten hoher Qualität. Gut zur Wintereinlagerung geeignet. Bei Trockenheit erstaunlich geringe Neigung zum Schossen.

Pflanzung: Frühjahrsmitte
Ernte: Sommermitte bis -ende

Lauchzwiebel 'Weiße Königin'
Man kann die kleinen, weißen Zwiebeln jung ernten und in Salaten verwenden oder im Boden reifen lassen, um sie dann einzulegen. Anspruchslos und, da von zierlichem Wuchs, ideal für kleine Gärten.

Aussaat: zeitiges bis mittleres Frühjahr
Ernte: Sommermitte bis -ende

Lauchzwiebel 'Guardsman'
Bewährte, sehr unproblematische Sorte mit weißem Schaft. Sie ist in einem milden Winter sogar robust genug, um noch im Herbst ausgesät zu werden. Resistent gegen die Mehlkrankheit.

Aussaat: zeitiges Frühjahr bis Herbstmitte
Ernte: Spätfrühjahr bis Herbstmitte.

Lauchzwiebel 'North Holland Blood Red'
Spektakulär ist die blutrote Basis dieser milden Sorte. Wenn man sie auf dem Beet ausreifen lässt, kann man rotschalige Zwiebeln ernten, die jeden Salat verfeinern.

Aussaat: Frühjahr bis Frühsommer
Ernte: Spätfrühjahr bis Spätsommer

Lauchzwiebel 'White Lisbon'
Diese aromaintensive Sorte mit weißer Basis und saftig grünem Laub ist leicht zu kultivieren, aber anfällig für Falschen Mehltau. Um die Ausbreitung der Krankheit zu verhindern, weite Reihenabstände einhalten.

Aussaat: Frühjahr bis Sommermitte
Ernte: Spätfrühjahr bis Frühherbst

Zwiebelgewächse: Lauch, Knoblauch

Lauch 'Musselburgh'

Alte, robuste und bedingt winterharte Sorte mit dickem, weißem Schaft und einem stattlichen, grünen Blattschopf. Selbst in kalten Regionen kann man ‚Musselburgh' bis in den Winter ernten.

Aussaat: bis Frühjahrsmitte
Ernte: Spätherbst bis Winter
○ ☼

Lauch 'Hannibal'

Die anmutige Pflanze bildet zu tiefgrünen Blättern einen langen, geraden, weißen Schaft. Geeignet für die Ernte im Herbst und Frühwinter. Bei Kultur in hoher Dichte erhält man hübschen Miniaturlauch.

Aussaat: bis Frühjahrsmitte
Ernte: Frühherbst bis Frühwinter
○ ☼

Lauch 'Herbstriesen'

Elegante, dicke und langschäftige Sorte, die, wenn man sie in hoher Dichte zieht, auch attraktive Mini-Lauchstangen liefert. Sie ist von Spätsommer bis zum ersten Frost erntereif, gut für Kleingartenbesitzer.

Aussaat: Frühjahrsmitte
Ernte: Sommermitte bis Spätherbst
○ ☼

Knoblauch 'Blanc de Lautrec'

Eine der besten Sorten für kühlere Regionen, die im Herbst oder Frühjahr gepflanzt werden kann. Da sie zu den stiellosen Sorten gehört, ist die Knolle sehr produktiv und außerordentlich lagerfähig.

Pflanzung: Herbstmitte oder Frühjahr
Ernte: Spätfrühjahr oder ab Sommermitte
○ ☼

Knoblauch 'Early Light'

Da diese Pflanze Blütenstiele ausbildet, sollte man die Knollen am besten frisch verwenden. Verträgt Frost in Maßen. Reift früher als andere bedingt winterharte Sorten.

Pflanzung: Herbstmitte
Ernte: Spätfrühjahr bis Frühsommer
○ ☼

Knoblauch 'Elephant Garlic'

Der dem Lauch eng verwandte, bedingt winterharte Gigant produziert bis zu 10 cm große Knollen. Frisch geerntet, bieten die dicken, saftigen Zehen einen mild-aromatischen Geschmack, wundervoll für Braten.

Pflanzung: am besten im Frühjahr
Ernte: Sommermitte bis Frühherbst
○ ☼

Hülsenfrüchte: Erbsen, Zuckerschoten

Erbse 'Feltham First'

Für Kleingärten ist diese kleinwüchsige und schnell reifende Sorte wie geschaffen. Man erzielt noch bessere Ergebnisse, wenn man sie im Herbst in Container aussät und geschützt überwintert.

Aussaat: zeitiges Frühjahr
Ernte: Spätfrühjahr bis Sommermitte

Erbse 'Twinkle'

Exzellente, kleinwüchsige, frühe Sorte. Die ersten Aussaaten möglichst am Anfang durch Abdeckungen schützen. Ertragreich. Gegen Erbsenwelke resistent sowie gegen Falschen Mehltau.

Aussaat: zeitiges Frühjahrs
Ernte: Spätfrühjahr bis Sommermitte

Erbse 'Hurst Greenshaft'

Die dicken, süßlichen Samen in paarweise angeordneten Hülsen reifen in einiger Höhe, das erleichtert die Ernte. Die traditionsreiche, zuverlässige, ertragreiche Sorte ist für ihre Krankheitsresistenz bekannt.

Aussaat: Frühjahr bis Frühsommer
Ernte: ab Frühsommer

Erbse 'Rondo'

Kaum eine andere Sorte ist derart produktiv. Die paarweise wachsenden, geraden Hülsen werden bis zu 10 cm lang und bergen überaus schmackhafte Samen. Die Pflanzen müssen aber gestützt werden.

Aussaat: Frühjahr bis Frühsommer
Ernte: Spätfrühjahr bis Frühherbst

Erbse 'Kleine Rheinländerin'

Sehr vielseitig. Die ganzen Hülsen schmecken, jung gepflückt, gedünstet oder gebraten. Lässt man sie reifen, liefern sie schmackhafte, leicht süße Erbsen. Die bis zu 1,8 m hohen Pflanzen brauchen eine Stütze.

Aussaat: Frühjahr bis Frühsommer
Ernte: bis Spätsommer

Zuckerschote 'Oregon Sugar Pod'

Exzellente Sorte, die, obwohl nur 90 cm hoch, eine reiche Ernte erbringt. Man isst die breiten, flachen Hülsen im Ganzen – ob roh, gedünstet oder etwa im Wok gebraten ein knackiger, fast süßer Genuss.

Aussaat: Frühjahr bis Frühsommer
Ernte: Spätfrühjahr bis Spätsommer

Hülsenfrüchte: Bohnen

Prunkbohne 'Butler'

Wüchsige und attraktive Sorte, die rot blüht, auch der Samen ist purpurfarben (daher auch Feuerbohne genannt). Man kann sie über lange Zeit ernten und, da fadenlos, auch noch gereift genießen.

Aussaat: Frühjahrsmitte – Frühsommer
Ernte: Sommer- bis Herbstmitte

Stangenbohne 'Liberty'

'Liberty' ist eine beliebte Ausstellungssorte. Aus ihren schönen, scharlachroten Blüten entwickeln sich bis zu 45 cm lange Hülsen in großer Zahl. Sie sind glatt, fleischig und sehr schmackhaft.

Aussaat: Frühjahrsmitte – Frühsommer
Ernte: Sommer- bis Herbstmitte

Stangenbohne 'White Lady'

Die unscheinbaren, weißen Blüten werden von Vögeln oft übersehen, das schützt die gleichzeitig reifenden Früchte. Der Fruchtansatz von 'White Lady', verträgt auch Hitze, sie ist daher für späte Aussaat geeignet.

Aussaat: Frühjahrsmitte – Frühsommer
Ernte: Sommer- bis Herbstmitte

Prunkbohne 'Wisley Magic'

Aus leuchtend roten Blüten gehen schlanke, bis 35 cm lange Hülsen mit köstlich frischem Geschmack hervor. Die Sorte wächst rasch und ist produktiv, aber man sollte die Hülsen, da nicht fadenlos, früh ernten.

Aussaat: Frühjahrsmitte – Frühsommer
Ernte: Sommer- bis Herbstmitte

Buschbohne 'Purple Queen'

Perfekt für Container oder Rabatten. Die kompakte Sorte wächst ohne Stützen und bildet zahlreiche, fadenlose Hülsen mit feinem Aroma aus. Roh von tiefem Purpur, werden sie beim Kochen grün.

Aussaat: Frühjahrs- bis Sommermitte
Ernte: Frühsommer bis Spätherbst

Buschbohne 'Delinel'

Auch in Containerkultur erbringt diese Sorte eine reiche Ernte. Lange, rundliche, grüne Bohnen von fester Konsistenz und gutem Geschmack. 'Delinel' ist recht stabil gegen Krankheiten.

Aussaat: Frühjahrs- bis Sommermitte
Ernte: Frühsommer bis Spätherbst

Buschbohne 'The Prince'

Die langen, abgeflachten, grünen Hülsen möglichst jung ernten, solange sie noch fadenlos sind. Sie schmecken exzellent, sind zuverlässig ab Frühsommer erntereif und gedeihen bis in den Herbst.

Aussaat: Frühjahrs- bis Sommermitte
Ernte: Frühsommer bis Spätherbst

Buschbohne 'Ferrari'

Schlanke, fadenlose Hülsen, saftig und voller Aroma – diese Sorte ist für Genießer die perfekte Wahl und gedeiht ohne Probleme, auch in Containern. Bei Aussaat zur Frühjahrsmitte für Frostschutz sorgen.

Aussaat: Frühjahrs- bis Sommermitte
Ernte: Frühsommer bis Spätherbst

Buschbohne 'Cobra'

Am Stangenzelt oder Spalier gezogen, liefert die Sorte fadenlose, zarte, bis zu 20 cm lange, grüne Bohnen in Hülle und Fülle. Mit ihren ungewöhnlichen, violetten Blüten sehen die Pflanzen sehr dekorativ aus.

Aussaat: Frühjahrs- bis Sommermitte
Ernte: Frühsommer bis Spätherbst

Borlotto-Bohne 'Lingua di Fuoco'

Man kultiviert diese italienische Sorte wie Kletterbohnen. Die langen, blassgrünen und rot gesprenkelten Hülsen werden jung im Ganzen gegessen. Später die gefleckten Samen herauslösen und trocknen.

Aussaat: Frühjahrs- bis Sommermitte
Ernte: Frühsommer bis Spätherbst

Dicke Bohne 'Aquadulce Claudia'

Bewährte Sorte, die recht kühle Temperaturen verträgt. Bis zu 90 cm hoch. Gute Ernte zarter, heller Bohnenkerne in wattig ausgekleideten Hülsen. Die Schwarze Bohnenblattlaus siedelt sich leider gern an.

Aussaat: zeitiges Frühjahr
Ernte: ab Frühsommer

Dicke Bohne 'The Sutton'

Buschig, kompakt und nur 45 cm hoch – ideal für kleine Gärten und für Frühbeetkästen oder Folientunnel, um schon früh die erste Aussaat vorzunehmen. Zahlreiche kleine Hülsen mit saftigen, weißen Samen.

Aussaat: zeitiges Frühjahr
Ernte: Früh- bis Spätsommer

Fruchtgemüse: Tomaten

Tomate 'Totem' F1

Zierlich und aufrecht wachsende Buschtomate – perfekt für Terrassenkübel und große Blumenkästen. Im Freien sehr ertragreich. Kleine, rote Früchte von gutem Geschmack.

Aussaat: unter Glas ab zeitigem Frühjahr; im Freien Frühjahrsmitte
Ernte: Sommer- bis Herbstmitte
○ ◑ ☼

Tomate 'Tumbler' F1

Diese Buschtomate ist ideal für die Kultur in Hängekörben oder großen Containern im Freien: An ihren überhängenden Trieben sprießen süße, rote Kirschtomaten in großer Zahl.

Aussaat: unter Glas zeitiges Frühjahr; im Freien Frühjahrsmitte
Ernte: Sommer- bis Herbstmitte
○ ◑ ☼

Tomate 'Sweet Cherry'

Ob im Freien, in Gefäßen oder im Gewächshaus gezogen, gedeiht diese Buschtomate problemlos. Ihre zahlreichen kleinen, süß-aromatischen Früchte sind schnell reif.

Aussaat: unter Glas zeitiges Frühjahr; im Freien ab Frühjahrsmitte
Ernte: Sommer- bis Herbstmitte
○ ◑ ☼

Tomate 'Sungold' F1

Mit Massen süßer, orangeroter Kirschtomaten hat sich diese Spaliertomate, die auch im Freien gut gedeiht, viele Freunde gemacht. Aufbinden und Seitentriebe entfernen.

Aussaat: unter Glas zeitiges Frühjahr; im Freien Frühjahrsmitte
Ernte: Sommer- bis Herbstmitte
○ ◑ ☼

Tomate 'Sweet Olive' F1

Verlässliche Spaliertomate für den Freilandanbau. Die scharlachroten, kleinen Tomaten haben einen exzellenten, intensiven Geschmack und platzen nicht so schnell auf. Die Pflanzen bei Bedarf stützen.

Aussaat: im Freien je nach Witterung etwa ab Frühjahrsmitte
Ernte: Sommer- bis Herbstmitte
○ ◑ ☼ ♆

Tomate 'Shirley' F1

Selbst bei schlechtem Wetter liefert die stabile Gewächshaussorte große Mengen dicker, runder Früchte. Als Spaliertomate muss sie rechtzeitig gestützt werden.

Aussaat: unter Glas ab zeitigem Frühjahr möglich
Ernte: Frühsommer bis Frühherbst
○ ◑ ☼ ♆

Tomate 'Tigerella' F1

Außergewöhnlich die gelbe Zeichnung der Früchte, die darüber hinaus köstlich schmecken und früh reifen. Eine Spaliertomate, die drinnen wie draußen gute Erträge bringt.

Aussaat: unter Glas ab zeitigem Frühjahr; im Freien Frühjahrsmitte
Ernte: Sommer- bis Herbstmitte
◌ ◗ ☼ ⏆

Tomate 'Gardener's Delight'

Perfekt für einen geschützten Platz im Freien wie auch für ein Gewächshaus. Aufgrund ihrer Fülle fein aromatischer, dicker Kirschtomaten ist diese Spaliertomate sehr beliebt.

Aussaat: unter Glas zeitiges Frühjahr; im Freien Frühjahrsmitte
Ernte: Sommer- bis Herbstmitte
◌ ◗ ☼ ⏆

Tomate 'Ferline' F1

Exzellente, für Glas- und Freilandkultur geeignete Spaliertomate. Große, rundliche, rote Früchte mit vollem Geschmack. Widerstandskraft gegen Kraut- und Braunfäule.

Aussaat: unter Glas zeitiges Frühjahr; im Freien Frühjahrsmitte
Ernte: Sommer- bis Herbstmitte
◌ ◗ ☼

Tomate 'Supersweet 100' F1

Für Gewächshaus empfehlenswerte Spaliertomate: wüchsig, unproblematisch und recht resistent gegen typische Tomatenkrankheiten. Saftige, zuckersüße Früchte in langen, vollen Trauben.

Aussaat: bis Frühjahrsmitte
Ernte: Sommer- bis Herbstmitte
◌ ◗ ☼

Tomate 'Super Marmande'

Es tut der buschigen Pflanze gut, wenn man sie etwas stützt. Sie mag warme Gegenden, dann gedeiht sie prächtig. Ihre großen, fleischigen Früchte sind äußerst aromaintensiv.

Aussaat: bis Frühjahrsmitte
Ernte: Sommer- bis Herbstmitte
◌ ◗ ☼

Tomate 'Summer Sweet' F1

Früh reifende Spaliertomate für einen sonnigen Platz im Freien oder auch im Gewächshaus. Kleine, schmackhafte, rote Eiertomaten. Lange Erntesaison. Gute Stabilität gegenüber Krankheiten.

Aussaat: Frühjahrsmitte
Ernte: Sommer- bis Herbstmitte
◌ ◗ ☼ ⏆

Fruchtgemüse: Auberginen, Paprika, Zuckermais

Aubergine 'Moneymaker' F1
Eine der besten Sorten für kühle Regionen. Optimal reifen die dunkelvioletten Früchte unter Glas, doch in sonniger Lage kommen die Pflanzen auch im Freien zurecht. Aufrechter Wuchs, geeignet für Container.

Aussaat: Frühjahrsmitte
Ernte: Sommermitte bis Frühherbst

Aubergine 'Black Beauty'
Zahlreiche glänzende, eiförmige Früchte von dunklem Purpur. Die höchsten Erträge erzielt man unter Glas. Die Pflanzen möglichst anbinden, damit sie unter der Last ihrer Früchte nicht einknicken.

Aussaat: Frühjahrsmitte
Ernte: Sommermitte bis Frühherbst

Aubergine 'Mohican'
Mit ihrem kompakt-buschigen Wuchs und den weißen Früchten macht sich die nur 60 cm hohe Sorte gut als Topfpflanze auf einer sonnigen Terrasse. Um den Ertrag zu mehren, die Früchte jung pflücken.

Aussaat: Frühjahrsmitte
Ernte: Sommermitte bis Frühherbst

Paprika 'Gypsy' F1
Zuverlässig ertragreich und früh reifend. Gut für das Gewächshaus geeignet und resistent gegen das Tabakmosaikvirus. Die zugespitzten, gelblichgrünen und tiefrot reifenden Früchte sind fleischig und saftig.

Aussaat: Frühjahrsmitte
Ernte: Sommer- bis Herbstmitte

Paprika 'Marconi Rosso'
Man sollte die länglichen Früchte dieser Sorte im roten Stadium ernten, dann sind sie extrem süß – ideal, um sie im Ofen zu garen. Im Freien liefern die Pflanzen an einem warmen Sonnenplatz eine reiche Ernte ab.

Aussaat: Frühjahrsmitte
Ernte: Sommer- bis Herbstmitte

Paprika 'Corno di Torro Rosso'
Lange und dünnwandige Früchte, die, rot ausgereift, eine köstliche Süße haben. Diese Sorte braucht die Extrawärme eines Gewächshauses, gedeiht in sehr milden Gegenden aber auch im Freien.

Aussaat: Frühjahrsmitte
Ernte: Sommer- bis Herbstmitte

Chili-Paprika 'Hungarian Hot Wax'

Attraktive Sorte von kompaktem Wuchs. Die länglich-spitzen Früchte sind zunächst gelb und mild, bei Reife dann leuchtend rot und scharf. Im Gewächshaus oder unter Folie erzielt man höhere Erträge.

Aussaat: Frühjahrsmitte
Ernte: Sommer- bis Herbstmitte
◌ ☼

Chili-Paprika 'Prairie Fire'

Es sieht aus, als würde die Pflanze kleine, rote Geschosse in alle Richtungen abfeuern. Tatsächlich schmecken die Chilis feuerscharf. Nur 20 cm groß. Hübsch auf einer Fensterbank oder vor einer sonnigen Mauer.

Aussaat: Frühjahrsmitte
Ernte: Sommer- bis Herbstmitte
◌ ☼

Chili-Paprika 'Bell Pepper'

Da diese Sorte viel Wärme braucht, zieht man sie am besten im Gewächshaus. Ihre dekorativen, glöckchenförmigen, bei Reife roten Früchte sind unten mild, am oberen Ende aber recht scharf.

Aussaat: Frühjahrsmitte
Ernte: Sommer- bis Herbstmitte
◌ ☼

Zuckermais 'Golden Bantam'

Die stattlichen, bis zu 20 cm langen Kolben sind mit buttergelben, zarten und sehr süß schmeckenden Samen besetzt. Selbst bei kühlen Witterungsbedingungen liefert die wuchsfreudige Sorte gute Erträge.

Aussaat: Frühjahrsmitte bis -ende
Ernte: Spätsommer bis Frühherbst
◌ ☼

Zuckermais 'Indian Summer'

Von Beige über Gelb bis Rot und Purpur reicht das Farbspektrum dieser attraktiven und delikaten Sorte. Durch ausreichenden Abstand zu anderen Maispflanzen vermeidet man den Eintrag von Fremdpollen.

Aussaat: Frühjahrsmitte bis -ende
Ernte: Spätsommer bis Herbstmitte
◌ ☼

Zuckermais 'Tasty Gold'

Gerade für Anfänger ist diese Sorte ideal, denn jede Aussaat erbringt gesunde Sämlinge in erfreulicher Zahl. Kurz gekocht und einfach mit Butter bestrichen, bieten die Kolben einen süßen, zarten Genuss.

Aussaat: Frühjahrsmitte bis -ende
Ernte: Spätsommer bis Herbstmitte
◌ ☼ ♔

Spezialitäten: Grüner Spargel, Topinambur, Artischocken, Sellerie

Grüner Spargel 'Connover's Colossal'

Eine frühe und reiche Ausbeute an dicken Sprossen. Neu gesetzte Spargelpflanzen erstmals und nur sparsam im zweiten Jahr beernten. Ab der dritten Saison kann man schneiden, was das Beet hergibt.

Pflanzung: Frühjahrsbeginn
Ernte: Spätfrühjahr
🌢 ☼ 🏆

Topinambur

Dieser Sonnenblumen-Verwandte wird auch als Jerusalem-Artischocke bezeichnet. Die unterirdischen Knollen variieren je nach Sorte in Form und Farbe. Sie werden meist gedünstet oder gebraten verwendet. Die Pflanze kann bis 3 m Höhe erreichen.

Pflanzung: bis Spätfrühjahr
Ernte: Spätherbst bis Spätwinter
🌢 🌢 ☼ ☀

Artischocke 'Green Globe'

Gekauft ist sie ein Luxusgemüse, das man aber leicht selbst ziehen kann, sogar aus Ablegern. 'Green Globe' bildet große Blütenknospen mit einem herrlich zarten Herz und ist eine recht stabile Sorte.

Pflanzung: ab Spätfrühjahr
Ernte: Frühsommer
🌢 🌢 ☼ ☀

Knollensellerie 'Monarch'

Knollensellerie ist leichter zu kultivieren als Stangensellerie und milder. Man kann ihn roh zubereiten, dünsten und im Ofen braten. 'Monarch' ist dank glatter Schale schnell vorbereitet und hat zartes Fleisch.

Aussaat: Frühjahrsmitte
Ernte: Herbstmitte bis -ende
🌢 🌢 ☼ ☀ 🏆

Stangensellerie 'Victoria' F1

Zartes Grün, sehr knackig und ein besonders guter, herb-würziger Geschmack. Weitere Pluspunkte: Das Anhäufeln zum Bleichen der Stiele entfällt, es ist eine selbstbleichende Sorte. Ziemlich schossfest.

Aussaat: bis Frühjahrsmitte
Ernte: Spätsommer bis Herbstmitte
🌢 🌢 ☼ 🏆

Stangensellerie 'Tango'

Selbstbleichende Sorte, die im Freiland und Gewächshaus gleichermaßen gut gedeiht. Hellgrüne Blattstiele mit angenehm kräftigem Geschmack. Gut für Salate und Dips geeignet. Erfreulich schossfest.

Aussaat: bis Frühjahrsmitte
Ernte: Spätsommer bis Herbstmitte
🌢 🌢 ☼ 🏆

Kräuter

Petersilie 'Plain Leaved 2'

Zarte, glatte und sattgrüne Blätter von angenehm kräftigem Geschmack. Die Sorte gedeiht unter Glas wie im Freien mühelos. Bei milden Wintern kommt sie sogar noch im zweiten Jahr.

Aussaat: Frühjahr bis Spätsommer
Ernte: im Freien bis zu den ersten Frösten

○ ◐ ☼ ◑

Petersilie 'Envy'

Anmutige und wüchsige Sorte, die stark gekrauste, aromatische Blätter in hellem Grün und großer Zahl hervorbringt. Petersiliensamen keimen manchmal langsam. Nach der Aussaat unbedingt reichlich wässern.

Aussaat: Frühjahr bis Spätsommer
Ernte: im Freien bis zu den ersten Frösten

○ ◐ ☼ ◑ ♔

Basilikum 'Sweet Genovase'

Die Blätter verströmen ein herrlich intensives Aroma. Ideal ist ein Platz auf einer hellen Fensterbank oder im Gewächshaus, auch ein sonniges Fleckchen im Freien ist akzeptabel. Regelmäßig Triebe abzwicken.

Aussaat: Frühjahr bis Sommermitte
Ernte: im Freien bis es kühler wird

○ ☼

Basilikum 'Magic Mountain'

Mit ihrem schimmernden, purpurn angehauchten Laub und den hohen, fliederfarbenen Blüten ist diese Sorte schon optisch ein Genuss. Die zart nach Anis duftenden Blätter passen gut in Thai-Gerichte.

Aussaat: Frühjahr bis Sommermitte
Ernte: im Freien bis es kühler wird

○ ☼

Thymian 'Silver Posie'

Die graugrünen, weiß gerandeten Blättchen runden mit ihrem intensiven Aroma Hähnchen- und Fischgerichte gelungen ab. Im Sommer bekommt das bedingt winterharte Pflänzchen kleine rosa Blüten.

Aussaat: bis Spätfrühjahr
Ernte: bis zum ersten Frost

○ ☼

Thymian 'Doone Valley'

In einem Topf oder im Kräutergarten macht die Sorte mit ihrem gelb gemusterten Laub und den purpurnen Blüten viel her. Die zitronig duftenden Blätter passen gut zu Fisch. Bedingt winterhart.

Aussaat: bis Spätfrühjahr
Ernte: bis zum ersten Frost

○ ☼

Kräuter und Sprossen

Gewöhnlicher Oregano

Im Mittelmeerraum heimisches und in Italiens Küche viel verwendetes Kraut. Auf gut durchlässigen Böden ausdauernd. Mit seinen hellgrünen Blättern und dem niedrigen Wuchs hübsch auch als Wegeinfassung.

Aussaat: bis Spätfrühjahr
Ernte: bis zum ersten Frost
◊ ☀

Mediterraner Rosmarin

Die intensiv duftenden, schmalen, Blätter passen exzellent zu Lamm. Im Kräuter- und Gemüsegarten macht sich der Strauch als Strukturpflanze nützlich. Er verträgt Formschnitt. Vorsicht: kälteempfindlich.

Aussaat: bis Spätfrühjahr
Ernte: bis zu leichtem Frost
◊ ☀

Gewöhnlicher Fenchel

Kulinarisch von Interesse sind alle Pflanzenteile. Die Samen schmecken stark nach Anis. Die bis 1,8 m hohe, ebenso in bronzefarbenen Sorten erhältliche Staude macht auch auf Rabatten eine elegante Figur.

Aussaat: bis Spätfrühjahr
Ernte: bis Frühherbst
◊ ☀

Apfelminze

In kleinen Gärten sollte man die wuchernde Staude im Topf kultivieren. Im Frühjahr treibt sie neue Sprosse, die mit weich behaarten Blättern besetzt sind. Ihr sanftes Minzaroma passt perfekt zu neuen Kartoffeln.

Aussaat: bis Spätfrühjahr
Ernte: bis Spätsommer
◊ ◐ ☀

Echte Minze

Ihr klares, frisches Aroma peppt Salate, Desserts und Getränke auf. So attraktiv das leuchtend grüne, glänzende Laub sein mag: man sollte die wuchsfreudige Pflanze besser an übermäßiger Ausbreitung hindern.

Aussaat: bis Spätfrühjahr
Ernte: bis Frühherbst
◊ ◐ ☀

Schnittlauch

Anspruchslose Staude, die Büschel röhriger Blätter und lilarosa Blüten in kugeligen Dolden bildet und eine hübsche Wegeinfassung abgibt. Der feine, zwiebelartige Geschmack bereichert Salate und Suppen.

Aussaat: zeitiges bis Spätfrühjahr
Ernte: bis zu den ersten Frösten
◊ ◐ ☀ ◐

Blatt-Koriander

Nicht ihrer Samen, sondern der aromatischen Blätter wegen wird diese Einjährige kultiviert. Für eine kontinuierliche Ernte alle 6 Wochen neu aussäen. Um frühe Samenbildung zu vermeiden, regelmäßig wässern.

Aussaat: Frühjahrsmitte bis Frühherbst
Ernte: bis Frühherbst
◊ ☼

Echter Salbei

Die graugrünen, samtig behaarten Blätter sehen hübsch aus und lassen sich in der Küche vielseitig verwenden. Um buschigen Wuchs zu fördern, die Triebe entspitzen. Die Pflanzen alle 5 Jahre erneuern.

Aussaat: Frühjahrsmitte
Ernte: bis zu den ersten Frösten
◊ ☼

Zitronengras

Das in den Tropen heimische horstbildende Gras verträgt keine Temperaturen unter 7 °C, muss also bei Kälte nach drinnen. Außerdem wächst es bei Wärme schneller. Die aromatischen Stängel bereichern Thai-Gerichte.

Aussaat: Frühjahrsmitte bis -ende
Ernte: bis Frühherbst
◊ ☼

Alfalfa

Sehr gesunde, knackige Sprossenart. Köstlich in Salaten und Sandwiches. Um den Keimvorgang im Glas, auf einem Teller oder in einem Sprossenbeutel zu beschleunigen, die Samen vorher 8 Stunden einweichen.

Aussaat: ganzjährig
Keimdauer: 4–5 Tage

Mungobohnen

Nachdem man die kleinen grünen Samen 8–12 Stunden eingeweicht hat, bilden sie im Keimglas oder Sprossenbeutel oder auf einem Teller schnell Sprosse. Man kann sie nach 2–5 Tagen ernten. Vor dem Verzehr kurz blanchieren.

Aussaat: ganzjährig
Keimdauer: 2–5 Tage

Kichererbsen

Kichererbsensprossen schmecken gut in Salaten oder als Knabberei zwischendurch. Vor dem Keimen 8–12 Stunden in Wasser einlegen, um den Samenmantel aufzuweichen. Die Sprosse vor dem Verzehr kurz blanchieren oder garen.

Aussaat: ganzjährig
Keimdauer: 2–3 Tage

Register

Register

Register

Register

Dank und Bildnachweis

Der Verlag dankt folgenden Personen und Institutionen für die freundliche Genehmigung zum Abdruck der Abbildungen:

(Schlüssel: o = oben; u =-unten; m = Mitte; l = links; r = rechts; g = ganz oben)

10: Harpur Garden Library: Marcus Harpur/ Design: Dr Mary Giblin, Essex (go). Andrew Lawson: Designer: Anthony Noel (u). **11:** The Garden Collection: Liz Eddison (u). John Glover: Ladywood, Hampshire (go). **12:** The Garden Collection: Liz Eddison/Tatton Park Flower Show 2002/Designer: Andrew Walker. **13:** Marianne Majerus Photography: RHS Rosemoor (go), S & O Mathews Photography: The Lawrences' Garden, Hunterville, NZ (M), Leigh Clapp: (u). **14:** DK Images: Sarah Cuttle/RHS Chelsea Flower Show 2005/4Head Garden/Designer: Marney Hall (gor), Mark Winwood/Hampton Court Flower Show 2005/Designer: Susan Slater (ur). **16:** Marianne Majerus Photography/ Designer: Pat Wallace (go), Designer: Ann Frith (u). **17:** Marianne Majerus Photography/ Designer: George Carter (go), The Garden Collection: Jonathan Buckley/ Designer: Helen Yemm (u). **18:** Derek St Romaine/ RHS Chelsea Flower Show 2000/Designer: Lindsay Knight (go), The Garden Collection: Liz Eddison/ Hampton Court Flower Show 2005/

Designer: Daryl Gannon (u). **19:** The Garden Collection: Liz Eddison/ Whichford Pottery (l); Liz Eddison/ Hampton Court Flower Show 2002/ Designer Maureen Busby (r).
20: Andrew Lawson: (go) (M) (u). **21:** The Garden Collection: Jonathan Buckley/Designer: Helen Yemm. **22:** The Garden Collection: Derek Harris. **23:** Leigh Clapp: St Michael's House (go). Andrew Lawson: (u). **24:** The Garden Collection: Liz Eddison/Hampton Court Flower Show 2001/Designer: Cherry Burton (go). **25:** Leigh Clapp: Green Lane Farm. **26:** Andrew Lawson. **27:** The Garden Collection: Jonathan Buckley/ Designer: Mark Brown (go); Jonathan Buckley (u). **28:** Marianne Majerus Photography: Designer: Kathleen Beddington (u). **29:** The Garden Collection: Liz Eddison (gol), Andrew Lawson (r): Waterperry Gardens, Oxon (ul). **30:** John Glover: Ladywood, Hants (go). **32:** Derek St Romaine/ Mr & Mrs Bates, Surrey (go). Nicola Stocken Tomkins: Berrylands Road, Surrey (u). **33:** Marianne Majerus Photography/ Designer: Julie Toll (go), Leigh Clapp (u). **34:** Leigh Clapp: Copse Lodge (l). Nicola Stocken Tomkins: Longer End Cottage, Normandy, Surrey (M), Nicola Browne/ Designer: Jinny Blom (r). **35:** Leigh Clapp: Merriments Nursery (l). Andrew Lawson: RHS Chelsea Flower Show 1999/Selsdon & District Horticultural Society (M). Nicola Stocken Tomkins: Hampton Court Flower Show

2004/Designer: S Eberle (r). **37:** Marianne Majerus Photography: Manor Farm, Keisby, Lincs. (ur). **42:** crocus.co. uk (ul). **44:** Andrew Lawson. **48:** Forest Garden (ur). **67:** DK Images: Mark Winwood/Capel Manor College/ Designer: Irma Ansell: The Mediterranean Garden.
68–9: Thompson & Morgan. **71:** DK Images: Mark Winwood/Capel Manor College/Designer: Elizabeth Ramsden: Modern Front Garden. **73:** DK Images: Mark Winwood/Hampton Court Flower Show 2005/Designer: Susan Slater: 'Pushing the Edge of the Square'. **74:** Marianne Majerus/Designers: Nori and Sandra Pope, Hadspen (ul). **75:** Marianne Majerus Photography/ Designers: Nori and Sandra Pope, Hadspen. **77:** DK Images: Mark Winwood/Hampton Court Flower Show 2005: Designed by Guildford College: 'Journey of the Senses'. **79:** DK Images: Mark Winwood/Capel Manor College/ Designer: Sascha Dutton-Forshaw: 'Victorian Front Garden. **80–1:** DK Images: Mark Winwood/Capel Manor College/ Designer: Irma Ansell: The Mediterranean Garden. **83:** Modeste Herwig. **84:** Leigh Clapp/ Designers: Acres Wild (ul). **85:** Leigh Clapp/ Designers: Acres Wild. **86:** S & O Mathews Photography: RHS Rosemoor (ul) (ur). **87:** S & O Mathews Photography: RHS Rosemoor. **98:** Steven Wooster, Designers: Sarah Brodie & Faith Pewhustel/'Where For

Art Thou?'/Chelsea Flower Show 2002.
99: The Garden Collection: Torie Chugg, Designer: Jill Anderson/ Hampton Court 2005 (go), Marianne Majerus Photography: Designer: Lynne Marcus (u). **100:** The Garden Collection: Liz Eddison, Designer: Bob Purnell (go), The Garden Collection: Liz Eddison (ur), DK Images: Peter Anderson, Designer: Kati Crome/Tufa Tea/Chelsea Flower Show 2007 (ul). **101:** The Garden Collection: Marie O'Hara, Designer: Marney Hall/ Chelsea Flower Show 2005. **102:** Garden Picture Library: Botanica (go), GAP Photos Ltd: Clive Nichols, Designer: Stephen Woodhams (u). **103:** The Garden Collection: Jonathan Buckley, Designer: Anthony Goff (go), Garden Picture Library: Ron Sutherland, Designer: Anthony Paul (u). **104:** DK Images: Steven Wooster, Kelly's Creek/Chelsea Flower Show 2000. **105:** Clive Nichols: Designer: Liz Robertson/Hampton Court 2003 (gol), The Garden Collection: Jonathan Buckley, Designer: Paul Kelly (ur), DK Images: Brian North, Designers: Marcus Barnett & Philip Nixon/The Savills Garden/Chelsea Flower Show 2007 (M). **106:** DK Images: Peter Anderson, Designer: Heidi Harvey & Fern Alder/Full Frontal/ Hampton Court Palace Flower Show 2007 (go). **107:** The Garden Collection: Jonathan Buckley,

Dank und Bildnachweis

Designer: Christopher Lloyd/Great Dixter (l), DK Images: Brian North, Designer: Mark Browning/The Fleming's & Trailfinders Australian Garden/Chelsea Flower Show 2007 (ur). **108:** DK Images: Peter Anderson, Designer: Geoff Whiten/The Pavestone Garden/Chelsea Flower Show 2006 (u). **109:** The Garden Collection: Liz Eddison, Designer: Reaseheath College (go), DK Images: Peter Anderson, Designers: Louise Cummins & Caroline De Lane Lea/The Suber Garden/Chelsea Flower Show 2007 (u). **110:** The Garden Collection: Nicola Stocken Tomkins (u), DK Images: Peter Anderson, Designer: Jinny Blom/Laurent-Perrier Garden/Chelsea Flower Show 2007 (go). **111:** The Garden Collection: Liz Eddison, Design: Butler Landscapes (go). **112:** DK Images: Brian North, Designer: Harpak Design/A City Haven/Chelsea Flower Show 2007 (ur). **114:** Designer: Chris Parsons/Hallam Garden Design (go), DK Images: Brian North, Designer: Teresa Davies, Steve Putnam & Samantha Hawkins/Moving Spaces, Moving On/Chelsea Flower Show 2007 (uM), Designer: Jinny Blom/Laurent-Perrier Garden/Chelsea Flower Show 2007 (ur). **115:** DK Images: Steve Wooster, Designers: Xa Tollemache & Jon Kellett/The Merrill Lynch Garden, Chelsea Flower Show. **118:** DK Images: Peter Anderson, Designers: Chloe Salt, Roger Bullock & Jeremy Salt/Reflective Height/Chelsea Flower Show 2006 (ur). **119:** DK Images: Peter Anderson, Designer: Mike Harvey/The Unwind Garden/Hampton Court Palace Flower Show 2007. **120:** DK Images: Peter Anderson, Designer: Gabriella Pape & Isabelle Van Groeningen/The Daily Telegraph Garden/Chelsea Flower Show 2007 (ur). **121:** DK Images: Peter Anderson, Designer: Chris Beardshaw/The Chris Beardshaw Garden/Chelsea Flower Show 2007 (go). **122:** Stonemarket **123:** Stonemarket (ul) (ur), DK Images: Peter Anderson, Designers: James Mason & Chloe Gazzard/The Path Not Taken/Hampton Court Palace Flower Show 2007 (uM). **124:** The Garden Collection: Liz Eddison, Designer: Thomas Hoblyn. **125:** Stonemarket (ul), Garden Picture Library: Mark Bolton (ur), DK Images: Peter Anderson, Designer: Ulf Nordfjell/A Tribute to Linnaeus/Chelsea Flower Show 2007 (gor). **127:** Marianne Majerus Photography. **128–9:** DK Images: Peter Anderson, Designer: Linda Bush/ The Hasmead

Sand & Ice Garden/Chelsea Flower Show 2007. **130–1:** Marianne Majerus Photography: Designers: Brita von Schoenaich & Tim Rees/Ryton Organic Garden (go). **133:** Clive Nichols: Woodpeckers, Warwickshire. **137:** Garden Picture Library: Ron Evans. **138–9:** DK Images: Peter Anderson, Designers: Laurie Chetwood & Patrick Collins/Chetwoods Urban Oasis/Chelsea Flower Show 2007. **140:** Alamy Images: CuboImages srl (Mr). **142–3:** DK Images: Peter Anderson, Designer: Scenic Blue/The Marshalls Sustainability Garden/Chelsea Flower Show 2007. **148:** Alamy Images: The Photolibrary Wales (ul). **149:** Ronseal (ur), DK Images: Brian North, Designers: Harry Levy & Geoff Carter/The Water Garden/Tatton Park 2007 (gor). **150** Alamy Images: Ian Fraser, Cothay Manor, Somerset. **153** DK Images Steve Wooster, Designer: Tom Stuart-Smith/ Homage to Le Nôtre/Chelsea Flower Show 2000 (go), Peter Anderson, designer: Tom Stuart-Smith/Chelsea Flower Show 2006. **155** DK Images: Peter Anderson, designers: Marcus Barnett and Philip Nixon/Savills Garden, Chelsea Flower Show 2006. **165** www.henchman.co.uk; Tel: 01635 299847. **210** Sarah Cuttle (gor) (ur); Jacqui Dracup (ul). **216** Airedale: Sarah Cuttle (l). DK Images: Peter Anderson (r). **217** Airedale: David Murphy (l); Amanda Jensen: Designer: Paul Stone, Mayor of London's Office, The Sunshine Garden, Hampton Court 2006 (r). **218** DK Images: Peter Anderson. **219** Airedale: Sarah Cuttle (gol) (ul) (ur). DK Images: Peter Anderson (gor). **220** Airedale: David Murphy. **221** Airedale: Amanda Jensen (go). **222** DK Images: Peter Anderson. **223** DK Images: Peter Anderson (gol) (u). **225** Airedale: Sarah Cuttle (gol). Thompson & Morgan (aur). **226** Airedale: Sarah Cuttle. **227** Airedale: Sarah Cuttle (gor) (aur). Chase Organics (aul). **229** Airedale: David Murphy (gol); Sarah Cuttle (ur) (aur). DK Images: Peter Anderson (gor). **230** Airedale: Sarah Cuttle. **231** Airedale: Sarah Cuttle (gol) (ur). **232** Airedale: Sarah Cuttle. **233** Airedale: Sarah Cuttle (ur). Chase Organics Ltd (aur). **234** Airedale: Sarah Cuttle. **235** Airedale: Sarah Cuttle (aul) (ul). **236** Airedale: Sarah Cuttle. **240** Airedale: Sarah Cuttle. **250** Airedale: Sarah Cuttle (Mr). DK Images: Peter Anderson (gor). Thompson & Morgan (gol). **251** RHS *The Garden*: Tim Sandall. **252** Airedale: Sarah Cuttle (gol). Suttons Seeds (Mr). DT Brown (ul). **253** Airedale: David Murphy. **254** Malcolm Dodds (gol). **255** Airedale: Sarah Cuttle (ur). DK Images:

Peter Anderson (ul). Derek St Romaine (gol). **257** Derek St Romaine: RHS Garden Rosemoor. **258–9** Airedale: Sarah Cuttle. **260** Airedale: Sarah Cuttle (gol) (ur). **261** Airedale: Sarah Cuttle. **262** Airedale: Sarah Cuttle (ur). Thompson & Morgan (Ml). **263** DK Images: Steve Wooster. **264** Airedale: Sarah Cuttle. **265** Airedale: David Murphy (gol); Sarah Cuttle (Mo). DK Images: Peter Anderson (Mu). **266** DK Images: Deni Bown (M); Peter Anderson (Mo) (gor) (Mr) (uM). Airedale: David Murphy (Ml). **267** Airedale: Sarah Cuttle (uM) (ur). DK Images: Deni Bown (gor) (M) (ul). Malcolm Dodds (gol). **268** Airedale: Sarah Cuttle (ul) (uM). DK Images: Peter Anderson (ur). **269** DK Images: Peter Anderson (M) (Mr) (uM). Photoshot/NHPA: N A Callow (ul). **270** DK Images: Peter Anderson (gor) (ur). Airedale: David Murphy (ul). **271** Airedale: David Murphy (gol). DK Images: Peter Anderson (Ml) (ul). **362** Thompson & Morgan (ul). **363** Airedale: Sarah Cuttle (goM) (ur). Thompson & Morgan (gol). DT Brown (gor). **364** Thompson & Morgan (gol). Fothergills (gol) (ul). **365** Airedale: Sarah Cuttle (gor). Suttons Seeds (ur). Thompson & Morgan (uM). Fothergills (ul). **366** Airedale: Sarah Cuttle (uM). Suttons Seeds (gol) (gor). Fothergills (goM). **367** Airedale: Sarah Cuttle (ul). Chase Organics Ltd (gol) (goM). Thompson & Morgan (uM) (ur). Fothergills (gor). **368** Airedale: Sarah Cuttle (gor). Thompson & Morgan (gol) (ul). DT Brown (goM) (ur). Fothergills (uM). **369** Airedale: Sarah Cuttle (goM). Suttons Seeds (gol). Thompson & Morgan (gor) (ur). Fothergills (ul). **272:** crocus.co.uk (ul), **273:** crocus.co.uk (uM). **275:** crocus.co.uk (uM). **281:** crocus.co.uk (gor). **284:** Garden World Images: (ul). **296:** Garden World Images: (ul) (ur). **304:** Caroline Reed (gor). **309:** Caroline Reed (uM). **310:** Caroline Reed (gor). **311:** Jenny Hendy (ul). **312:** Caroline Reed (gol), Jenny Hendy (ur) **314:** Caroline Reed (uM). **323:** Clive Nichols: (uM). **323:** GAP Photos Ltd: S & O (ur). **326:** Alamy Images: Niall McDiarmid (ur). **370** Suttons Seeds (ur). DT Brown (uM). **371** Chase Organics Ltd (gol). Thompson & Morgan (goM). DT Brown (gor). **372** Airedale: Sarah Cuttle (gol); David Murphy (ul); Mike Newton (gor). Fothergills (goM) (uM) (ur). **373** Airedale: Sarah Cuttle (gol) (gor) (ul). Thompson & Morgan (uM). DT Brown (ur). Fothergills (goM). **374** (ul). DT Brown (gor) (uM). **375** Airedale: Sarah Cuttle (gor) (uM). Marshalls Seeds (gol). Thompson & Morgan (goM). **376**

Marshalls Seeds (ul) (ur). Joy Michaud/Sea Spring Photos (goM). W. Robinson & Son Ltd. (uM). DT Brown (gol). Fothergills (gor). **377** Airedale: Sarah Cuttle (gor) (ur). Joy Michaud/Sea Spring Photos (goM). DT Brown (gol) (uM). **378** Airedale: Sarah Cuttle (goM). Thompson & Morgan (ul) (uM) (ur). Fothergills (gol). **379** Airedale: Sarah Cuttle (goM). Chase Organics (gol). Thompson & Morgan (ur). DT Brown (gor) (ul) (uM). **380** Airedale: Sarah Cuttle (goM) (gor) (ul). Joy Michaud/Sea Spring Photos (gol). **381** Airedale: Sarah Cuttle (goM). Marshalls Seeds (gor). DT Brown (uM). Fothergills (gol) (ul) (ur). **382** Suttons Seeds (uM). Thompson & Morgan (gor). Fothergills (gol). **383** Marshalls Seeds (uM) (ur). Thompson & Morgan (gol) (gor). **384** DT Brown (ur). **385** Airedale: Sarah Cuttle (gor) (uM). Chase Organics (ul). DT Brown (gol) (goM). **386** Airedale: Sarah Cuttle (gol) (ul). Thompson & Morgan (gor). DT Brown (goM). Fothergills (uM). **387** Airedale: Sarah Cuttle (ur). Thompson & Morgan (ul). Fothergills (gol) (goM) (uM). **388** Airedale: Sarah Cuttle (gol) (gor). DT Brown (goM). **389** DT Brown (gol). **390** Airedale: Sarah Cuttle (gol) (ul) (uM). DT Brown (ur). **391** Airedale: Sarah Cuttle (goM).

Coverfotos: Vorderseite: Harpur Garden Library (ul), Photolibrary: Gerry Whitmont (ugr), The Garden Collection: Derek Harris (o), GAP Photos: Richard Bloom (ugl), Victoria Firmston (ur)
Buchrücken: Harpur Garden Library
Rückseite: GAP Photos: Mark Bolton (gr), (l), Paul Debois (r), Clive Nichols, Design: Charlotte Rowe (gl)

Alle weiteren Abbildungen © Dorling Kindersley Weitere Informationen unter: www.dkimages.com